峣帝/编著

10~18岁青春叛逆期
父母送给男孩的枕边书

父母的关心是给男孩最好的爱

青春叛逆"不学坏",为孩子的成长护航
身体变化、情绪波动、早恋烦恼、社交困惑、叛逆心理,
赶走青春的躁动,男孩要阳光般快乐成长。

中国纺织出版社

内 容 提 要

面对成长，每个男孩都会有这样那样的困惑和疑问，无论是身体还是心灵的变化，带给男孩的冲击和不安感都是巨大的，那么作为父母该如何帮助、引导男孩健康、快乐地长大呢？

本书针对青春期男孩身体和心理的变化，汇总了男孩成长过程中会遇到的各种困扰，用真挚的口吻和对话的语言帮助男孩答疑解惑，让青春期男孩正确认识自己的生理变化，并且能够消除自卑、建立自信，成为一个独立自主，健康上进的男孩。

图书在版编目（CIP）数据

10~18岁青春叛逆期，父母送给男孩的枕边书／峣帝编著.—北京：中国纺织出版社，2016.8（2024.7重印）
ISBN 978-7-5180-2555-8

Ⅰ.①1… Ⅱ.①峣… Ⅲ.①男性—青春期—家庭教育 Ⅳ.①G78

中国版本图书馆CIP数据核字（2016）第083364号

策划编辑：闫　星　　　　　　责任印制：储志伟

中国纺织出版社出版发行
地址：北京市朝阳区百子湾东里A407号楼　邮政编码：100124
销售电话：010—67004422　传真：010—87155801
http：//www.c-textilep.com
E-mail：faxing@c-textilep.com
中国纺织出版社天猫旗舰店
官方微博http://weibo.com/2119887771
三河市宏盛印务有限公司印刷　各地新华书店经销
2016年8月第1版　2024年7月第13次印刷
开本：710×1000　1/16　印张：19
字数：254千字　定价：35.00元

凡购本书，如有缺页、倒页、脱页，由本社图书营销中心调换

前言
PREFACE

人们常说"可怜天下父母心"，父母都希望自己的儿子能成为真正的男子汉，能阳光、健康地成长。而如果你的儿子现在十几岁，你是否发现：这一两年的时间里，他长高了好多，也不像以前那样调皮捣蛋，变安静了，但总是好像心事重重的，他不再什么都向你倾诉，还喜欢拿着小镜子照来照去，并且，他经常会对你说："什么都不懂，懒得跟你说""你不明白的"……

其实，这都是青春期惹的祸，这些语言和行为也是男孩进入青春期的表现。

那么，什么是青春期呢？心理学认为，孩子在10岁之前是对父母的崇拜期，而12～16岁是孩子的"心理断乳期"，孩子进入这个年龄段，随着身体的发育以及知识面、阅历的增加，他们的自我意识增强，渴望和逐渐尝试脱离对父母的依赖，因此，极易对父母产生"逆反心理"而不服父母的管教。

很多父母为此操碎了心，一方面，儿子正处在青春期，会面临成长中的烦恼，需要有一个倾诉的对象，而孩子似乎已经对自己锁上了心门；另一方面，青春期是个特殊的时期，男孩一不小心，就可能走上错误的人生道路……诚然，男孩虽然没有女孩娇弱，但面对青春期的这些变化，也会感到忧虑、惶恐和不安。作为父母的我们，有义务帮助孩子排除这些负面情绪，让他们健康、快乐地度过青春期。

因此，身为父母，我们需要给青春期的儿子上一堂有关青春期生理、心理、心态以及社会知识的课，让儿子能用一种积极健康的心态面临青春期遇到的各种问题。

本书以十几岁男孩的成长经历为案例，对青春期男孩遇到的各种困惑和问题予以解答，并且对他们这段时间的人生观、价值观予以正确的引导，希望所有的青春期男孩都能够在暴风雨般的青春期快乐、健康地成长，也希望本书能够成为男孩们最好的礼物！

编著者

2015 年 2 月

目 录
CONTENTS

第5章　男孩不叛逆——别让心理问题影响快乐成长 //105

第6章　成为男子汉，别再和父母对着干 //131

第1章 •----------------------------------

男孩青春期，面对身体的变化别恐慌

青春期是个体由儿童向成年人过渡的时期。男孩也一样，每个成熟的男性都要经历青春期这个阶段。当然，成熟的一个重要部分就是生理的成熟。然而，随着青春期的到来，也出现了很多令男孩们头疼的问题，尤其是身体上的不完美。但很多问题，只是青春期独有的，随着年龄的增长和身体的发育成熟，会逐渐消失。男孩成长的过程中，父母既应该是孩子的长辈，也应该是孩子最贴心的朋友。我们可以告诉儿子这些方面的生理知识。

第一节　我可爱的童音去哪儿了

青春期成长事件

小强今年13岁了，刚上初一。他的爸妈发现，刚上中学的这一段时间，小强似乎一下子长高了不少，但同时，从前可爱活泼、总叽叽喳喳说个不停的儿子却一下子沉默了不少。

每天下午放学后，小强也不像从前那样喜欢逗留在学校和小伙伴们打球玩耍了，而是直接回家，然后关上房门，爸爸妈妈也不知道他在里面做什么。

这天，爸爸决定找小强谈谈。

"儿子，你是不是生病了？"爸爸关心地问。

"没有。"小强也不想多说什么，就应和了下。

"那是不是和同学闹矛盾了，或者在学校受欺负了？"爸爸继续问。

"都没有，您想多了。"

"那怎么最近总是一声不吭的？"

"好吧，您没发现我说话的声音变了吗？起初我以为是感冒了，悄悄吃了些感冒药，但是并没有好转，我也不知道自己怎么了，说话声音真的很难听，我怕别人笑话我，干脆就不说话了，我想也许再过一段时间就会好。"小强终于说出了自己的想法。

"哈哈，原来是这样，不要担心，儿子，这是因为你到青春期了，男人都要在青春期变声，这段时期之后，你就会有浑厚的声音了，就能变成一个真正的男子汉。"爸爸解释道。

"青春期？变声？"小强糊涂了。

:: 送给青春期男孩的话 ::

作为男孩，也许你也和故事中的小强一样有变声这个苦恼。其实，这是因为你已经进入了青春期的变声期，我想你肯定注意到爸爸的声音要比你低沉很多吧。你了解过为什么会这样吗？是否爸爸的声音一直都是这样低沉、浑厚呢？实际上，爸爸在小时候也有像你那样纯真的童声，后来经过了青春期的变声期，嗓音才改变。现在，当你的声音变化没有完成的时候，有时候会听起来粗哑尖利、变调，但这并没有什么好担心的，几个月之后，你的声音就会平稳起来，因为完成声带的发育是需要一点时间的。那么，什么是青春期的变声期呢？下面我们就一起揭开它神秘的面纱吧。

1. 为什么声音会变粗

喉的内腔叫做喉腔，喉腔内有声带，左右声带之间的空隙叫做声门。喉肌的收缩和舒张可以使声带拉紧或放松，致使声门扩大或缩小。由于呼出的气体对声带产生冲击，从而使声带发出强、弱、高、低等不同的声音。

无论男性还是女性，进入青春期后，各自都要经历一个变声期，即嗓音由原来不分男女的童声，分别变为低粗的男声和高细的女声。而这一变化，在男孩身上体现得尤为明显，进入青春期后，男孩的喉部迅速发育，喉结前突，声带增长，声带宽度和厚度加大。这个时期的声带容易出现肿胀、充血，致使声门闭合不全，发声时往往有嘶哑、音域窄、发声疲劳、发高音困难、咽喉部有异常感觉等症状。

任何人都无法拒绝成长，因此，对于变声，男孩可能一点办法也没有。正因为如此，男孩可能很多时候会被人笑话，并为此而窘迫。不过，这正是你成熟的标志，你的同伴没有被取笑，是因为成熟还没在他们身上发生。

2. 男孩变声期该怎么保护嗓音

每个男孩的成长都要经过变声的过程，但变声期的长短，是因性别和因人而异的，男孩一般在半年到一年。男孩在变声期期间声带容易肿胀、充血，更容易受伤，所以要特别注意保护嗓子。为此，男孩要注意以下几点：

（1）尽量不吃辛辣和刺激性强的食物，因为这类食物会加重声带的肿胀和充血，会影响变声期声带的发育。

（2）使用嗓子要注意，不要过度，也就是尽量不要长时间和大声喊叫，也不要无节制地唱歌，以免导致声音嘶哑，毁坏嗓子。

（3）注意保暖和锻炼，增强抵抗力。避免感冒，才能避免声带的肿胀和充血；而体制的增强，则有利于声带的正常生长发育。

（4）严禁吸烟喝酒。青春期，男孩的身体各个部分都还处于成长阶段，烟酒中的有害物质对青少年的成长发育（包括声带的发育）是非常有害的；

儿子，父母很高兴这样的变化出现在你的身上，希望你能健康地度过青春期，成长为真正的男子汉。

第二节　脖子上怎么会有凸起的东西

青春期成长事件

吴太太最近发现儿子小伟怪怪的，才初秋，小伟就整天围着围巾。吴太太和丈夫聊过这件事，丈夫对此的解释是青春期的孩子都爱美，可能觉得围围巾很酷，但吴太太还是觉得不对劲儿。于是，她决定和儿子谈谈。

"小伟，你每天围围巾，不热吗？"

"不热的，妈妈。"小伟说这话的时候，都不敢看妈妈的眼睛，吴太太明白，儿子撒谎了。

"可是现在还不到十月份呢，没有人会戴围巾的。其实，你有什么秘密可以告诉妈妈。"吴太太循循善诱着。

"好吧，妈妈你看，我脖子上长了块很硬的东西，很难看，不知道是不是病了，我怕别人看见会笑话我，就拿围巾遮挡一下。"小伟一边说，一边拆开脖子上的围巾。吴太太看到后终于明白，原来是喉结。她差点笑出声来，但她忍住了。

"小伟，妈妈要恭喜你，你长大了，这是喉结，是男子汉的标志，你不必害怕，其他男同学看到，还会羡慕你呢。"吴太太说。

"那为什么会长喉结呢……"

:: 给青春期男孩的话 ::

关于男孩为什么会长出喉结，首先我们要明白喉咙的生理构造以及发育状况。人的喉咙由 11 块软骨作支架组成，其中最主要、体积最大的一块叫甲状软骨。胎儿在 2 个月时，喉软骨开始发育，直到出生后 5 ~ 6 年，每年都在生长。但 5 ~ 6 岁到青春期这一时期内，喉软骨生长基本停止。进入青春发育期以后，由于雄性激素的分泌增多，使得男孩出现喉结。

喉结，指人咽喉部位的软骨突起。喉结突出，是男性的性征之一。经过青春发育期以后的男性，由于雄激素的作用，一般都会发生喉结不同程度地向前突出的现象。

因此，青春期男孩脖子上突起的喉结是正常生理现象，男孩不必担忧。关于喉结这一问题，也许你还一些疑问：

1. 为什么有些女孩也有喉结

有人认为，喉结是男孩的专有生理"产品"，但现实生活中，也有个别女孩有喉结，于是，不懂事的孩子们会嘲笑她们为"变性人"。其实，女孩有喉结也是正常现象，只不过这是少数。那么，是什么导致女孩也有喉结呢？

其实，童男童女的甲状软骨都一样。男孩喉结的出现，是由于雄性激素的作用，而少女出现喉结突出，大致有以下三种原因：

（1）内分泌机能不足。一般来说，在女孩子的身体内，占主导地位的是雌性激素，雄性激素很少，这些主要是由卵巢功能、脑垂体、肾上腺等控制的，一旦这些出了问题，体内雌雄激素的分泌就会紊乱，雄激素的含量就会增多，于是，就会便发生"喧宾夺主"的现象，出现了喉结突出、多毛和声音变粗等男性化的表现，与此同时，女性应有的一些特征却变化不明显。

（2）遗传因素。遗传因素对人的生长起到了很大的作用，其中就有喉结的大小。父亲喉结特别大而显眼者，养下的女儿有时候喉结也会突出些。

（3）消瘦。我们发现，一些偏瘦的女性，喉结部分会显得突出一点，这是因为她们颈前部的脂肪和肌肉组织不发达，所以喉结看起来比较突出。不过，有些青春期少女的甲状腺会出现一度生理性增大。由于增大的甲状腺正好在喉结的下方，因此，常被误认为是喉结突出。而这种现象的产生，也是青春期特有的，这个时期新陈代谢比较旺盛，体内容易出现碘供应不足，造成生理性相对缺碘，以后会消失的，所以不必太担忧。

由此可见，少女长喉结，并不是人们想象的那么可怕，很多是女孩身体发育过程中的一种表现。如果仅仅是喉结增大而无其他异常，更不是由内分泌因素引起的话，那就不必多虑，随着时间的推移和青春期的结束，这些自然会消失。如果是由内分泌因素引起的话，只要能找到病因并对症下药，也可缓解症状。

2. 喉结大小有什么关系

大部分男性在青春期后都会有喉结出现。可是也有一些男孩的喉结并不明显，这是为什么呢？

有些学者为此做过临床调研，很多喉结不明显的男性，身体并未有什么异样，男性性征很正常，但一般经历过一些高强度的运动或锻炼，其中还有些是非常健壮的田径、体操运动员等。这些喉结不明显的男性中，绝大多数已结婚，正常生育，且无其他异常表现，内分泌检查也未见异常。

一些专家发现：他们中有一些从青春期前就一直从事大运动量的体育训练，也有一些男性在青春期刚开始、身体刚发育的时候就开始手淫。专家认为，这些都这可能导致了在青春发育期雄性激素的大量消耗而使甲状软骨未能充分向前突出，以致从外观看喉结并不那么明显。另外，还有一些人因为肥胖或者脖子较粗，喉结看起来不是很明显。

因此，现在一些医学书刊上不再把喉结的突出与否作为判断男性第二性征发育是否正常的标准，也没有治疗的必要。青春期男孩，不要因为喉结小或者不明显就自卑。

第三节　我怎么变成了一只"毛猴子"

青春期成长事件

有一天，王刚沮丧地问妈妈："为什么我的皮肤越来越不好了，毛孔也粗大了，今天我们班几个女生在讨论谁的皮肤好，我就凑过去，结果被赶了出来。"王刚一脸委屈的样子，的确，小时候他皮肤很好，妈妈还总是夸他，为此，他还经常和别人比皮肤。

看着已经长大的儿子，王刚妈妈对他说："你知道你的皮肤为什么粗糙了吗？为什么胳膊上开始长出浓密的体毛了吗？"

王刚疑惑地看着妈妈并摇头，"这是因为你已经是一个真正的男子汉了，你有更多值得你注意的事，而不是皮肤的好坏。"

王刚听完，似懂非懂。

:: 给青春期男孩的话 ::

体毛属于第二性征。在生殖器官发育的同时，男性第二性征也随之发育。所谓性征是指区别男女性别的一个特征。每个人生下来便可以确定是男是女，这是以生殖器官来区分的。男女生殖器官的差异称为第一性征，也称作主性征。步入青春发育期以后，男女除生殖器以外，在外观及体形上的差异称为第二性征，又称副性征。

在男性第二性征出现的过程中，最为明显的就是毛发的变化，其中最早出现的是阴毛，时间一般在 11 ~ 12 岁。在男孩的阴部，会有个体毛生长的过程：首先是阴茎根部的两侧，以后逐渐向会阴部蔓延，颜色由浅变黑，变得粗而卷。

当然，除了阴毛外，其他部位也会长出一些毛发。胡须的出现是在腋毛出现后一年左右，也可更早一些。

男孩们，对于青春期身体毛发的生长情况，也许你还会有一些疑问：

1. 男子过了年龄仍不长阴毛是怎么回事

阴毛稀少并不一定是病理问题，但如果男子十八岁以后仍然不长阴毛，就可能存在发育不健全的问题了。对此，男孩必须引起重视，及时咨询并认真检查。

男子不长阴毛是否属于病理性问题，并不能只看单一的某个方面，要综合看看睾丸大小、阴茎大小、胡须、喉结、声调等方面有无异常表现。如果男孩子只是其中某个部分有问题，并不能说明问题，如果有这一系列体征异常，可能意味着内分泌系统或染色体出了问题。

2. 怎样面对毛毛过多的问题

很多青春期男孩发育快，体毛也比别的男孩多，于是感觉很难看和尴尬，即使夏天也不敢穿短衣短裤，怕被同学和朋友取笑。

每个人都是不同的个体，在发育、生长方面也存在着差异。体毛多多半是内分泌激素调节的结果，想根本上解决比较困难。

如果你比较爱美，体毛多到影响了生活，你可以采取一点措施，如选用外用的护肤产品，解决表面问题即可，但切不可一味追求内服药物效果，导致更严重的内分泌失调。而且，作为男孩，体毛是成熟男人的标志，对于美观并无太大影响。

第四节 脸上长胡子了很难看

青春期成长事件

有一天，上中学的林阳私下找到爸爸，问了一些奇怪的问题。

"爸爸，你经常刮胡子吗？"

"是啊，肯定经常刮胡子，不然多难看。怎么问这个？"爸爸很奇怪。

"没什么，那你多久刮一次呢？"林阳继续追问。

"三四天吧，长了就要刮，刮了才干净利索，不过你今天挺奇怪的，你到底想跟爸爸说什么呢？"爸爸越来越觉得林阳奇怪了。

"好吧，我想问的是，我今年 14 岁了，好像也开始长胡子了，我觉得很难看啊，也听到班里有些人笑话我。我想刮胡子了，爸爸，你说可以吗？"

"原来是这样啊，这很正常，男孩在青春期都会遇到，其实……"

:: 给青春期男孩的话 ::

林阳的苦恼可能很多青春期的男孩会遇到，脸上长胡子了，皮肤不再像以前一样干干净净的，而是长满了毛茸茸的胡子。那么，到底该怎么办呢？

胡子是男性的特征之一。男孩到了青春期就会逐渐长出胡子，由少到多，由细到粗，越长越旺盛。可是有的年轻人不喜欢长胡子，总是一根一根地把胡子拔掉，这是一种很不好的习惯，有时甚至会造成疾病。

胡子也属于毛发的一种，其下有毛囊、皮脂腺、神经末梢和血管。如果男孩为了美观而拔掉胡子，疼痛不说，还容易造成毛囊及皮脂腺损伤，细菌会乘虚而入，引起毛囊炎、皮脂腺炎。而更为严重的是，胡子所处的位置正好是面部危险三角区内，如果胡子被拔掉，很可能造成细菌感染，然后细菌侵入到颅内，引起脑膜及大脑的感染，给人体带来了更大的危害。因此，为了身体的健康，切不可随便拔胡子。

可见，拔胡子没有好处，反倒可能引起一系列健康问题，只有等到胡子长到一定长度时用剃须刀刮一刮，才是最适宜的处理方法。那么，什么时候可以打理胡子呢？男孩一般要等到毛发发育完成的时候，再去刮胡子，一般情况下要到 20 岁左右，而且一定要注意正确的打理方法。

正确的剃须方法如下：

先用温水净面，待毛孔放松张开、胡须变软再开始剃须。操作顺序：从鬓角、脸颊、脖子到嘴唇周围及下巴。

剃须后，用温水洗脸，再用凉水冲一遍，以利于张开的毛孔收缩复原。然后，涂些润滋液或霜等，以安抚皮肤，减少刺痛。

为了美观、卫生，有些胡须浓密的男性需要经常剃须，但最好选择在早晨，因为此时脸部和表皮都处于放松状态。

尚出于青春期的一些男孩最好做到面部干净即可，胡须是男人成熟的标志，不必过于在意。

第五节　痘痘可预防，男孩不必担心

青春期成长事件

最近，小飞脸上的痘痘越来越严重了，现在已经不敢出去见人，整天闷在屋子里，然后整天地问妈妈，脸上的痘痘什么时候能好起来。

可巧，他的好朋友小刚这几天还总喜欢往他们家跑，来找小飞聊天，小飞看见小刚干干净净的脸，心里更不平衡了："妈妈，为什么小刚没有长痘痘呢？"小刚得意地笑，这下小飞生气了，放下狠话："你比我小，搞不好哪天也长了。"

"小飞，你怎么能有这种想法呢，你赶紧给小刚道歉。"幸好，小刚很大度地说："不用了，他还不是心情不好嘛，我不在意的。不过，我知道小飞脸上为什么长痘痘，而我不长。"

"为什么？"妈妈和小飞异口同声地问。

"因为小飞从小都不怎么注意自己的生活习惯，他还总喜欢吃肯德基、冷饮。"小飞一听，还真有道理。

"我妈妈说了，青春期的孩子好像总爱长痘痘，也许这与日常的一些不良习惯有关系，她让我养成良好的生活习惯，这样，也是可以预防痘痘的。"

"妈妈，你怎么没早告诉我？"小飞问妈妈。

"那都是妈妈的错，但我也说过你呀，你也不怎么听。"

那么，到底怎样预防痘痘呢？

∷ 给青春期男孩的话 ∷

青春痘，俗称粉刺，学名痤疮，是一种皮脂腺疾病，它的形成与雄性激素的分泌有关，因此男孩子长粉刺的明显比女孩子要多，所以说青春痘更偏爱男孩。

青春痘是青春发育期的暂时现象，随着发育完成，常会自然减轻和消退，35岁左右便自愈。因此，男孩不必为此焦虑。青春痘一般不需要治疗。如果症状较严重，就需要引起重视。处理不当便会留下后患，造成面部麻点或疤痕，进而影响容貌。因此，爱美的男孩们，要预防青春痘，就要以下几个预防措施：

1. 要注意保护自己的皮肤，清洁是第一步，但要注意正确的清洁方法

首先要经常清洗，不可偷懒，这样才能保持皮肤的干净清爽。一般人在晨起、午休和晚睡前各清洁面部一次，而对于皮肤油性较大的男孩，应当增加洗脸的次数。外出回家后应及时洗脸，将脸上的脏尘和油垢洗掉，避免污物堵塞毛孔。另外，洗澡洗脸尽量不要用过烫的水，也不要用刺激性太强的香皂或肥皂。

其次，男孩也要注意保护自己的皮肤。避免经常被暴晒，暴晒不仅有紫外线的伤害，也会令汗腺及皮脂腺的分泌活跃，阻塞毛孔，加速发炎；出现青春痘后不要用手去挤压，以免发炎，留下瘢痕。

另外，洗脸以不油为宜，洗脸的效果以外观不显得油光满面为宜。对于护肤品，如果油性皮肤的男孩选择具有油腻性质的护肤品，无疑是雪上加霜，很容易堵塞毛孔而产生粉刺和青春痘，所以皮肤油性较大的男孩适宜选用稀薄奶液状的化妆品或护肤品，具有控油、清洁功能的才是最佳的祛痘产品。

2. 合理膳食

俗话说，病从口入，青春痘虽然不是什么疾病，但也是和饮食有很大关联的。想要一张干净、没有痘痘的脸，就要学会合理饮食。宜多吃清淡的食品，如瘦猪肉、黑木耳、黄瓜、西红柿、黄豆等；少吃脂肪和甜食，如动物肥肉、鱼油、动物脑、蛋黄、芝麻、花生，及各种糖、糖果和含高糖的甜瓜、香蕉、红薯、枣类等；少吃或不吃辛辣刺激的食品，如烟、酒、咖啡、辣椒、大蒜等。

应多吃碱性的蔬菜和水果。另外应吃含锌、维生素 A 及胡萝卜素的食品。早餐应多吃些含淀粉类、维生素 B 和无机盐的食物。晚餐应多吃些植物蛋白及脂肪含量少的食物。

3. 保持乐观的情绪

皮肤是心情的另一面镜子，在平时应注意保持心情舒畅，消除精神紧张、焦虑、烦恼，保证充分的休息和睡眠。

亲爱的儿子，长了痘痘不要着急，爸妈让你知道这些，是希望你能用正确的心态面对痘痘，这对于痘痘的缓解和消除也有帮助。本来青春期就是烦恼不断的年纪，要懂得调节自己的心态，生活中自然没有太多烦恼。

第六节　祛痘是一场青春的"攻坚战"

青春期成长事件

小鹏是一个爱美的男孩，自从长了痘痘以后，他的书包里多了一样东西——小镜子。现在的小鹏，每天可以不吃饭，但不能忘记带镜子，一到下课，他就拿出小镜子，然后用湿纸巾去挤痘痘。有时上课的时候，他也忍不住看几眼自己的脸有没有好点。

这天英语课上，小鹏又照镜子，老师看了小鹏一眼，告诫小鹏不可挤痘痘，小鹏不好意思地将小镜子收了起来，可是心里又产生一个疑问："痘痘真的不能挤吗？肯定是老师为了让我好好听课故意骗我的。"

小鹏好像也听说过要祛痘，就不能挤痘痘。为了确定一下，他一放学就跑回来问妈妈："我们老师说，痘痘不能挤，是真的吗？"

"这是肯定的啊。"

"怪不得我最近脸上的痘痘越来越严重呢，那我该怎么办呢？这痘痘怎么祛呢？"

看来，小鹏的确被这痘痘弄得很苦恼，那么，该怎样打好祛痘"攻坚战"呢？

:: 给青春期男孩的话 ::

一般，长青春痘是由内分泌失调引起的，两腮上长痘可能是由于饮食不规律、肠胃失和、学习压力以及水土不服等原因所致，再加上如果是油性皮肤的话，就更容易长痘痘了。长了痘痘，男孩也不必难过，只要采用正确的方法，是可以缓解这种状况的。

青春痘的防治一般应注意以下几个方面：

（1）对症下药，先针对自己痘痘出现的诱因，有效地控制痘痘的泛滥，改善面部皮肤。

（2）保持皮肤清洁，尽量疏通毛孔。有些男孩为了图方便，用冷水洗脸，其实这是错误的洗脸方法，温水洗脸才能疏通毛孔。另外，避免用碱性大的肥皂，不用多油脂和刺激性强的护肤品，以免进一步填塞毛囊，使青春痘加重。

（3）注意饮食，不吃辛辣和刺激性的食物，不饮酒、抽烟，平时多食富含维生素 A、C 和纤维素的食物（如蔬菜、水果），饮食清洁。

（4）注意洗脸方式。洗脸时男孩子们不要图快，为了缓解痘痘的症状，洗脸的时候可用毛巾轻轻擦皮肤，让淤积的皮脂从皮肤内排出，但绝不能用手挤、掐、挖痘痘，这样容易感染形成脓疱和瘢痕。如果局部有感染现象，那就更要引起重视了，可用硫黄、硫酸锌等外用药，也可较长期地口服小量消炎药，这些最好在医生指导下应用。

（5）保持心情愉快，因为痘痘的出现，有时候和精神因素有很大的关系。

总的来说，青春痘治疗原则为：去脂、溶解角质、杀菌和消炎。治疗青春痘是一项综合的过程，切勿用手挤捏青春痘和脓疱，要想减轻痘痘的困扰，就要学会用正确、科学的方法祛痘！

第七节　男孩有了痘痕怎么办

青春期成长事件

班上新来了个男孩叫小强，他脸上还有一些疤痕。刚开始，班上的同学还以为小强是个有暴力倾向的孩子，疤痕是打架留下的，都不敢和他做朋友，但后来，同学们才知道，小强比他们都大一点，脸上的疤痕是青春痘留下的。

小强原本以为，告诉大家真相，会让同学们消除对自己的误会，但结果是造成了同学们的恐慌，尤其是那些脸上青春痘严重的男孩，万一也会留下痘痕怎么办？

::给青春期男孩的话::

青春期长痘痘无所谓，留下痘痕才是很多男孩们担心的问题。那么，痘痕是如何形成的呢？

皮肤有真皮和表皮两个层次，一般情况下，皮肤会不会留下痘痕，要看真皮有没有受损伤。如果损伤的只是皮肤的表皮层，那即使留下一些疤痕，也是暂时的，随着时间的推移会慢慢淡化并消失。

皮肤真皮层有没有受损伤，主要与感染有关，脸上长痘痘如果没有被感染，那么痘痘好了以后也不会留下凹陷痕迹；如果是发炎的痘痘，只要在早期炎症消退，也不会留下凹陷，但有可能会留下一点印痕，因为炎症会导致一些色素沉着，与其他皮肤颜色不同，但这种痘痕一般来说在三个月到一年后也会渐渐退去。

还有两种痘痕可以慢慢淡化，可以根据痘痕的颜色分辨：红色痘印或黑色瘢痕。它们的形成机制也不一样。红色痘印是痘痘在发炎时引起血管扩张，痘痘消退后血管还没有马上收缩复原，因而形成一个个比较平的暂时性红斑，这种红斑会随着温度或运动而变得颜色加深，但这种红斑不算是疤痕，一般半年左右会渐渐退去。黑色斑是由于痘痘发炎后的色素沉淀，使长过红痘痘的地方留下色素沉淀，形成了黑黑脏脏的色斑，这些黑色斑也会随着时间的推移而慢慢退去，只不过时间要更长一些。

以上两种痘痘瘢痕都属于假性瘢痕，并不是真正的瘢痕，一段时间后随着皮肤细胞的新陈代谢而渐渐消失，但这个时间并不短，有可能是几个月或更长的时间。如果你进入了一个不断退去旧痘痘，又不断长出新痘痘的恶性循环，那么这个时间往往会延续几年甚至十几年。

另外一种就是会伴随男孩终生的痘痕，这是由于严重的脓肿或脓包痘痘导致的，这些痘痘主要是因为伤害到了皮肤的真皮层。这样的痘疤往往要跟随你终生，或者经过几十年的新陈代谢而逐渐有所好转，但一般很难恢复到正常的肤质和肤色。

那么，当青春期的男孩们开始有痘痕的时候，该怎么办呢？

（1）找出你的痘痕属于哪种情况，然后找出具体的解决方案。

（2）保持好的生活习惯，保持愉快的心情。不吃辛辣刺激性食物，生活起居要正常，不熬夜，保证睡眠。即使痘痘不幸"光临"，也不要自己用手挤压，结痂后更不能用手抠。

（3）使用具有淡化痘痕印的护肤产品。

（4）可以在医生的指导下，做激光除痘痕的手术；但如果痘痕不明显，则不必要。

其实，只要注意防止痘痘，注意生活和作息习惯，留下痘痕的概率也是很小的。

第八节　脸上的小雀斑也很可爱

青春期的孩子总是淘气的，学校里，同学之间喜欢根据对方的特征起一些绰号，比如"小胖妹""大个子""肥猪仔""懒洋洋"等，虽然孩子们并没有什么恶意，但经常会伤害到被起绰号的那个同学。这不，班上有个男孩就被同学们叫成"小麻子"，他叫丁丁，学习成绩很好，待人友善，只是脸上长了一些雀斑。

:: 给青春期男孩的话 ::

伴随着青春期的到来，男孩身体的各个部位会产生一些变化，尤其是脸部，除了生出痘痘，还有可能长出雀斑。雀斑虽然不痛不痒，但影响人的外貌，所以也会引起不少男孩的烦恼。那么，什么是雀斑呢？

雀斑，是常见于脸部的较小的黄褐色或褐色的色素沉着，往往 6~7 岁开始出现，青春期最为明显。受紫外线的影响，雀斑的表现程度也不一样，到夏季的时候，日晒使皮损加重，冬季减轻；表现为黄褐色或褐色斑点，呈圆形、卵圆形或不规则形；主要集中在脸部，尤其是双眼到两颊凸出的部位。

雀斑是一种比较难治的皮肤病，与遗传、内分泌有很大关系，一般的药物治疗、化妆品祛斑都难以达到根除的目的，所以也没必要进行药物治疗。

对于雀斑的治疗，最有效的方法就是激光祛斑。即使这样，一段时间之后，雀斑还是很可能重新长出来，但是相比其他方法，这是可行并且效果明显的方法。

虽然雀斑治疗不容易，但是可以通过一系列方法进行预防或者控制，可以避免雀斑加重。当青少年发现自己长雀斑时，就要注意面部卫生和护理，避免雀斑随着年龄的增长而不断增多加重。

那么，青春期男孩该怎样防止雀斑加重呢？

（1）做好防晒工作。要避免被日光长时间照射，春夏季节外出时应戴遮阳帽，也可以涂防晒霜，不宜滥用外涂药物，以免伤害皮肤。

（2）规律作息，保持愉悦的心情，有助于防止雀斑加重。

（3）合理的饮食和营养也可防止雀斑加重，多补充维生素E，可起到祛斑的作用。

（4）多吃新鲜水果蔬菜，少食辛辣等刺激性食物——酒、浓茶、咖啡、可可、葱蒜、桂皮、辣椒、花椒等。

同时，还应掌握一些护肤的小窍门，例如，用干净的茄子皮敷脸，一段时间后，小斑点也会变得不那么明显；柠檬中含有大量维生素C、钙、磷、铁等，可以将柠檬汁加糖水饮用，不仅可美白肌肤，还能达到祛斑的目的。

青春期的男孩们，脸上或者身上有雀斑，并不是什么缺陷，相反，倒是一种小小的可爱，这也是你与众不同之处，你同样是个帅气的男孩！

第九节　身上有汗臭味被人嫌弃

青春期成长事件

某天，奇奇回到家后和妈妈说了一件在学校里发生的事：他的同学波波人很好，学习也不错，可是同学们都不喜欢亲近他，也不喜欢和他做同桌，因为他身上有一股怪味道，很难闻。

后来老师就准备让奇奇和波波做同桌，奇奇也觉得波波人很好，同学们不应该无缘无故歧视他，就答应了。可是奇奇坐在波波身边后才发现，波波身上的味道让自己实在难以接受，有时甚至想反胃。没办法，老师只好让波波一个人坐在教室的一个角落里。

奇奇和妈妈说完以后，妈妈明白过来，波波的情况应该是狐臭。后来，奇奇问妈妈："什么是狐臭啊，那是什么病呢？"

:: 给青春期男孩的话 ::

波波的这种情况，一些和他同龄的男孩也是有的，很多人对此谈之色变，这其实就是"狐臭"。这让男孩们感到尴尬无比，也给很多青春期的男孩形成一种精神上的压力、不安及挫折感。其实，这是普通的生理现象，男孩们也不必太在意。

狐臭是一种体臭，味道较重，容易令旁人感到不舒服。生活中，很多人对狐臭反应较大，令当事人尴尬无比。狐臭原因为何？

首先，我们得了解人的汗腺机制。汗腺有两种，一种是小汗腺，也是外分泌汗腺，它们分布于全身，分泌99%的水分和0.5%的盐分；另一种是大汗腺，又叫顶浆腺，位于皮肤真皮层，开口于毛根部，只分布在腋下、阴部和眉毛处，会分泌较浓稠的液体，含有油脂、蛋白质等，再经由细菌分解分泌成汗，狐臭就是这样形成的。

狐臭多发生于青春期，这是因为在青春期受情绪及荷尔蒙所影响，汗腺比较发达，大汗腺分泌物相对于其他时期都有多增加。

另外，狐臭会遗传。根据调查，父母皆有狐臭，则后代会有80%概率遗传到；若父母只有一方有狐臭，遗传概率则为50%。

很多青春期男孩，在发现自己有狐臭后，会感到不安甚至羞愧，严重的还会有挫折感，形成一种社交障碍，人格发展也受到影响。其实，男孩不必为此担忧，只要积极地处理，减轻汗腺的分泌，是可以缓解狐臭的；也可以采取一些医学方法解决，如药物治疗、积极性治疗、电烧疗法、手术切除等。

其实，在生活中男孩不妨采取一些自疗的方法：

（1）保持皮肤干燥。狐臭发出气味一般还是因为发病部位的潮湿和不卫生，因此，患狐臭的男孩要保持腋窝、乳房等部位的清洁。

（2）对于发病部位，采取针对性的措施。例如，每天用肥皂水清洗几次，甚至将腋毛剃除，不让细菌有藏身之处。

（3）戒烟酒，少吃刺激性食物。

（4）在治疗过程中，要保持心情愉悦，且不宜做剧烈活动，因为剧烈运动会大量流汗，加重病情。

了解了以上知识，你应该知道波波为什么会受到周围人的排挤了吧，你可以给波波提出一些友好的建议，告诉他这是怎么回事，让他采取一些措施，减轻症状。相信在你的帮助下，波波会逐渐被周围的同学和朋友接受。也希望你在日常生活中多注意卫生与健康，做个干干净净的男孩，减少疾病的发生。

第十节　我的头发变白了，我老了吗

青春期成长事件

陈凡是个很喜欢安静的男孩，他和周围女生的关系也很好，这不，他后面的女生最爱玩的游戏，就是帮他拔白头发。

"陈凡，你看，我又给你扯出了一根白头发，你是不是要老了？你以前头发可是又黑又亮的！"

"关你什么事？"陈凡确实不喜欢别人捉到自己的白头发，可是不知道为什么，自己的确有不少白发隐藏在黑发之中。

其实，陈凡最近有自己的心事，陈凡的爸爸妈妈在闹离婚，陈凡整天生活在爸妈的吵架声中，学习成绩下滑不说，脾气变得也很差。甚至，也不怎么和他的好朋友玩了。只是，陈凡是个"闷葫芦"，有心事也不说出来，好朋友们也只能干着急。

:: 给青春期男孩的话 ::

一般情况下，人逐步衰老，最明显的一个特征便是头发，头发会由黑变成花白（有黑有白），由花白又变成全白。这是因为人体逐渐衰老，发根部位的毛乳头如同身体其他各部的器官一样，功能逐渐减弱，黑色素生成越来越少，以至全无而形成的自然变化现象。

可是，有些男孩年纪轻轻就已满头白发，当然不会是因为身体衰老所致，故是一种不正常的现象。这在医学上被为"少年白发"。陈凡的这种情况就是我们俗称的典型的"少白头"。

治疗少白头，中医的治疗方法是补肝血、补肾气。主要是通过饮食来治疗：

（1）多摄入含高蛋白和微量元素的食物。因为，一般情况下，营养不良和蛋白质缺乏是导致少年白发的重要原因之一。

饮食中缺乏微量元素铜、钴、铁等也可导致白发。缺乏维生素 B_1、B_2、B_6 也是造成少白头的一个重要原因。

（2）多摄入一些有助于黑色素形成的食物，如谷类、豆类、干果类、动物肝、心、肾类和叶蔬菜等。

还要注意多摄入富含酪氨酸的食物。黑色素的形成过程，是由酪氨酸霉氧化酪氨酸而成的。因此，应多摄入含酪氨酸丰富的食物，如鸡肉、瘦牛肉、兔肉、瘦猪肉、鱼及硬果类食物等。

（3）此外，经常吃一些有益于养发乌发的食物，增加合成黑色素的原料。

中医认为"发为血之余""肾主骨，其滑在发"，主张多吃养血补肾的食品以乌发润发，这也是为什么很多洗发水含有何首乌成分。

预防少年白发最重要的是消除诱发白发的客观因素，然后找出问题的症结所在，对症下药，预防治疗少年白发。

如果生了几根白发，不要精神过于紧张，这也是人身体本身的代谢过程，但不可过于劳累、紧张；心胸宽广，情绪乐观，保持良好的心境；养成坐卧有时、生活规律的良好习惯，等等。

因此，白头发并不是老年人的专属。所以，青春期的男孩一定要注意自己的营养状况，同时要缓解学习压力，并注意休息，减少白发的产生。

第十一节　为什么我会掉这么多头发

🎤 青春期成长事件

有一天，奇奇洗完头后问妈妈："妈妈，您买的洗发水是不是过期的呀？"

"莫名其妙，我怎么可能买过期的洗发水呢，对于你的健康，我是最在意的。"

"可是我发现，我最近洗头时老是掉头发，刚开始是一两根，现在越掉越多，照这么下去，我可真担心变成光头。"

"怎么会呢？"妈妈正说着就发现毛巾上好多头发，轻轻一摸，都会掉出几根，看样子这不是正常的青春期代谢。

"妈妈这几天带你去医院看看好不好？妈妈害怕你这头发掉得不正常，还是让医生看看比较保险。"

:: 给青春期男孩的话 ::

可能一些人认为只有女孩才会脱发，其实男孩也会。脱发有生理性及病理性之分。生理性脱发指头发正常脱落。病理性脱发是指头发异常或过度地脱落，其原因很多。因为头发有其寿命，不正常的脱发，可能是身体因素导致的，也有可能是用脑过度。

那么，面对生理性脱发，青春期男孩应该怎么做呢？

（1）选择正确的洗头方法。不正确的洗发方法，会导致头部的血液循环不良，这也可能导致脱发。正确的洗发方法：首先是水温，洗头时水温不要超过40℃，与体温接近；其次是次数，洗头及梳头，夏季可以每周3~7次，冬季可以每周1~3次。

（2）使用电吹风机，要与头发保持20厘米的距离。

（3）杜绝饮酒。饮酒会使头皮产生热气和湿气，引起脱发，宜加节制。

（4）多吃蔬菜与水果，可使代谢正常，大便通畅，从而防止便秘而引起脱发。

（5）减少脑部的压力，保持良好的心情。

（6）避免过多的损害。青春期男孩，染发、烫发间隔时间应为3~6个月。夏季要避免暴晒，游泳、日光浴时更要注意防护。

（7）戴帽子要注意头部通风和透气。

（8）充足的睡眠。充足的睡眠可以促进皮肤及毛发正常的新陈代谢，而代谢期主要在晚上，特别是晚上10时到凌晨2时之间，这一段时间睡眠充足，就可以使得毛发正常新陈代谢。反之，毛发的代谢及营养失去平衡就会脱发。因此，尽量做到每天睡眠不少于6小时，养成定时睡眠的习惯。

另外，掉头发与营养有关，与精神紧张或突然的精神刺激也有很大关系，平时不要经常处于精神紧张状态。另外，可以掌握一些防止脱发的小窍门，可在掉头发的地方经常用生姜擦一擦，可促进头发生长；饮食营养要全面，适当多吃些硬壳类食物，适当吃些黑芝麻。

青春期男孩要知道自己的头发是不是掉得过多，有一个很简单的"拉发实验"：可以轻拉自己的头发6～8次，然后看每次拉下来的头发有没有超过三根，如果有，就表示头发毛囊比较脆弱，应多加注意。

第十二节　为什么男孩的乳房也会发生变化

青春期成长事件

有一天，龙龙绕开正在厨房做饭的妈妈，来找爸爸谈心。

龙龙神色紧张地问："我这儿感觉好像胀胀的，还有点疼，这是怎么回事？需要去看医生吗？"

爸爸看了看龙龙，发现儿子正指着自己的胸部，爸爸一下子明白了，原来青春期的到来，儿子的胸部也产生了一些变化。接着，龙龙说："爸爸，其实我也知道自己是发育了，但是男孩的乳房也会发育吗？"

听着儿子的一番话，爸爸开始为儿子认真解答疑惑。

:: 给青春期男孩的话 ::

乳房是女性重要的第二性征器官，女孩进入青春期后，第二性征开始显示发育。乳房开始发育的年龄与先天的遗传和后天的营养都有关系。

从生理上来说，乳房生长于女性的前胸，起到的是哺乳的作用。青春期以前，男孩与女孩的乳房在外观上几乎没有什么区别。但女孩长到七八岁时，身体的各个系统开始逐渐发育，大概十岁左右，在多种因素的刺激下，其中包括卵巢激素、垂体激素和胰岛素，女孩的乳房开始正式发育。女孩乳房发育的年纪也是因人而异的，但一般不超过16岁。

也就是说，随着身体的逐渐发育，尤其是到了青春发育期后，女性的乳房开始明显生长，并在外形上发生变化，并慢慢具有泌乳和哺乳的功能。男性乳房则不是如此，男性在青春期实际上也会出现乳房稍微的增长与变硬，但青春期过后则会保持原样，并不随身体的发育而日见增大，也无任何分泌功能。如果男性乳房也宛如女性那样生长，那就可能是不正常的情况。

那么，为什么有的男孩的乳房会像女性般莫名其妙地增大呢？

男性乳房发育分为生理性和病理性两类。生理性男性乳房发育者多见于新生儿、青春期、更年期，多可自愈。

病理性的称为男性乳房发育症。该病多见于中老年男性，10 岁左右男童也可发生。一般有以下一些症状：乳房肥大，单侧或双侧结块，有时伴有胀痛。这是由于体内促发乳房发育的雌性激素数量增加了。对于正常男性来说，体内雄性激素分泌量占着绝对优势，只是有少量的雌性激素，这是由肾上腺、睾丸等分泌的，而对于这些乳房发育异常的男性，则是由于身体受了某些因素影响，雌性激素数量骤增导致了乳房增大。

总之，不论如何，一旦发生男性乳房发育症，就要寻出病根，及早进行治疗。

不过，有些男孩在青春期会出现暂时的乳腺增大，不必在意。男性的乳腺增大一般可在三个时期出现：新生儿期、青春期、老年期。大部分男孩在青春期会有乳腺增大现象，这主要是由脑垂体控制的雌雄激素分泌比例波动造成的，一般几周或几月后就会消退，不必着急。部分新生儿受母体影响，也会有"早发育"现象，但一般也能自行消退。

第十三节　为什么男孩还不及女孩高

青春期成长事件

李波被同学们称为"小不点"，当大家都开始长高的时候，他却几乎不长，班上很多女同学都比他高，李波很自卑。李波的爸爸是有个有心人，看到儿子一天愁眉苦脸的，明白儿子担心的是身高的问题。

李波：我被同学们取了外号叫"小不点"，因为我长不高，其实，我不喜欢这个外号。

爸爸：我能明白你的心情，你也是个男子汉了。你们班是不是有些女孩都比你高呢？

李波：爸爸，您怎么知道？

爸爸：其实呢，这是比较正常的现象，青春期的男孩没有女孩高，并不能说明以后身高就不增长了。男孩的发育一般要比女孩晚，可能半年或者一年以后，你就会和别人一样长高。

李波：是真的吗？

爸爸：当然了，这就是人们常说的"迟来的青春"，以后大家就不会叫你"小不点"了。

:: 给青春期男孩的话 ::

其实，和李波一样，很多青春期男孩也有这个困惑：为什么很多女孩比我还高？为什么我长不高？其实，这是由于大多数男孩发育比女孩晚的缘故。

那么，人体是怎样长高的呢？人类的身高主要取决于长骨的长度。长骨的生长，包括骨的纵向生长（即线生长）和骨的成熟两个方面：从婴幼儿到青春期，在靠近骨干的部位也在不断地进行着成骨过程。长骨就是这样一点一点地增长，人也就渐渐长高了。但是，到了20~22岁，骺板软骨渐渐消失，骨骺闭合，骨的纵向生长停止，人也就不能再长高。

由此可见，长骨骺板软骨的生长是人类长高的基础，而且骺板软骨的生长又是在人体内生长激素、甲状腺激素等多种激素的协同作用下完成的。其中，促使软骨细胞分裂增殖的主要动力源是生长激素，它是由人脑垂体分泌的，促进软骨生长、骺板加宽，在人的身高增长中起着主导作用。

人体的身高和体重一样，有两个发育高峰期：一个是婴儿期，一个是青春期。

男孩、女孩进入青春期后，身体迅速生长，身体形态发生了显著的变化，最后形成了真正的两性分化。其中，身高是一个重要的指标。

这时候，无论男女，都会出现人体生长发育的第二个突增阶段。女孩身高增长，一般在9~11岁，男孩通常晚两年，即11~13岁。身高突增的幅度也不一样，男孩每年可增长7~9厘米，多的10~12厘米；女孩每年可增长 5 ~ 7 厘米，多的 9 ~ 10 厘米。

由于男孩青春期发育开始比女孩晚两年左右，骨骼停止生长的时间也相应晚些，所以，增长的幅度也会大很多，到成年时男性的平均身高一般比女性高 10 厘米左右。

女孩在生长突增高峰过后，生长速度明显减慢，男孩的生长突增却正处于高峰阶段。所以，在 13 ~ 15 岁阶段出现第二次交叉现象。

青春期，无论男孩女孩，身高突增的出现是进入青春期的信号。男孩比女孩矮是暂时的，只不过是男孩比女孩发育晚一点而已，最终，你会成为一个高大英俊的男子汉！

第十四节　我这么瘦，会一直被欺负吗

青春期成长事件

秦女士的儿子小兵从小身体偏瘦，转眼小兵都上初中了。有一天在放学回家的路上，小兵听到了同学的非议，平时活泼的小兵回家后一声不吭。秦女士看出儿子的不对劲儿，便上前询问，小兵支支吾吾地说了前因后果："因为我又瘦又小，班上那些高个子男生都欺负我，让我做这个做那个。"说完以后，小兵语出惊人："妈妈，有没有增肥药？"

秦女士听完儿子的话，吓了一跳，但她也能理解，任何一个男孩都希望自己身材高大，不被人欺负。

:: 给青春期男孩的话 ::

故事中小兵遇到的烦恼，相信不少青春期男孩也遇到过，为什么周围的男生都拥有高大、健硕的身材，而自己却这么瘦小？其实，每个人的发育不同，时间也不一样，有的男孩到大学还在发育，所以男孩们不必担心，你也不会一直被同龄的男孩欺负。

当然，为了让自己更健康地成长，为了让自己拥有更俊美的外表，你应该注意：

1. 注意营养摄入

青春期是长身体的阶段，每天都需要充足的能量和营养，青春期男孩应该多吃鸡蛋、鱼、肉等蛋白质含量高的食物，以及水果、蔬菜等富含各种维生素的食物。

2. 适当的运动

运动可以使成长期的男孩发育得更好，体型更匀称。同时这个阶段的孩子在神经系统的可塑性、灵活性方面都比较好。为此，你可以根据自己的爱好选择一些体育项目，例如：

（1）有氧运动。游泳、慢跑、快步行走、滑冰、骑车、球类运动等，有氧运动有助于加速血液循环，促进新陈代谢和生长激素分泌。游泳便是一种很好的运动。游泳时上肢活动量大，呼吸深而有节奏，加上水的阻力，就像是胸部肌肉在进行负重练习，使胸部肌肉群的力量和弹性增加，这是使身材健美的一种简易的方法。

一般来说，这些运动最好每周 3 ~ 5 次，每次 30 ~ 60 分钟，每天不超过 2 小时，可分 2 ~ 3 次进行。

（2）弹跳运动：这类运动有助于促进身体高度的发育，例如跳绳，弹跳运动以每天 1 ~ 3 次，每次 5 ~ 10 分钟为宜。

（3）伸展运动：这类运动可以增加身体的柔韧性，可以使得体型变得健美，例如引体向上、韵律操、太极拳、踢腿、压腿等，每周进行 3 ~ 5 次。

但在进行这些运动的时候，要注意安全，因为男孩正处在青春期的开始阶段，这一时期骨骼的发育、身高的增长都较快，骨组织中软骨成分较多，富于弹性，不易骨折，但是抗压、抗扭曲能力差。所以在进行力量练习时，负荷重量不能太大，尤其要注意保护脊柱。

总之，男孩就应该挥洒汗水，因此，在学习之余，一定要多运动，并养成习惯，不仅有助于孩子练就健美的身材，还能让他天天好心情。

第十五节 "小四眼"不好看，我想摘掉眼镜

青春期成长事件

王太太是个很用心教育儿子的妈妈，在单位，经常有同事请教她："你们家阳阳是怎么教育的呀？他好像是周围同学中唯一一个没戴眼镜的了，我儿子现在居然被人称为'四眼怪'，随着读书越来越多，眼镜也越来越厚，你说，要是成绩好倒也让人欣慰，这学习成绩也一般。"同事一声叹息。

阳阳的确有着一双明亮的大眼睛，其实，王太太并没有给孩子买什么眼保仪，而是一直教育阳阳要科学用眼。

:: 给青春期男孩的话 ::

眼睛是心灵的窗户，每个男孩都希望自己有一双明亮透彻的眼睛，都害怕自己一张赋有青春气息的脸被一副眼镜遮上。那么，究竟近视是怎么产生的呢？主要有三个方面的原因：不科学饮食、屈光不正和遗传因素。

还有，一些男孩因为上课、做作业时的坐姿不正，甚至光线暗淡，也可能引起近视。

青少年的眼睛正处于快速发育阶段，眼内各器官都很稚嫩，在漫长的学习生涯中如果不养成良好的用眼卫生习惯，及时有效消除视力疲劳，近视就会很容易发生。针对近视产生的原因，为了更进一步预防近视，有以下几条建议：

1.注意用眼卫生，尽量避免外界的伤害

（1）光线强度要适中，读书写字的时候，光线不宜太强或太弱，建议使用台灯照明时用 40W 白炽灯泡，台灯应放在左前方一尺左右距离；室内照明的 40W 荧光灯应距离桌面 1.4 米左右。

（2）近距离读写、看电视、玩电子游戏、上网等都应有时间限制。

（3）看电视应有节制，在电视机对角线尺寸 6 倍以外观看，一般看 40

分钟休息 10 分钟；少玩电子游戏、电脑等。

2. 科学用眼

（1）读书写字注意三个"一"：即眼离书本一尺，胸离桌子一拳，手离笔尖一寸。

（2）走路或乘车时不要看书或手机，不要躺着或趴着看。

（3）劳逸结合，用眼时间不要过长，应每隔 50 分钟左右休息 10 分钟。

3. 加强运动，加强体质

（1）眼睛和身体其他部位一样，也需要运动。尤其是学习任务重的青春期的男孩，因长时间近距离用眼，为消除视疲劳应经常性望远，需多参加体育活动，增强体质。

（2）每天坚持做眼保健操，以缓解眼疲劳，消除调节紧张，恢复眼调节机能，预防近视发生。

4. 补充营养，合理饮食

（1）少吃零食。零食中大多加有防腐剂、色素等添加剂，食用过量百害无一益。

（2）少吃甜食和辛辣食物，糖分摄入过多会使体内血液环境呈酸性，易造成因血钙减少，影响眼球壁的坚韧性，促使眼轴伸长，导致近视的发生与发展。

（3）避免偏食，偏食是诱发青少年视觉功能障碍的主要原因之一。

（4）多吃水果、蔬菜、豆类、动物肝脏等，合理获得天然糖分、微量元素和维生素。

另外，要坚持近视矫正的原则：晚治不如早治，治疗不如预防。拥有一双美丽的眼睛，才能把青春期的风景看得更清澈！

第2章 •

男孩私密地带——依靠科学知识消除困扰

青春期之前，男孩身体的各个部分几乎"按兵不动"。然而一旦青春期发动，这些部分的发育又变得"势如破竹"，十分迅猛。青春期的男孩们开始从调皮的小男孩变成一个真正的男子汉，但也开始有了一些不能说的秘密。例如，对性的冲动和幻想、对生殖过程的疑惑等。男孩也是羞涩的，其实，这些并不是秘密，大方对待，就可以让自己快乐、健康地度过青春期。

第一节　男性生殖器官是什么样的

青春期成长事件

这天，李先生在书房看书，儿子天天突然跑过来问他什么是生殖器官，这个名词在生物书上有，但一直不明白。作为父亲的李先生，为了怕孩子不好意思，就关上了书房的门，单独给孩子上了这一课。当听完这些以后，天天才明白，原来自己也长大了。

::给青春期男孩的话::

可能不少男孩会好奇，男性生殖器官什么样？要了解男性的生殖器官，你需要了解以下知识：

1. 阴茎和睾丸

阴茎是男性的性器官，阴茎的前端为龟头。男性生殖器官包括外生殖器和内生殖器两部分。外生殖器主要有阴茎、阴囊；内生殖器主要有睾丸、附睾、精囊、前列腺。在婴幼儿时期，龟头外面包着一层皮，称为"包皮"。

青春发育加速后，或接近成熟年龄时，包皮会渐渐向后退缩而露出龟头。睾丸是男性最重要的内生殖器，呈卵圆形，有一对，存放在男性的阴囊内两侧。在胎儿时期，睾丸在人的腹腔中，出生后才下降到阴囊内。

有些男孩的阴囊内没有睾丸，或仅一侧内有睾丸，说明睾丸还在腹腔内没有下降，医学上称之为"隐睾症"，应该在二三岁时及早进行手术治疗。

睾丸的主要功能有两个：一是产生精子，二是分泌雄性激素。

附睾是附在睾丸上方，主要功能是贮存睾丸所产生的精子，同时，它所产生的分泌物供精子营养，促进精子的进一步成熟。精囊位于膀胱底，功能是分泌黄色黏稠液体并参与组成精液，有增加精子活力的作用。前列腺为一实质性器官，它分泌的乳白色液体是精液的主要成分。

2.阴茎会长到多大

很多青春期男孩认为自己的"小弟弟"发育不正常，自认为不够长，但又羞于启齿，不知道自己是不是真的有问题。

对于男性，正常成人阴茎勃起后长 11~16 厘米，自然状态下长 7~9 厘米，周长 6.9 ～ 9.4 厘米。作为大多数男性来讲，性成熟期是 18 周岁，此时基本发育完成，如果有一些病态的话，可能会出现我们说的青春期发育迟滞。

同时，男性阴茎大小也会和一些其他因素有关，如身材高矮、胖瘦等，因此，会有长短不一、粗细不齐的差异。此外，即使同一个人，在不同状态下，阴茎的大小和长短也会不稳定，如紧张、寒冷或严重疲劳时都可使阴茎短缩，当然，还有很多其他因素，所以很难单纯从长度上判断阴茎是不是发育正常。

第二节　认识睾丸的结构

青春期成长事件

夏先生与儿子同学的父亲聊天："你们家小伟有没有问你们什么奇怪的问题啊？"

"没有啊，怎么了？"

"有一天，小刚在房间看书，突然出来问我睾丸是什么，我当时真是不知道说什么好，你说这孩子怎么不学好？"

"就这事啊，这些你们本来就应该告诉孩子，他们长大了，有这方面的好奇心很正常，我们做父母的千万不能责备或遮遮掩掩，用心引导才是正确的。"夏先生听完若有所思。

:: 给青春期男孩的话 ::

那么，关于睾丸，有哪些是青春期的男孩应该了解的呢？

1. 睾丸的结构

睾丸分内外两侧面，前后两缘及上下两端，内侧面比较平坦，与阴囊隔相贴附；外侧面隆突，与阴囊外侧壁相贴附；前缘游离而隆突；后缘较平直，又名睾丸系膜缘，与附睾及精索下部相接触。

2. 附睾的作用

附睾位置隐蔽，看似不起眼，却是精子的必经之路，又是精子发育、成熟的"摇篮"，有着重要的生理功能。附睾紧贴睾丸的上端和后缘，可分为头、体、尾三部。头部由输出小管蟠曲而成，输出小管的末端连接一条附睾管。附睾管长 4~5 厘米，蟠曲构成体部和尾部。管的末端急转向上直接延续成为输精管。那么附睾的功能有哪些呢？

（1）促使精子成熟。

有动物实验表明，附睾决定着精子是否具有受精能力。如果去除附睾，把输精管和睾丸输出小管直接相接，那么从精管排出的精子没有受精能力；而如果将输精管和附睾头部 1 厘米左右处相接，那么精子具有受精能力。

（2）储存精子。

进入附睾之后，精子一般要停留 19 ~ 25 天，附睾内部的液体偏酸性，渗透压高，含氧量低，二氧化碳含量高，精子处于静息状态。若没有被及时排出，精子会储存在附睾尾部，可以存活 28 天甚至更长时间。

（3）吸收功能。

附睾中有吞噬细胞，没有排出体外的精子会被附睾的吞噬细胞逐步解体和吸收。

（4）免疫屏障功能。

附睾还有屏障的功能，阻止精子进入附睾上皮，避免自身发生免疫反应。

3. 青春期，睾丸会长到多大

进入青春期的男孩，对这个问题都比较关注，很多人都担心自己的睾丸太大或太小，那么，青春期，一般会长到多大呢？

首先要了解各个年龄段睾丸的正常体积。10 岁前，睾丸发育处于相对静止期，体积仅 1 ~ 3 立方厘米。10 岁以后进入青春期，睾丸加速增大。到了 18 岁，睾丸体积达到成人水平，为 12 ~ 25 立方厘米。60 岁以后男性进入性衰老阶段，睾丸体积逐渐缩小。

受各种因素的影响，男性的睾丸在大小上是有差异的，并不是睾丸大或者小就会有问题，只要不影响性功能和生育问题，就是正常的。

第三节　为什么成年人的阴部颜色深

赵先生的儿子："爸爸，我有个问题想问你，可是很不好意思，你能来我房间一下吗？"赵先生很奇怪，但还是没跟妻子说，自己悄悄来到了儿子房间。

赵先生进门发现，原来儿子在看一本名为《生理大全》的书，知道儿子肯定是长大了。便主动开口："你不是有问题要问爸爸吗？不要不好意思，我们都是男人了，爸爸是过来人，也许能帮你答疑解惑呢！"

原本还忐忑不安的儿子轻松了很多，便说："好吧，你看这本书上说成年人的阴部都会深一点，这是为什么呢？我在网上搜索了一下，网上说是因为性生活多了才这样，是吗？"

"看来我的儿子真的长大了，关于这个问题……"

:: 给青春期男孩的话 ::

进入青春期的男孩都会对男性生殖器官产生好奇，也会对于成年人的阴部颜色深而感到疑惑，其实原因很简单：

1. 色素沉着

随着青春期的发育到性器官的成熟，雄性激素会增加，阴部会有色素沉积，随着年龄的增大，阴部的颜色就会逐渐加深，这是最主要最直接的原因。

2. 肤色差异等原因

可能不少人认为，阴部颜色深可能是性生活的原因，这个说法并没有科学道理支持。有人天生就黑，就像皮肤一样，有人白有人黑；还有后天的因素，如食物，体内激素等原因。

总之，亲爱的儿子，爸爸告诉你这些，是希望你能明白，对于青春期的生理知识，不要觉得羞愧，应告诉爸爸。你也会慢慢长大，成为一个顶天立地、帅气的男子汉！

第四节　阴茎为什么有时偏向一侧

青春期成长事件

这天晚上，赵先生又趁妻子刷碗时"溜进"儿子的房间，帮助儿子解答一些成长困惑。

"爸爸，今天生理课上，老师给我们展示了男性阴茎勃起状态时的模具，我发现好像和我的不大一样，我的总是偏向一侧，我肯定有问题，今天一天我都惴惴不安。我要不要去医院？"

"你大概想多了，要看自己是不是有问题，其实不是完全看阴茎是不是偏向一侧……不过如果你不放心，我们可以抽时间去医院看看。"

:: 给青春期男孩的话 ::

有些青春期男孩的阴茎有时候会偏向一侧，会猜测自己是不是有什么问题。其实，阴茎有时偏向一侧是正常的。因为阴茎由三条海绵体组成。三条海绵体的充血程度不完全相同。充血不等就使阴茎的勃起不一定正指前方，而偏向一侧，或向上翘时并不一定形成直角。同样，阴茎疲软后，也不一定指向下方，有时也可能指向前下方，这也是由阴茎海绵体疲软程度不同而形成的，都属正常现象。实际上，大多数男子的阴茎在不同程度上会向某一方向弯曲偏斜，男孩不必自卑。

但也有少数情况是由于疤痕、系带过短、尿道下裂、阴茎硬结症等引起的勃起弯曲伴随有阴茎勃起疼痛的，这种情况才需要治疗。

有的男性由于先天性的阴茎发育不良或后天的疾病造成勃起后弯曲。先天因素如尿道下裂、双侧海绵体发育不对称、阴茎海绵体周围存在异常纤维组织、先天性包皮系带过短；后天因素如包皮环切术时包皮切除过多；阴茎有外伤或感染史，局部形成瘢痕，特别是性病引起的后遗症；还可能是一种特殊疾病——阴茎硬结病所引起的，这一疾病的特点是阴茎上有结节状或条索状硬结。建议到医院就诊，可通过先进的诊断技术来确诊，针对性治疗是完全可以治愈的。

亲爱的儿子，听完爸爸的这些解释，你应该可以安心了，阴茎偏向一侧并不是什么身体疾病，你不必在意。

第五节　阴茎大小有什么区别

青春期成长事件

一天，乐乐和爸爸去超市购物，看到了一个黑黑壮壮的男人。回来后，乐乐好奇地问爸爸："爸爸，最近我们都在上生理课，讲到男性阴茎的问题，你说刚才那个黑黑壮壮的大哥哥是不是比正常男人的阴茎大呢？"乐乐很大方地问。

"爸爸很高兴你能很坦然地问这些问题，没什么害羞的。不过爸爸要告诉你的是，成人的阴茎大小和身材是否魁梧、肌肉是否发达以及身高都没有必然的联系，每个人的个体因素不同，我们不可凭这些因素判断。"

"那么，成年人的阴茎为什么会有大有小呢？"乐乐继续问。

"关于这个问题……"

:: 给青春期男孩的话 ::

可能不少青春期男孩也对故事中乐乐的问题感到好奇。其实，阴茎的粗细和长短不可定论，因为，阴茎本身的构造都有其特殊性，阴茎是由海绵体组成的，具有很大的胀缩性。

阴茎在勃起时由三个充满血液的空腔海绵体组成，这三个海绵体空腔行使了阴茎勃起组织的功能，而龟头和尿道海绵体为勃起提供了体积，一对阴茎海绵体为勃起提供了硬度。血液充斥阴茎勃起组织的空腔海绵体，就像海绵吸水后胀大的原理一样。成人阴茎勃起后长 11 ~ 16 厘米；自然状态下长 7 ~ 9 厘米，周长 6.9 ~ 9.4 厘米。作为大多数男性来讲，性成熟期是 18 周岁，此时基本发育完成。

怎样才算是真正的小阴茎呢？阴茎在青春期前短于 2.5 厘米，青春期后短于 5 厘米，而且发育不正常，没有勃起功能；特别是第二性征发育不良，性功能障碍，无生育能力，无精子，方可认为是阴茎发育不正常。

因此，阴茎长度尚无统一标准。先天性小阴茎，是一种极少见的疾病，其发病原因可能和其母亲妊娠期间雄性激素分泌不足、遗传因素等有关，经医生检查才能确诊。

事实上，成年男性的阴茎在勃起时增大的幅度较大，而较大的阴茎在勃起后增大的幅度较小。由此可见，阴茎在常态下长度差异较大，而勃起时的长度差异较小，且均可达到正常性功能需要的大小。

当然，阴茎大小是相对比较而言的，的确有大有小，如同人有高矮、手脚有大小一样，阴茎的大小长短有种族差异和个体的不同。青春期男孩，只要阴茎在青春期之后较青春期前有显著增大，就是正常的。相对小一点并非异常。阴茎过于短小即真正的小阴茎是罕见的。

同时，性器官发育趋向成熟的青春期男孩和成年人也有所不同。每个人进入青春期的年龄不同，发育情况也有差别，所以相同年龄男性即使完全发育成熟后阴茎的长短、粗细也会有些不同，这是正常现象，男孩们不要担心。

第六节　精子到底是怎么产生的

青春期成长事件

小伟：爸爸，什么是"画地图"啊？

爸爸：什么"画地图"？我不明白你的意思。

小伟：那精子是什么？

爸爸：是不是生理课上讲了这方面知识？

小伟：我们生理卫生老师这些天一直讲这个，我都不懂。

爸爸：哦，是这样啊，其实，精子是这样产生的……

:: 给青春期男孩的话 ::

男孩们，生物课或生理卫生课上，想必你在显微镜下看到过精子，你一定会发出感叹：密密麻麻的精子，样子很像蝌蚪，头很小（长 6 微米），而尾巴很长（60 微米）。正是这根长长的尾巴使精子能奋力向前游动，去寻找卵子，并与之结合。不过，精子活动起来速度挺快。精子与卵子结合情景：数百个精子一齐把头贴附在比它大得多的卵子（150 微米）上，尾巴向外，拼命摆动，奋力向里钻。由于精子的运动，受精卵及其周围的其他精子迅速转动起来，它们好像在跳生命之舞。

如果观察过这些精彩的场面你一定会问，精子究竟是怎么产生的？为什么睾丸的体积那么小，每天能产生上亿个精子呢？要想回答以上问题，必须从睾丸的解剖形态和组织结构说起。

正常男性的阴囊内有两个睾丸，每个睾丸里有 300~1000 条曲细精管，其总长度加在一起可达到 200~300 米。精子就发源于睾丸曲细精管的生精上皮，而生精上皮由生精细胞和支持细胞组成。

睾丸是男性的生殖腺，是产生精子和分泌雄性激素的场所。从外观上看，睾丸左右各一，呈稍扁的卵圆形，位于阴囊内。

青春期开始后，由于雄激素的作用，睾丸内的精原细胞开始大量繁殖。

男性在雄性激素的刺激与维持下，促使原始生精细胞演变成精原细胞、初级精母细胞、次级精母细胞直至发育成精子细胞，再经过复杂的演变过程最终发育成为成熟的精子。

精子的生产，不是一个个进行的，而是一个连续的过程。虽然每个精子的发育要经历两个月的时间，但对于成熟的正常男性来说，每天都有 5000 万个新的精原细胞产生，并同时进入分裂的过程，就是这样连续不断、周而复始，每天都会产生 2 亿个成熟的精子。

每个精原细胞经过 72 天的分裂，最终变成 4 个精子，其中两个是 X 型，两个是 Y 型。

成年人睾丸内，每时每刻都在产生精子，有人估算过，成年人每克睾丸组织在每秒钟内可产生 300 ~ 600 个精子,每天双侧睾丸可产生上亿个精子。这也是控制精子生成的男性避孕方法比抑制女性排卵要困难得多的原因之一。

第七节　精子是什么样子的

青春期成长事件

这天，生理卫生课上，老师带领同学们来到实验室，然后说："同学们，今天我要给大家讲解男性的生殖系统知识。接下来，大家可以用显微镜看看男性的精子，然后再告诉我精子的形状。"

过了会儿，同学们纷纷回答："像小蝌蚪。""头部大，尾巴小。"

"对，这就是精子……"

∷ 给青春期男孩的话 ∷

1. 精子

男性的精子是非常小的，肉眼无法看到，通过仪器能看出其大致形状，光学显微镜下精子的头呈扁平卵圆形，正面呈卵圆形，侧面呈梨形。

成熟的精子，看起来非常像"小蝌蚪"：分为头、颈、中、末四部分。在它的头部有一个顶体，是一种特殊的溶酶体，有助于受精过程中穿透成熟卵子的外壳。

（1）精子头部呈卵圆形，长 4 ~ 5 微米，由细胞核、顶体和后顶体鞘组成。

细胞核位于头部中央，核内有染色体浓缩形成的不规则形态的携带遗传信息的核泡。

顶体是覆盖头部的帽状结构。其内含有多种水解酶——顶体酶。当精子与卵子相遇时，顶体酶释放出来，溶解卵周放射冠之间的透明带，使精子容易穿入卵子内形成受精卵。

后顶体鞘能识别卵细胞膜，并与之融合。当后顶体鞘缺乏时，即可造成不孕症。

（2）精子头与尾相连的部分，主要作用是储存能量。

（3）精子的尾部也叫鞭毛，长约 45 微米，精子就是靠它向前游动的。

2. 精液

男性的精液是指睾丸产生的精子和前列腺、尿道球腺等所分泌的液体组成的混合物，包括精子和精浆两部分。精子在睾丸中产生，并悬浮于精浆中，精浆起到保驾精子的作用。

正常精液为乳白色蛋清样，如因节欲时间过久而未射精可呈淡黄色。新排出的精液有特殊的腥味，具有高度的黏稠性，呈胶冻状，离体后 30 分钟可完全自行液化成流体状。一次射出的精液为 2 ~ 6 毫升，少于 0.5 毫升者为精液过少。每毫升精液中含精子 1 亿 ~ 2 亿，过于频繁的射精可减少精液量和精子数量。若把精子按一定比例放在特定的营养液中观察，正常精子活动持续时间不应少于 3 小时，排出体外的精子在 37℃时，约经 8 小时就失去生命力。正常精液中活动良好的精子占 85% ~ 90%，无活动力或死精子不能多于 10% ~ 15%。如果精子过少、活动力太低，或畸形精子和死精子比例太大，则受精就会明显降低，甚至造成不育。正常精液呈弱碱性，pH 值在 7.5 左右，pH 值低于 7.2 或高于 7.8 都属于不正常。

精液排出接触空气后呈凝胶状，20 ~ 30 分钟后液化，这种液态变凝胶、凝胶又液化的转变过程，与精液中所特有的酶体系统有关。如果这一酶体系统异常，就会发生精液不凝固或不液化等病理现象。

正常射精过程有一定的顺序，在射出的第一部分里有精子、副睾液、尿道球腺的分泌物和前列腺液；射出的第二部分主要为精囊腺的分泌物。所以，第一部分比第二部分的精子数多且有较好的运动和生命活力。射精过程的这种规律顺序是由于排精管道和各附属腺上的平滑肌的收缩顺序不同而引起的。如果射精过程中肌肉收缩的正常顺序发生紊乱，射精顺序也就发生紊乱，将导致射精异常性不育。

第八节　睾丸两边不对称或隐睾怎么办

青春期成长事件

刘先生发现，最近儿子成成的心情好像很不好，总是郁郁寡欢的，找他说话也不理，一放学回家就钻到自己的房间，吃饭的时候匆匆吃点就回房了，刘先生决定找儿子好好谈谈。

"儿子，最近有不开心的事吗？有什么就和爸爸说，你的很多烦恼爸爸都遇到过，爸爸应该可以给你一点意见。"

"实在很难为情，这几天老师上生理卫生课，讲到男性睾丸的问题，我发现我的睾丸不对称，可能从小就这样吧，不知道是不是病，就是我左侧的睾丸明显比右侧的睾丸大，都缩到上面的时候还不那么明显，尤其是都坠下来的时候，左侧的要比右侧的大一个半多。"

听完儿子的话，刘先生终于知道儿子为什么不开心了，接下来，他语重心长地对儿子说："其实你想多了，一般人的睾丸都有一定的差距……"

::给青春期男孩的话::

可能大部分的青春期男孩会遇到这个问题——睾丸两边不对称怎么办？怎样的睾丸是异常的？对此，你需要了解以下两个问题：

1. 两侧睾丸不对称怎么办

正常人的两侧睾丸并不是一样大的，而是有一定的差距，但是两侧睾丸的大小都在正常的范围内，一般是不会影响健康的，也不会造成不育。但是有的男性两侧睾丸的大小差异非常明显，这有可能是因一侧的睾丸先天发育不良造成的，也有可能因小时候腮腺炎伴发睾丸炎，破坏了睾丸的细胞，造成睾丸萎缩的情况。如果是两侧睾丸一直对称，但是突然出现一大一小的情况，还伴有发烧、疼痛等症状，则有可能是睾丸炎造成的。

如果两侧睾丸的大小差距很大，则需要及早到医院查明原因。如果是因疾病导致的，要及早治疗，否则极有可能造成男性不育。

2.隐睾是怎么回事

隐睾又称睾丸下降异常，是指在胎儿正常发育时，睾丸下降的过程中出现停留，不再下降。这是男性生殖器官先天性异常中最常见的一种疾病。隐睾在男性婴幼儿出生时发生率为3%～4%，但大多数出生后几个月内可自然下降至阴囊内。经统计，出生后超过1年睾丸仍未下降入阴囊的发生率约为0.7%。

男性胎儿在母体发育时，其睾丸的下降过程发生障碍，"抛锚"于下降途中，阴囊里找不到睾丸，就发生了隐睾症。究其原委，主要有以下几个因素：

（1）解剖因素。

①睾丸系膜与腹膜发生粘连，使睾丸无法向下。

②在胚胎期，睾丸系带很短，不允许睾丸充分下降。

③精索的血管或输精管太短。

④睾丸的血管发育异常，弯曲或皱折，从上方牵拉而限制睾丸下降。

⑤睾丸体积过大，腹股沟管过紧或外环远端进入阴囊的口缺乏，则睾丸无法进入阴囊内。

⑥阴囊发育异常，阴囊太小，容不下睾丸。

（2）遗传因素。

有部分男性之所以会出现隐睾，与遗传因素有关，有可能有明显家族遗传史。当然，这也不是绝对的原因。

（3）内分泌因素。

睾丸下降要有足够的动力，那就是要依靠母体的促性腺激素刺激胎儿睾丸间质细胞产生雄激素，故有以下原因：

①睾丸本身有缺陷时，对促性腺激素不产生下降反应而发生隐睾；

②因睾丸下降发生在血液中促性腺激素浓度很高时，当母体促性腺激素匮乏，也会导致睾丸下降不全。

第九节 床单湿湿的，我又尿床了吗

青春期成长事件

这天早上，何先生刚起床去卫生间的时候，就发现儿子在里面鬼鬼祟祟的，突然儿子打开了卫生间的门，匆匆去阳台把洗好了的床单晾好。其实，何先生知道是怎么回事，儿子长大了，肯定遗精了。

"你怎么洗床单了，昨晚又尿床了吧？"

"是啊，你别跟妈妈说，她会骂我的。"儿子解释道。

"我的乖儿子，其实这不是尿床……"

:: 给青春期男孩的话 ::

青春期的男孩发育到一定阶段，便会出现遗精，很多男孩认为这很可耻，其实，这是一种正常的生理现象，是发育成熟的一种标志。一般来说，男孩遗精多数发生在梦中，首次遗精平均年龄为 13 ~ 15 岁，比女孩月经初潮平均年龄约晚 2 年，在 11 ~ 18 岁之间均可首次出现。也有报道，首次遗精的最小年龄为 10 周岁。

男孩遗精，实际就是人们常说的"精满自溢"的结果。由于男性的睾丸是产生精子的器官，随着年龄的增长，生殖器官成熟，睾丸每时每刻都在产生精子，精囊和前列腺等也不断分泌精浆，这样精液在体内不断地积蓄，当达到一种饱和状态时，就会通过遗精方式排出体外。

所以，很多时候男孩睡梦当中，阴茎就排出黏糊糊的液体，早上醒来发现内裤或被褥潮湿一片。

一般来说，男孩每月遗精 1 ~ 2 次，有时稍多几次，均属正常生理现象。少男首次遗精是性成熟的标志之一。

遗精很正常，但男孩还要懂得处理遗精后的事和控制遗精次数。具体来说，你需要做到：

1.遗精不可耻，大方处理即可

每个男孩都会经历成长这一过程，也会出现成长的烦恼。对于遗精，可能感到惶恐不安，甚至觉得可耻，更不敢让人知道，好像做了什么见不得人的事。其实，遗精这种生理现象是正常的，并且有一定的周期。任何一个发育健康的男性在青春期及以后都有可能发生遗精现象。遗精是自发的、不随意的反射活动，不能受人的意识所控制。遗精与思想不纯或道德品质好坏无关，因此，这并不是什么可耻的事情。

很多男孩遗精后，会手足无措。对此，男孩要懂得处理：遗精后一般只需要用卫生纸清除排出物，及时擦拭、清洁局部皮肤即可。初次遗精后男孩要尽量避免穿紧身内裤，因为内衣过紧的话，会增加对阴茎头的摩擦，容易引起性冲动。日常生活中，更要注意卫生，也要注意保持外生殖器的清洁，避免包皮垢刺激龟头。内裤应及时更换，换下的内裤应及时清洗，并在阳光下晾晒。

2.控制遗精次数

对于遗精次数多少算正常，恐怕很多男孩并不清楚，因为这是判断自己身体是否健康的一个重要依据。

对于青春期的男孩，如果一个月遗精2~3次，属于正常现象，不必为此感到羞愧和不安，只要做好遗精后的处理工作就好。但如果遗精次数过多，以及在清醒状态下遗精，均属于不正常现象。不正常遗精常见于遗精者思想过分集中在性问题上，或有手淫的不良习惯。当然，有些身体因素也会导致遗精过多，如包皮过长、尿道炎、前列腺炎以及身体虚弱，劳累过度等。

那么，如何才能自我控制遗精的次数呢？首先要懂得自我控制和节制，要有毅力。其次，多转移注意力，培养正当的爱好和高尚的生活情操。除去正常的学习之外，业余时间多参加文娱、体育活动；或到户外散散步，做些轻松的运动。

第十节　早晨老有硬邦邦的感觉

青春期成长事件

最近，明明遇到了一件烦心事。从前，每天早上五点钟他都会被尿憋醒，然后去上厕所。可是上了初三以后，他发现，即便早上没有尿，"小弟弟"还是会挺起来，这是怎么回事呢？难道是身体出了什么问题？他又不敢一个人去医院检查，思前想后，他决定问问爸爸。

爸爸告诉他："傻孩子，这是晨勃，是男性性成熟的一个标志，你应该感到高兴才对。这说明你是一个真男人了。"

:: 给青春期男孩的话 ::

明明和爸爸谈论的话题，是男子常有的早晨清醒前出现的阴茎勃起现象，医学上称之为清晨勃起，简称晨勃。成年男子和青春期男孩都一样，和憋尿无关。

那么，什么叫晨勃？

是指男性在清晨 4～7 点阴茎在无意识状态自然勃起，是不受情境、动作、思维控制的自然勃起。晨勃是性功能正常及强弱的重要表现或指标。对于为什么会晨勃，在医学界仍无定论。据研究，男子在成年后，20～30 岁时，清晨勃起次数增多，中年以后逐渐减少。不仅清晨会勃起，睡眠时也会勃起。一般每天晚上会有 3～5 次的勃起，平均每次勃起时间为 15 分钟，但也有长达 1 小时之久的。

关于清晨或睡眠时阴茎勃起的确切机理，至今尚未研究清楚，但清晨阴茎勃起是男子的一种正常的生理反应，已肯定无疑。由于男子的个体差异，每天所产生的变化也不尽一致，即勃起的硬度、粗度、持续时间都不同。只要神经、血管及阴茎海绵体结构与功能正常，就会有这种现象。这个时候，阴茎的勃起不受心理因素的干扰，可以单纯表现出阴茎的结构和功能状况。

男子在疾病期间，晨勃的现象会消失；当身体康复后，晨勃的现象又出现。有时由于精力不佳或状态不好，晨勃确实不明显，不过这对健康没有什么不利，晨勃现象也并不是每天都会出现的，但是在较长的一段时间里没有这种现象则不正常。因此，晨勃现象，可以作为观察男子精力和健康状况的参考指标之一。

正常男子的阴茎，在直接的性刺激或某些与性有关的语言、文字、画面、场景等外界环境刺激下，都会勃起。假如不能勃起，有人就担心是阳痿。其实，阳痿有心理性和病理性两类情况。前者仅属于心理障碍，导致不能勃起，并无器质性问题。后者则是真的有病理因素。两种情况的处理方式是不同的，心理性问题只要进行心理辅导，释放心理障碍，就可以恢复正常；病理性问题，则要通过一系列检查治疗，从根本上解决问题，才有可能治愈。

第十一节 包皮过长和包茎是怎么回事

青春期成长事件

有一天，小维和同学在客厅看球赛，球赛完了以后，电视上开始播放广告，其中有一则关于男性生殖器整形手术的广告。

小维的同学突然问小维："什么是包皮啊，你知道吗？"小维一脸诧异，脸一下子红了，说："我怎么可能知道？"

小维的爸爸周先生听到孩子的对话，从房间走出来，对孩子们说："这没什么好害羞的，我来跟你们说说吧。"

于是，周先生给他们好好上了一课。

::给青春期男孩的话::

那么，什么是包皮？关于包皮，又该了解什么呢？

（1）什么是包皮过长和包茎？

包皮是指在阴茎头处褶成双层的皮肤。在婴幼儿期包皮较长，包绕阴茎使龟头及尿道外口不能显露，称之为生理性包茎。随着年龄的增长，阴茎和包皮逐渐发育，到青春期时，包皮向后退缩，至成人期龟头露出，但是约有30%的成人，包皮仍完全盖住阴茎龟头。包皮不仅是男性生殖器官的重要组成部分，而且具有重要的生理意义。

包皮过长关键在于一个"过"字，包皮长不一定需要手术，包皮过长是需要手术切除的。包皮过长是指男性青春发育期过后，在阴茎勃起状态下包皮仍遮盖尿道口。但如果在阴茎勃起状态下，包皮退离尿道口或阴茎头能伸出包皮口，就不应视为包皮过长。

包茎是指龟头与包皮粘连，包皮不能翻动。包茎有完全与部分粘连之分，有些包茎粘连较紧，需手术分离；有些包茎粘连较松或部分粘连，在无炎症情况下，包皮可上翻，如使粘连逐步与龟头分离，包皮多能翻至冠状沟部。对伴有包皮口狭窄的包茎，上翻包皮、扩张包皮无效时应手术，分离粘连并切除包皮。

（2）包皮过长有何危害？

包皮过长在男性疾病中虽然称不上严重，但是很普遍，危害也很大。因此，我们不能忽视。

包皮过长本身没有什么可怕的，但是会引发一些感染性疾病，例如，包皮过长的男性在排尿后，最后的几滴尿液不易排尽，往往积聚在包皮内，加之包皮、龟头表面坏死脱落的细胞及分泌的黏液物质，直肠会阴部的污染与繁殖等因素，在温暖湿润的环境下极易形成一种白膜似的物质——包皮垢。

包皮垢如若长时间停留在包皮长上得不到彻底清洗，就会对包皮、龟头产生刺激，最终可导致其他疾病，如包皮龟头炎、包皮结石、包皮色素脱落形成的白斑病，诱发早泄和阴茎癌，局部长期存在炎症，免疫功能障碍，通过不洁的性生活还更容易染上淋病、尖锐湿疣等性传播疾病。据有关资料统计，包皮过长患者患阴茎癌的概率是正常人的几十倍。

因此，青春期男孩一定要重视生殖器官的清洗，发现包皮过长后，要及时治疗，以免引发疾病。

（3）包皮过长有什么解决办法？

包皮过长，临床表现多为一些局部的炎症，反复形成包垢并可有异味，必须找出解决的办法。

针对包皮过长，有些男性尤其是青春期的男孩，羞于去医院治疗，就会自己服用一些抗生素类的药物，加外洗清洁。这种方法，虽然能将炎症控制住，但治标不治本，一段时间后就又出现上述症状。而且还会对抗生素产生抗药性，对于真菌感染引起的包皮龟头炎，使用抗生素药往往会使病情加重。

因此，对于包皮过长与包茎的男性，必须在清洁消炎的基础上，通过手术解决包皮过长或包茎问题，这是目前最有效的办法。

第十二节　下面红红的，发炎怎么办

青春期成长事件

这天上课时，小龙突然发现下身很痒，他很想用手挠，但是肯定不方便。就这样，一节课里，他坐立不安，无法专心听课，他甚至都感觉到老师在看他了，好不容易熬到放学了，他赶紧回家洗澡，然后才感觉情况好多了。

晚上，他觉得很有必要问问爸爸，该怎么解决这个问题。

"爸爸，我想我肯定生病了，身体下面很痒，上课的时候就开始了。我刚才洗澡的时候看了下，好像都红了。"小龙有点局促不安。

对此，爸爸的回答是："我想你应该是发炎了，明天我带你去医院看看，你别太担心，很多青春期的孩子都会遇到这样的问题。不过平时一定要注意私处的卫生，勤洗澡，别偷懒。"

:: 给青春期男孩的话 ::

所有的青春期男孩都很关心自己的阴茎，因为这是男性健康的重要部分，那么，什么症状说明它发炎生病了？一般情况下，这种病症有包皮炎和龟头炎。

包皮发炎多见于青少年和儿童，常因包皮过长、包皮垢，在未注意局部卫生时，使包皮内污垢积聚加上细菌感染后发病。

包皮炎和龟头炎经常并发，所以经常把他们合称为包皮龟头炎。其主要临床症状有：局部潮红，瘙痒，肿胀，灼热，甚至有分泌物渗出，呈恶臭味，严重者可出现寒战高热等全身不适的症状。

引起包皮龟头炎的原因有：不洁性交，感染了白色念珠菌、滴虫、衣原体、支原体、淋病双球菌或其他细菌；非感染因素多是由于包皮过长，清洁不够，致包皮垢长久堆积，刺激局部的包皮和黏膜发生炎症。

包茎或包皮过长时，使包皮内皮脂腺的分泌物不能排出，并逐渐形成奇臭的包皮垢。包皮垢适宜细菌生长，故可引起阴茎头及包皮发炎。

包皮发炎是一种生殖传染疾病，为此，男性要做好预防工作，平时要注意卫生，多喝水，禁止不洁性交，少食辛辣刺激性食物。另外，最重要的是，平时也应该经常用温水清洗外阴，而洗澡时，应将包皮翻转，洗净包皮囊内的包皮垢，应是预防包皮发炎最简单而又行之有效的办法。

包皮垢的慢性刺激和阴茎头包皮炎的反复发作，也是引起阴茎癌的重要因素，所以早日施行包皮环切术对预防阴茎癌有一定意义，而且对包皮龟头发炎治疗有很大帮助。一般来说，手术过程创伤小，无痛苦，术中出血少，不留疤痕，也不会影响患者正常的工作学习。建议你到正规医院男科检查诊治。医生会为你先消炎，待炎症治愈后，再为你实施包皮环切术。

第十三节　在公共场合阴茎勃起该怎么办

青春期成长事件

这天，天气十分炎热，郑先生带儿子小武去游泳馆游泳。

游完回家的路上，小武对爸爸说："我今天看到一件事，不知道该不该说。"

"有什么就说吧，不要有顾虑。"郑先生说。

"我刚才在泳池看到一个哥哥，大概比我大几岁，我发现他的小弟弟站起来了，他当时脸都憋红了，应该是难为情，爸爸，要是在公共场合，我也突然这样怎么办？"

"其实，在公共场合勃起没什么可害怕的，只要你……"

∷给青春期男孩的话∷

"小弟弟"在公共场合不由自主地勃起，想必很多青春期男孩都会感到特别尴尬，这是为什么呢？阴茎勃起是人类的一种本能，有时并非由人的意志所决定，而是由一系列的反射活动所引起的。

那么，为什么在公共场合阴茎也会勃起呢？

青少年正处在青春发育期，阴茎的勃起现象就更为频繁。青少年进入青春发育期以后，随着身体的发育，性器官也会逐渐发育成熟，自然就会产生性意识，会产生一定的性冲动和性欲望。尤其是在生活中受到一些有关性的刺激，如爱情电影、书刊、情侣亲吻或者紧身裤的摩擦等，都有可能产生性欲望引起勃起。这一切都不是病态，也不是耍流氓，而是正常的生理现象。

当出现生理反应时，不要过分紧张，也不要羞怯，可选择静坐一旁待生理反应慢慢平复。总之，无须过虑，就让它自然地随时间平复过来就好了。

这样的情况，可能不少成熟男性都遇到过，勃起是所有性功能正常男性普遍存在、会自发产生的生理现象，是性能力成熟、健康的表现。

因此，面对公共场合遭遇的"尴尬"，男孩们，你应该首先检查自己是否穿着了过紧的内裤、牛仔裤，或者挤车时有无不经意的阴茎摩擦，这两个因素都可能导致它容易勃起。

在排除了这些因素后，你可以采取以下方法来解决这一问题：

（1）转移注意力，专心致志地去做一件自己感兴趣的事，而不要去关注自己有没有勃起的问题。

（2）发现勃起时小便一次，因为通常在膀胱尿液排空后，阴茎会自然而然地疲软下来。

总之，青春期男子受刚刚增高的雄性激素水平影响，对性刺激尤为敏感。阴茎受刺激后容易勃起的现象完全正常，它既不是病，更不是见不得人的事。为此，如果你也遇到这种情况，你不要为此感到羞愧，你没有发现周围男生的勃起现象，很可能是因为他们掩饰得比你好。

第十四节 "一滴精"等于"十滴血"吗

青春期成长事件

这天，明明在家上网，突然看到一句话——"一滴精，十滴血"，言下之意也就是精液十分宝贵，刚上过生理卫生课的明明觉得很奇怪，因为老师在课上并没有强调这一点。他准备问一问爸爸，也许爸爸能给自己答案。

他很大方地开口问爸爸："我上网的时候看到'一滴精，十滴血'这句话，真的是这样吗？精液那么宝贵？"

"这当然是没有科学根据的，是民间为了劝谏人们节欲而流传的说法，告诫男性不能纵欲过度……"

:: 给青春期男孩的话 ::

民间流传着一种错误的说法，把精液看得十分宝贵，认为"十滴髓生一滴血，十滴血生一滴精""损失精液，大伤元气"，会使骨髓空虚，精髓枯竭，早夭短命。所以认为只有藏而不泄，才能使人健康，延年益寿。

实际上，血液和精液之间毫无关系，排精液的损失并不大于唾液，两者都可以很快地由身体的有关分泌腺分泌出来。精液也并不是什么特殊宝贵的东西，除了精子，精液中的其他部分叫作精浆，精浆的成分与血浆相比没有太大差异。血浆里除90%左右的水分外，其他是极少量的蛋白质、糖、微量元素等物质，所以，一滴精等于十滴血的说法是不科学的。

古代中医房中术，多数赞成夫妻性生活做到有一定节制，认为善于养生的人，要做到积精少泄，节欲固精，精足气旺，精力充沛，神形聪慧。精液不可遗泄过多，精亏不足时需注意调养和补益，夫妻性生活过多、男子射精过频，会出现疲倦乏力、头晕耳鸣、腰膝酸软等不适，这些对健康来说是不利的。

另外，前面谈到遗精，俗话说"精满则自溢"，这是有一定道理的，因为遗精是由于精子过剩引起的一种生理现象，所以并不奇怪。一般说来，几个月发生一次或1～2周发生一次都属正常。

但也有一些男孩子频繁遗精，甚至一有性冲动立即发生滑精，这是性中枢过度疲劳的表现，往往是由于性刺激和性兴奋过度引起的。对于这种情况，只要有意识地克制自己，尽量远离那些性刺激，让性中枢得到休息，滑精会慢慢得到好转的。还有一种更为严重的情况，如果男孩遗精太过频繁，那么就不能忽视了，应主动咨询或治疗，排除生殖器官发育异常导致滑精这一原因。

可见，虽然"'一滴精，十滴血'"这种说法不科学，但对于青春期的男孩们，依然要把注意力放在自身知识的积累上，青春期是学习的大好时期，不可荒废。

第十五节　你的三角区体毛浓密吗

青春期成长事件

这天放学后，星星一回家就回到自己房间，然后关上房门，一句话不说。爸爸觉得很奇怪，平日里他回家后就会和爸爸妈妈说学校的趣事，今天这是怎么了？于是，他敲开了儿子的房门。

"星星，是不是遇到什么不开心的事了？"爸爸关切地问。

"没什么大事，就是觉得难以启齿。"星星趴在床上一声不吭。

"没关系的，我们都是男子汉，很有可能你的苦恼爸爸也遇到过呢，跟爸爸说说吧。"

"好吧，今天我们几个男生一起上厕所，他们看到了我的下面，然后就嘲笑我，说我阴毛好少，不像个男人。"说到这里，星星更难过了。

"星星，你要明白，是不是真的男子汉，与阴毛多少、性器官大小是没有关系的……"

:: 给青春期男孩的话 ::

随着年龄的增长，睾丸的成熟，在雄性激素的作用下，男性第二性征日益明显。12~13岁以后，逐渐出现体毛、胡须、腋毛，变声及喉结增长，睾丸和阴茎变大，分泌精液以至出现遗精，骨骺愈合，身材高大，肩宽，皮肤粗糙。

阴毛是人体的第二性征之一，一般来说，女孩子11～12岁，男孩子14～15岁，开始出现阴毛。青春期男孩，如果十七八岁之后还不长阴毛，就很可能存在发育不健全的问题，需要观察睾丸大小、阴茎大小、胡须、喉结、声调等方面有无异常表现。如果存在多种其他不正常表现，可能意味着内分泌系统或染色体出了毛病，应及时就医。

但如果不存在其他指征，那么很可能是阴毛生长受体有缺陷，导致阴毛稀少、柔软；而生长激素缺乏或者对雄性激素不敏感时，则阴毛不生长，这时很可能伴有腋毛和其他体毛的稀少，也可能具有家族遗传史，但这种单纯的体毛生长异常对整个身体健康和生殖健康并无影响。

事实上，阴毛多少对于人体并没十分重要的影响，而对于一些青春期男孩来说，他们觉得同龄人的性器官比自己的大，胡子比自己的浓，阴毛比自己的密，等等。于是，产生自卑心理，还以为自己是不是生了什么病。其实，这些都不必惊慌，因为属于病理情况的只是少数。

可见，男性的第二性征有多种表现，它们出现的早晚和先后顺序难免有所差别，阴毛也是如此，只要不存在其他问题，就大可不必为之烦恼。

第 3 章

男孩成长困惑——"性"问题光明磊落

性一直是人类生活不可分割的部分，进入青春期后，很多男孩产生了对异性的了解与认识的强烈愿望，这是正常的性心理反应，不要带有任何心理压力。人到青春妙龄，进入了一生的黄金年华，性的成熟随之会给男孩们带来许多心理问题和令人困扰的事情，这也是正常的。一般随着性心理的发展，很多男孩会表现出一系列性心理行为，如对性知识的兴趣、对异性的好感、性欲望、性冲动、性幻想和自慰行为等，这些都是我们不容回避的事实。

第一节　如何保持私密处的卫生

青春期成长事件

　　王刚是个不怎么爱干净的男孩，大大咧咧的，即使开始长大成人了还是这样。但突然有一天，妈妈看见王刚在卫生间里洗什么，儿子从来不自己洗衣服，妈妈想推开进去，却被他挡在门外。

　　王刚出来后，对妈妈说："以后衣服我自己来洗就好，老师说青春期要注意卫生，对身体才会好，我不会和以前一样邋遢了，你也不用那么累了。"

　　妈妈笑着说："儿子终于长大了，青春期的确要更加卫生了，要注意保护自己，让自己健健康康的。"

　　"恩，谢谢妈妈。"

　　看着比自己高一头的儿子，妈妈舒心地笑了。

:: 给青春期男孩的话 ::

　　男孩到了青春期，常把自己的私密部位看作命根子，因为它关系到个人的生育能力和生殖健康，因为男性私密处凸露在外，往往容易受到伤害，尤其是外界一些不洁的因素。那么男性该如何做好私密部位的卫生呢？

　　1. 穿着

　　处于发育时期的青少年应少穿紧身类衣裤，如牛仔衣、牛仔裤等，一定要选择透气性好的衣物。因为牛仔裤会使阴囊被压迫在有限的空间内，无法舒展来调节睾丸温度。睾丸产生精子的最适宜温度是36℃，比正常体温要低1℃。所以最好穿宽松的纯棉内裤，另外注意少洗桑拿。

　　2. 饮食

　　青少年应少吃过辛过辣食物，如洋葱、大蒜等，此类食物不利于雄性激素正常分泌，影响健康，可多食西红柿及各类水果等养精食物。

3. 卫生

男性私密处的卫生保健，重要的是保持生殖器官的清洁。很多男生难以做到每天清洗外阴，只有在洗澡的时候才清洗一下，其实这是很不够的。

因为包皮通常是盖住阴茎头的，随着青春期发育的开始，阴茎上的包皮会逐渐向上退缩，慢慢露出龟头。在这一变化过程中，阴茎头部冠状沟内很容易聚积污垢，形成"包皮垢"。包皮垢是细菌的良好栖息之地，它很容易导致包皮和阴茎头发炎，这种炎症甚至和阴茎癌的发生也有着一定程度的关联。所以，男孩应经常清洗阴茎，将包皮往上推，用温水清洗。每次遗精后，不但需要换内裤，还应及时清洗阴部。

所以，要养成每晚用温水清洗下身的习惯，尤其对包皮过长或包茎的情况更要做到这一点。清洗时，把包皮翻起用温水将污垢清洗干净，不让污垢堆积在里面。当然，若包皮过长，最好进行包皮环切手术，这样有利于生殖健康。另外，经常清洗外阴，还可以保持肛门周围的清洁卫生，防止细菌在会阴部繁殖，同时还可以预防痔疮的发生。

第二节　如何防止私密处受伤

青春期成长事件

体育课上，男生们聚在一起踢足球。但在踢球的过程中，有男生一不小心将球踢到了吴刚身上。吴刚也没来得及躲闪，正好砸中了他的"命根子"，痛得眼泪都掉下来。

体育老师赶紧跑过来，对其他同学说："快，你们几个抬着他去医务室，让医生看看，万一真受伤了可就麻烦了。"

几个男生的动作很快，立即送到了医务室。医生检查完以后对老师和同学们说："没什么大事，放心吧，不过平时体育活动时一定要注意安全，尤其是对于这些青春期的孩子，正是发育的阶段，私密处受伤可就麻烦了。"

∷ 给青春期男孩的话 ∷

处于青春期的男孩，每天奔波于学校和家（或宿舍）这两点一线，学习压力大，生活节奏快，往往忽略了自己"重要部位"的保护，很多男孩在不注意的情况下让自己的隐秘部位受伤。其实，对于每个男性来说，隐秘部位都是脆弱的，需要加倍地呵护。那么，青春期男孩们，如何防止自己的私密部位受伤呢？

1. 适量运动

男孩子喜欢运动是正常，但一定要注意私密处的安全。很多运动如山地自行车、足球等，动作激烈，容易造成生殖器的损伤，一定要注意。

2. 要穿宽松的服装，不要压迫私密处

剧烈的撞击会让私密处受伤，但一些不良的生活方式也是潜在的危险，这些是很容易被男孩们忽视的，例如每天穿牛仔裤。另外，研究表明，近年来男性精子的数量和质量都有明显下降的趋势，事实上，这都与不良生活方式密切相关。例如久坐软沙发，会压迫私密处，使得其动脉血液受到挤压，静脉汇流受阻，必将影响生殖器的功能。

因此，建议男孩们在学习之余不要久坐在过软的沙发上看电视，不要穿过紧的衣服，多做一些适当的运动，经常做会阴部的收缩运动，这样可以促进局部血液循环，起到保健效果。

3. 让私密处顺畅呼吸

男性的内裤应质地柔软、透气性好，不宜穿过紧的内裤，最好不要穿牛仔裤，而应多穿宽松裤子，让下身降温、透气。另外，建议采用裸睡的方式睡觉，使私密部位保持舒适感觉。

亲爱的儿子，我们告诉你这些，是希望你懂得保护自己，青春期是脆弱的年纪，身体正处于发育阶段，千万要注意安全，不可马虎大意！

第三节　私密处受伤了怎么办

青春期成长事件

乐乐喜欢冰球运动，喜欢滑行和撞击的感觉，尤其是在看过一些冰球比赛后，他就更热爱这一运动了。

这天刚好是周末，乐乐终于可以又去玩冰球了。到了场地后，他发现好像多了几个和他年纪相仿的青少年，并且明显是初学者。

没有多想，乐乐就开始了自己的活动，但还没进行多久，就被迎面过来的一个人撞到了，对方也重重地压到了自己身上，刚好压到了自己的下身，乐乐痛呼了一声。他又不好意思说压到哪里了，便赶紧收拾东西回家去了。

回到家后，他把事情跟爸爸说了下，爸爸说："傻孩子，这没什么不好意思的，最重要的是，你要在受伤的第一时间就去寻求帮助，万一受伤了便不能延误。还有一点，平时运动一定要注意保护自己，命根子受伤可是件麻烦事。"

::给青春期男孩的话::

男孩其实也是脆弱的，男孩和女孩不一样，因生殖器暴露在外，更容易受伤。生活中，如果男孩不注意保护自己，在激烈的运动中，如踢足球时，被有力的足球击中就有可能损伤阴囊等。

男性生殖器的一般外伤，其原因包含刀伤、运动伤害、踢伤、拉链夹伤等。处置原则大致类似其他身体部位的外伤处理。

男性珍爱自己，同时也要疼惜自己的"命根子"——男性生殖器，平时要对"命根子"及"子孙堂"多加小心看护，预防意外发生，如果不幸发生生殖器受伤，可施予适当的初步处理，然后尽快就医治疗。千万不可讳疾忌医或羞于就医，以免造成将来的不便与遗憾。

那么，男孩私密处受伤了该怎么办呢？

（1）注意休息，尤其是受伤后的头两天。必要的时候，要卧床休息，因为一运动，就会加剧病情。如果一定要下床活动，最好佩戴一个布托带将阴囊托起，以减少阴囊的活动幅度，减轻疼痛。

（2）注意观察病情。伤后的头两天内一定要多观察，看阴囊是否继续肿胀，一旦发现阴晕迅速增大，且伴有大汗淋漓、四肢冰冷、面色苍白，或发现阴囊破裂睾丸外露等情况，应立即送到医院急救。

（3）学会一些自疗措施。伤后头两天，需用冷水或冰水冷敷阴囊部，以减少出血并达到止血。两天之后就应改用热敷，目的是加快阴囊部的血液循环，使积聚在阴囊里的淤血尽快散去。

总之，青春期是一个激昂又脆弱的年纪，男孩子之间的游戏必不可少，但运动不要太过火，一旦动作过大，很容易带来身体上的伤害。而亲爱的儿子，爸爸妈妈告诉你这些，也是希望你能在日常生活中多加小心，要懂得保护自己。

第四节　为什么会梦到女孩

青春期成长事件

有一天，王刚找到他爸爸，很神秘的样子，父子两人在房间里窃窃私语。

王刚：爸，我妈不在家吧？

爸爸：不在，怎么了？

王刚：我妈不在就好，我有一些男人的问题要请教你，我妈在的话我怎么好意思问呢？

爸爸：男人的问题？什么问题啊？

王刚：我最近晚上老是做梦，梦到一些我不该梦到的事，我觉得很污秽。怎么会这样呢？我是不是和电视上说的那样有了什么心理疾病啊？

爸爸：你能跟我说你的秘密，说明你很信任爸爸，我很高兴。其实呢，我知道你做了什么梦，爸爸像你这么年轻的时候也做过，你不必害羞，也不必认为这是什么心理疾病，这是青春期的正常生理现象。

王刚：是真的吗？我这是正常的？

爸爸：是正常的，只不过你要记住，青春期是你学习的时期，你需要做的是转移你的视线，多努力学习、储备知识，等过了青春期，很多问题也就不是问题了。

:: 给青春期男孩的话 ::

男孩进入青春期后，身体便会表现出一系列男性所特有的性特征。许多刚刚进入青春期的男孩，对于青春期的一些正常心理和生理反应，常常感到困惑，有的甚至惶惶不安，例如性梦。

许多青春期男孩睡觉时偶尔会梦到自己相识的女性或其乳房、颈、腿等部位，此时阴茎也会情不自禁地勃起，当达到极度兴奋时，就会遗精。许多男孩由此感到自责，觉得自己是个坏孩子，千方百计地去控制自己，可在梦中又不能自已。在医学上，这是一种性梦的表现，是青春期性心理活动的重要内容之一，常发生在深睡或假寐时，以男青年居多。性梦和梦遗不是病态，而是一种不由人自控的潜意识性行为，有关专家指出，性梦是正常现象，不必大惊小怪。

那么，男孩性梦是怎样产生的呢？

青春期的到来和男孩生殖器官的发育成熟，让很多男孩对两性之间的很多问题产生很多困惑，寻求和揭示性的奥秘是很多男孩在青春期所向往的事情。因此，当男孩接触到一些与性有关的事物的时候，他们都会产生很多性刺激和冲动，但是因为道德的束缚和繁忙的学习，他们的这种欲望一般会被压制，但熟睡以后，大脑的控制暂时消失，于是性的本能和欲望就会在梦中得到反映。所以，性梦大多是性刺激留下的痕迹所引起的一种自然的表露，遗精是男性性成熟的主要标志，性成熟可能是产生性梦的重要生理原因。

男孩因为常在性梦中射精，因而烦恼也就要多些，他们会为此感到害羞、害怕、精神紧张等。为此，白天，他们精神不集中、萎靡，因此或轻或重地影响了正常的学习和生活。因此，要想解除男孩因性梦而产生的烦恼，一定要明白以下几点：

（1）性梦是一种正常的生理和心理现象，性梦与道德品质毫无关系，正常的男孩开始成年，就会做性梦，因此，男孩完全不必自寻烦恼。

（2）性梦中，男孩一般会遗精。

（3）性梦属于无意识行为，不受人的主观意识控制，这就是为什么男孩在白天不会做性梦。

（4）性梦是人体对各种器官及系统的自我检查和维护。睡梦中的性高潮不仅能使人摆脱白天的精神压力，也是对现实生活中没有得到性满足的一种补偿。

男孩在青春期出现这些性特征变化是客观存在的，在心理上产生性的疑问与困惑也是可以理解的，但一定要走出性困惑，顺利度过青春期。

第五节　有性幻想是不是坏孩子

青春期成长事件

这天，妈妈在给儿子木木打扫房间的时候，发现桌下有一张纸，便捡起来看了看，发现是儿子写的，内容大致是这样的：

我最近喜欢上了一个女孩，我从她的闺蜜那里得到她的照片，最近，每天晚上，我看着她的照片，心里就十分高兴。后来，我发现自己居然对着她的照片产生一些奇怪的幻想，比如亲吻她，抚摸她，有时候想着想着还会射精，我觉得自己很可耻，我不知道该怎么办，也不敢跟爸爸妈妈说。

看完这些，妈妈知道儿子长大了，但这个问题自己跟儿子沟通不方便，还是先跟丈夫商量商量吧，让丈夫跟儿子说也许会好点，毕竟男人之间商讨这个问题会好很多。

:: 给青春期男孩的话 ::

可能不少青春期男孩和故事中的木木一样，认为性幻想是一件可耻的事，对幻境中的"肆意妄为"感到懊悔和自责。其实这是青春期的正常生理现象，但要懂得调节，并把注意力转移到学习上，不可沉溺其中，耽误学业，影响自身成长。那么，什么是性幻想呢?

性幻想是指人在清醒状态下对不能实现的与性有关事件的想象，是自编的带有性色彩的"连续故事"，也称作白日梦。

进入青春期后，男孩的身体逐渐发育，性器官开始发育成熟，自然会对异性开始产生爱慕情绪，但是又不能发生性行为，只好以性幻想的形式发泄和满足自己的性欲望。于是，就会把自己曾经在电影、杂志或者书籍中看到的片段拼合在一起，经过重新组合，虚构出自己与爱慕的异性在一起。

当男孩开始性幻想后，会随着自己的幻想过程，而逐渐进入角色，还伴有相应的情绪反应，可能激动万分，也可能伤心落泪。

一般情况下，男孩产生性幻想，会在闲暇时间或者睡前一段时间出现。部分人可导致性兴奋，有些男孩甚至射精，有的还伴随有手淫出现。这种性幻想在中学生中大量存在。据国内调查，在19岁以下的青少年中，有性幻想的占68.8%。如果这种性幻想偶然出现，还是正常、自然的。如果经常出现以幻觉代替现实，可能会导致病态，应当引起注意和调节。

其实，性幻想并不有错，也不是什么可耻的事情，但要注意自我控制欲望。男孩在青春期应以学习为重，把精力放在学习上，就能转移性幻想对自己的困扰。另外，多参加公共活动，也是一种自我调节的方式。

第六节　男孩自慰有哪些危害

青春期成长事件

柳先生的儿子今年15岁，在上初三，从小学至今都是个品学兼优的好学生。但最近柳先生发现，儿子好像有点不对劲儿，学习情绪也很差。情急之下的柳先生不得不偷看了儿子的日记。原来，儿子近来因手淫而烦恼，他明知道这样不对，但还是无法控制自己的行为。也曾有过骑在凳子上两腿夹着摩擦而兴奋的经历，同时阴部会产生一种莫名的快感，非常舒服。这种习惯一直到现在，而且越来越强烈，甚至无法满足自己心理的需求，最终通过手淫帮助满足。但随着手淫次数频繁，感觉自己心理不正常，非常害怕因此而染病，也认为自己很无耻和下流。

柳先生一直家教很严，平时夫妻二人极力不让孩子接触性方面的知识，可是一直乖乖的孩子为什么会这样呢？

:: 给青春期男孩的话 ::

伴随着身体发育的成熟，很多青春期男孩产生了性的冲动，于是，很多男孩采用自慰的方式发泄性冲动，也就是人们常说的手淫。手淫是男性释放性压力的一种方式。

什么是手淫呢？手淫是一种异常的性满足方式，指通过自我抚弄或刺激性器官而产生性兴奋或性高潮的一种行为，这种刺激可以通过手或某种物体，甚至两腿夹挤生殖器即可产生。手淫在青春期男、女均可发生，以男性更多见。

实际上，对性的追求，并不是成人以后才有的，案例中的柳先生的儿子从幼儿早期就有明显的性兴奋，表现在"骑在凳子上两腿夹着摩擦"，就是由中枢决定的痒感刺激来达到性满足的。这种幼儿期手淫与成人手淫性质不同，既无成人的性意识与性交意愿，也无成人的性生理反应（如射精），不过是幼儿的一种游戏而已。而随着年龄的增长，对性的要求越来越强烈，变成一种有意识的手淫，但男孩在极力压抑自己的性冲动，而对手淫没有正确的理解和认识，产生自责、自罪的感觉，痛苦感油然而生。这是因为很多学校和家庭没有给过男孩正确的性教育，所以他们会把自己的自慰行为看成是无耻和下流的。

手淫是释放性能量、缓和性心理紧张的一种措施。当然，手淫过度也是不利的。长期过度手淫带来的影响主要是精神上的。这些男孩因为处于青春期，无法有正常的性生活，于是选择了以手淫的方式发泄，但同时又担惊受怕，害怕被周围的人看出来，于是想方设法掩饰，尤其表现出对异性傲慢和不感兴趣的态度。当然，这些畸形的心理并非每个男孩都会发生，但是对于性格比较内向和脆弱的男孩，就容易出现这种倾向。

在了解这些性知识以后，可能很多男孩会产生疑问：到底应该怎样掌握手淫的度呢？手淫一般不会引起任何疾病，一般以一周一次为宜。频繁、重度的手淫可引起疾病，如前列腺炎、遗精、早泄等，甚至不育也是有可能的。

亲爱的儿子，爸妈告诉你这些，是希望你能从正常渠道了解这些青春期的性知识，并以正常的方式发泄性冲动，那么，你自然能摆正心态，消除对手淫的羞愧感！

第七节　性早熟和性晚熟分别是什么

青春期成长事件

青春期的孩子中间，总是有那么多的话题。男孩中，谁长胡子会被人议论，谁发育晚也会被人议论，这不，最近班上有群男孩在正在议论"小不点"王豆豆。这个男孩就和他的名字一样，身材瘦小，但实际上他的年龄并不小，很多男同学还嘲笑他晚熟，让他很苦恼。

豆豆回家后，便把学校发生的事跟爸爸说了，他问爸爸："什么是晚熟啊？那既然有晚熟，一定有早熟喽，是吗？"

"你也不一定是晚熟，每个人的发育时间不一样。晚熟一般是指……"

:: 给青春期男孩的话 ::

（1）什么是性早熟、性晚熟？

一般男孩在 9 岁前、女孩在 8 岁前出现青春期发育，才定为性早熟。对于男孩来说，表现为 9 岁前出现性发育，睾丸、阴茎长大，阴囊皮肤皱褶增加伴随色素加深，阴茎勃起增加，甚至有精子生成，肌肉增加，皮下脂肪减少。

性晚熟和性早熟正好相反，是指发育延缓或错后。严重的由于发育不成熟而可能导致终生不能生育。

（2）性早熟和性晚熟的原因。

根据病因不同，性早熟可分以下两类：

①中枢性性早熟或真性性早熟：该类性早熟是由于下丘脑—垂体—性腺轴提前发动引起的。

②外周性性早熟或假性性早熟：是由于分泌性激素的肿瘤或组织增生

（先天性肾上腺皮质增生症、肾上腺皮质肿瘤、性腺肿瘤）产生性激素或摄入外源性性激素（大量或长期服用含有性激素的药物或食物，或使用含性激素的护肤品）引起性征发育。假性性早熟除了性征表现外，还多有其他症状。

性晚熟的原因，多与基因遗传病和染色体病有关，如特纳氏综合征等。此外全身性免疫病和营养不良，如结核病、糖尿病、吸收不良征候群等也可使青春期延迟。

（3）性早熟和性晚熟的危害。

也许有些男孩认为，性早熟的结果是比同龄人高，实际上完全相反。因为性早熟的男孩较正常的男孩来说，青春期会提前，会提早大量分泌雄性激素，虽暂时生长加速，身高较同龄儿高，但由于性激素的刺激，骨龄明显超过实际年龄，使骨骺提前闭合，生长的时间缩短，本该长身高年龄却停止生长，而最终导致矮小。

性早熟除了影响男孩的身高外，也会使男孩过早背负身体成长带来的精神压力，因此，往往精神会十分紧张，影响其正常生活和学习。

与性早熟相反的是，性晚熟的少年因为第二性征出现晚或不出现，容易产生自卑和心理障碍，部分患者最终导致身材矮小。

因此，若发现男孩性早熟或性晚熟，要及时治疗。每到寒暑假很多矮小患者蜂拥来医院就诊，但是前来就诊的孩子中，有些患者是 15 岁以后父母才想到要治疗的。结果，有些孩子因为治疗年龄太大，效果不是很理想。

无论是性早熟还是性晚熟，都是发育异常，都要及时治疗。亲爱的儿子，爸妈为你上生理知识课，就是希望你能健康快乐地成长！

第八节　什么叫做"性行为"

🎤 青春期成长事件

放学后王刚回到家里，放下书包，一脸疑惑地向爸爸询问。

"今天我们学校组织了一次性教育课，讲的是女生是怎样有宝宝的，还讲到安全套怎么用,我们都不敢听、不敢看,学校为什么要给我们上这样的课呢?"

"青春期的少男少女们对于性肯定都既好奇又害羞, 学校给你上这样的课, 就是要让你们以正确的心态去面对'性'的问题, 同时, 让你们了解一点性知识。"

"我们看了女孩生宝宝的视频以后, 终于明白一个新生命的降生是件很神奇的事, 十月怀胎真不容易, 所以, 作为一个男人, 一定要有责任感, 我说的对吗?"

"你说的很对, 一个真正的男子汉, 就是要有责任感, 看来, 我的儿子真的很懂事了。"

父子俩一起笑了。

:: 给青春期男孩的话 ::

青春期的男孩们都听过这个词, 但基本上都认为性行为就是性交, 其实不然。

按照性欲满足程度的分类标准, 人类性行为划分为三种类型: 一是核心性性行为, 即两性性行为: 二是边缘性性行为, 如接吻、拥抱、爱抚等; 三是类性行为。

一般认为性行为只是性器官的接触或者性器官的结合。其实, 这都是狭隘的想法, 性行为的含义是广泛的, 观看异性的容姿、裸体以及电视上的色情节目, 接吻, 手淫, 阅读色情小说等, 都属于性行为。

性行为的含义要比性交广泛得多, 一般说来它包括以下几种:

(1)目的性性行为, 这就人们通常说的是性交。这是人们满足性欲的最直接、最通常的方式, 一般说来, 人们在性交以后, 就满足了性的要求。

(2)过程性性行为, 这是性交前的准备行为, 目的是激发性欲, 如接吻、爱抚等, 如果性交后还要通过这样一些动作使性欲逐渐消退, 作为尾声, 这也属于过程性性行为。

(3)边缘性性行为, 这种性行为的范围很广泛。其的目和性交无关, 它只是为了表达异性间的爱慕或者是一种示爱的方式。有时候, 边缘性行为表现得很隐晦, 可以是一个表情、一个微笑或者一个简单的动作等。至于拥抱、亲吻, 如果是作为性交前的准备, 那么是过程性性行为; 如果只是爱情的自然流露，不以性交为目的，那么就不是边缘性性行为。当然，边缘性性行为并没有一定的行为标准。例如，可能中国人认为的男女拥抱、亲吻属于边缘性性行为，但在某些西方国家只是一般的见面礼仪，同性行为完全无关。

第九节　青春期不可有性行为

❋青春期成长事件

晓明有个聊得来的朋友，平时叫他哥哥，有一天两人聊天，好像这个哥哥有很多烦恼，他一股脑儿地告诉了晓明。

"晓明，我不知道怎么办，我的女朋友怀孕了，我想带她去流产！"

晓明一听，惊讶得半天没说话，在他的世界里，毕竟都是孩子，他觉得这些事离自己很遥远。

"哥哥，你为什么要人流呢？"

"没有结婚，怀孕了就要人流呀。"

"那为什么你会让她怀孕了呢，我听说人流对身体伤害很大。"

"是啊，我自己也后悔，总之，晓明，你要好好学习，不要在学校谈恋爱，更不要做出什么越轨的事，不然到时候和我一样，害了别人，也害了自己。"

晓明听完这些以后，久久不能平静。

::给青春期男孩的话::

青春期是身体各个器官逐步发育成熟的时期，也开始有了性的萌动，很多男孩以为青春期就可以过性生活。其实，在青春期，无论男孩还是女孩，性生活都为时尚早，过早有性生活对身心发展都很不利。

青春期少男少女的内外生殖器还没有完全发育成熟，这时如有性生活，对身体十分有害。对于男孩表现为以下几点：

（1）过早的性生活可造成生殖器管道损伤及感染。

处于青春期的男孩，生殖器官并没有发育成熟，生殖器都还很娇嫩，对性生活也还没有一定的保护措施，很容易引起感染等，也很容易受伤。

（2）过早的性生活可严重影响心理健康。

通常情况下，那些青春期少男少女的性行为都是在偷偷摸摸的情况下进行的，根本没有任何的心理准备和生理准备。事后，男孩和女孩都会因此而感到可耻，又因怕女孩怀孕、怕暴露而产生恐惧感、负罪感及悔恨情绪，久之还会使人产生心理问题，如厌恶异性、厌恶性生活、性欲减退、性敏感性降低和性冷淡。

（3）过早的性生活会使以后婚姻生活不愉快。

少男少女从相恋到以后的结婚是一个漫长的过程，男孩身上背负了更多的责任，但事实上，这期间，不能保证始终相好如初，分手的事也是在所难免的，伤害的不仅是自己，还是女孩。这以后，无论男孩女孩。再与他人成婚，如不告诉对方，自己心理会产生心理上的谴责感；告诉了对方而得不到对方的谅解，那么，两人的感情将会蒙上一层阴影，婚姻不会美满。即使从青少年时相恋起至成婚，两人相好如初，那么，新婚的甜蜜感也会因此而黯然失色。

（4）过早的性生活会影响学习和生活。

青春期是人生的过渡期，也是知识的积累期，每个青春期的男孩子都要利用好这段时间学习，如果有性生活则必然影响学习和工作的精力，对本人、家庭和社会都不利。所以说青春期应忌性生活，青春期应十分珍惜自己的青春与身体，应把注意力和兴趣投入到学习、工作中去，这对于自身的健康成长、事业成就、生活幸福都有重要意义。

第十节 艾滋病到底是什么病

青春期成长事件

每年12月1日是世界艾滋病日，学校号召师生在这一天举办相关活动，宣传和普及预防艾滋病的知识。

刚下课，阳阳就看到三年级的师兄师姐们在布置展板了，他就拉着同桌看展板，一会儿，好多人围在展板附近。

"天哪，原来和艾滋病人说话不传染的呀，我一直以为通过空气也会传染呢！"阳阳很吃惊的样子。

"是啊，我以为蚊子也会传染呢。"另一个男生也应和着。

"是啊，对艾滋病，很多人都有误解，多了解一些是应该的。"布置展板的学姐说。

:: 给青春期男孩的话 ::

关于艾滋病，青春期的男孩，应该了解以下内容：

（1）什么是艾滋病？

艾滋病，即获得性免疫缺陷综合症（又译为后天性免疫缺陷症候群），英语缩写 AIDS 的音译。1981 年在美国首次注射和被确认，曾译为"爱滋病""爱死病"。分为两型：HIV-1 型和 HIV-2 型，是人体感染了"人类免疫缺陷病毒"（又称艾滋病病毒）所导致的传染病。艾滋病被称为"史后世纪的瘟疫"，也被称为"超级癌症"和"世纪杀手"。

HIV 是一种能攻击人体免疫系统的病毒。它把人体免疫系统中最重要的 T4 淋巴组织作为攻击目标，大量破坏 T4 淋巴组织，产生高致命性的内衰竭。这种病毒在地域内终生传染，破坏人的免疫平衡，使人体成为各种疾病的载体。HIV 本身并不会引发任何疾病，而是当免疫系统被 HIV 破坏后，人体由于抵抗能力过低，丧失复制免疫细胞的机会，从而感染其他的疾病导致各种复合感染而死亡。

（2）艾滋病症状。

艾滋病病毒在人体内的潜伏期平均为 12 ~ 13 年，在发病以前，病人外表看上去正常，他们可以没有任何症状地生活和工作很多年。

艾滋病的临床症状多种多样，一般初期的开始症状有伤风、流感、全身疲劳无力、食欲减退、发热、体重减轻，随着病情的加重，症状日见增多，如皮肤、黏膜出现白色念珠菌感染、单纯疱疹、带状疱疹、紫斑、血肿、血疱、滞血斑、皮肤容易损伤、伤后出血不止等；以后渐渐侵犯内脏器官，不断出现原因不明的持续性发热，可长达 3 ~ 4 个月；还可出现咳嗽、气短、持续性腹泻便血、肝脾肿大,并发恶性肿瘤、呼吸困难等。由于症状复杂多变,每个患者并非上述所有症状全都出现,一般常见一、两种以上的症状。按受损器官来说,侵犯肺部时常出现呼吸困难、胸痛、咳嗽等;如侵犯胃肠可引起持续性腹泻、腹痛、消瘦无力等;如侵犯血管可引起血管性血栓性心内膜炎、血小板减少性脑出血等。

（3）艾滋病传播途径。

艾滋病传染途径主要有性行为、体液的交流,以及母婴传播。体液主要有精液、血液、阴道分泌物、乳汁、脑脊液和有神经症状者的脑组织中。其他体液中,如眼泪、唾液和汗液,病毒存在的数量很少,一般不会导致艾滋病的传播。

人们经过研究分析,已清楚地发现了哪些人易患艾滋病,并把易患艾滋病的人群统称为艾滋病易感高危人群,又称之为易感人群。艾滋病的易感人群主要是指男性同性恋者、静脉吸毒成瘾者、血友病患者、接受输血及其他血制品者、与以上高危人群有性关系者等。

因此,艾滋病虽然很可怕,但该病毒的传播力并不是很强,它不会通过我们日常的活动来传播,也就是说,我们不会经浅吻、握手、拥抱、共餐、共用办公用品、共用厕所、共用游泳池、共用电话、打喷嚏等而感染,甚至照料病毒感染者或艾滋病患者都没有关系。

亲爱的儿子,了解这些后,当你身边有艾滋病患者后,你不应该歧视他,应在精神上给予鼓励,让他积极配合医生治疗,战胜病魔,同时让他注意自己的行为,避免将病毒传染给他人。

第十一节　认知怀孕与避孕的知识

青春期成长事件

这天中午,小腾躺在沙发上看电视。爸爸正准备回房间睡午觉,被小腾喊住了。好像他看到了什么奇怪的事。

妈妈走过来一看,原来是一个不孕不育的广告。

　　"妈妈，你说，这不孕不育的广告怎么铺天盖地的呀，为什么那些阿姨和姐姐怀不了孩子呢？女性是怎样怀孕的呢？"妈妈一听很惊讶，她没想到儿子看电视居然还在意这些，看样子真是长大了。

　　"我怎么听洋洋说，她妈妈说她是从胳肢窝儿里出来的，我就不信。"

　　于是呢，妈妈坐下来给他解释："女性怀孕是这样一个过程……"

:: 给青春期男孩的话 ::

　　伴随着身体的逐渐成熟，青春期男孩对人体的生殖情况也充满了好奇。了解这些，也有助于你更好地处理性冲动，对此，你需要了解两个知识：

　　（1）女性是怎样怀孕的？

　　女性发生受孕必须有几个条件：

　　第一，夫妇双方都要具备生殖能力，也就是必须具备正常的生殖细胞，生殖细胞就是男方要有很好的精子，女方要有很好的卵子。

　　第二，精子和卵子要能够结合，要形成一个受精卵。

　　第三，这个受精卵要能够正常地进入子宫，然后到达子宫腔。同时，生理上各种因素对胚胎的发育也有很大的影响。

　　第四，性生活的时间要在排卵期，否则很难达到受孕。

　　精子到达输卵管以后就是一个精子的活动。精子的活动也是非常重要的，假如男性的精子活动度不强，就可能无法受精，尽管可能已经到达，受精的时候也可能出现问题，例如不能很好地进入卵细胞，也就没有办法受精。所以受精以后还要经过几天的时间，由输卵管慢慢地推向子宫腔，这时候子宫腔的内膜要有充分的营养，才能很好地完成受孕。

　　所以这个过程中可能遇到很多的问题，一个卵细胞如果达不到成熟，或者成熟了以后也排出了，但是不能到达输卵管，这个过程当中也不能受孕。如果到达了输卵管，尽管受孕了，但是由于因为某种原因，如疾病，造成输卵管的狭窄，这样就往往造成不正常的怀孕。即使受精卵到达了子宫腔，子宫腔如果还有其他疾病，也会造成不育。

　　所以孕育一个正常的孩子的过程是很复杂的。

　　（2）怎样避孕——安全套的使用。

　　安全套是一种使用方便、值得推广的男性避孕工具，具有避孕和预防性传播疾病的双重功能。那么，安全套怎么使用呢？

首先，男性在开始性交前，在阴茎勃起时戴上安全套，谨记在阴茎接触对方身体前戴上。因为阴茎勃起后会产生一些分泌物，当然其中可能会有精液和病菌，能引起怀孕和性病的传播。

其次，撕开安全套包装袋，注意别撕破安全套。

用拇指及食指轻轻挤出安全套前端小袋内的空气，然后将安全套戴在勃起的阴茎上。因为安全套内残留的空气会导致安全套破裂。在挤压住安全套前端的同时，以另一只手将安全套轻轻伸展包覆整个阴茎。同时，确定安全套在性交过程中紧套于阴茎上；如果安全套部分滑脱，立即将其套回原位。若安全套滑落掉出，立即将阴茎抽出，并在继续性交前戴上新的安全套。

最后，在阴茎仍勃起时应立即以手按住安全套底部，在阴茎完全抽离后再将安全套脱下。避免阴茎与安全套接触到对方的身体。

最重要的是，每只安全套只能使用一次。用过的安全套应用纸巾包好并放入垃圾箱内。

第十二节　宝宝是怎么诞生的

青春期成长事件

丁丁因感冒被妈妈带到医院打针，当他们正要离开医院，经过妇产科的时候，居然听到一阵孩子的哭声，丁丁和妈妈都知道，肯定是产妇生了。

丁丁和妈妈都想看看抱出来的新生儿。

一会儿，孩子就被抱出来了，小脸红扑扑的。丁丁对妈妈说："世界上最伟大的真的是母亲！"

"生命有时候真的很奇特，你看刚才宝宝还在妈妈肚子里，现在就来到了世界上，从此，他就是一个独立的生命个体了。妈妈十月怀胎，是一个艰辛的过程，到了生产的时候，还要经历那么大的痛苦，可是，没有哪个母亲会抱怨，她们都是幸福的。"

感慨之后，丁丁问妈妈："那宝宝是怎么诞生的呢？"

看着儿子一脸好奇的样子，妈妈不得不给他讲清楚这个问题。

:: 给青春期男孩的话 ::

"宝宝是怎么诞生的"这个问题，可能所有的青春期男孩都是充满好奇的。其实，婴儿的出生过程并不神秘。

由父亲的精子与母亲的卵子在子宫里结合，然后经过十个月的分化与发育，变成了婴儿，由母亲的阴道分娩出来。这其中一个最重要的过程就是受精过程。

所谓的受精是男女成熟精子和卵子的结合过程。当精液射入阴道内，精子离开精液经宫颈管进入宫腔与子宫内膜接触，解除精子顶体酶上的"去获能因子"，此时精子获能，继续前进进入输卵管，与在输卵管等候的卵子相遇，精子争前恐后，利用自己酶的作用，穿过卵子的外围屏障，当其中一个强壮的精子的头部与卵子表面接触之时，其他精子不再能进入，此时为受精过程的开始。当卵子的卵原核和精子的精原核融合在一起形成受精卵时，则标志着受精过程的完成。

分娩是孩子出生的过程，被认为是一个人人生的开始。

女性从开始感觉到子宫规律的阵痛收缩，以及子宫颈扩张起开始分娩。虽然大部分人觉得分娩很痛苦，但大部分女性都能正常生产。不过有时因为并发症而要进行剖腹生产，也有时进行会阴切开术。

分娩全过程即总产程，是指从开始出现规律宫缩直到胎儿胎盘娩出，临床分为3个产程。

第一产程又称宫颈扩张期：从开始出现间歇5~6分钟的规律宫缩到宫口开全。初产妇的宫颈较紧，宫口扩张较慢，需11~12小时；经产妇的宫颈较松，宫口扩张较快，需6~8小时。

第二产程又称胎儿娩出期：从宫口开全到胎儿娩出。初产妇需1~2小时；经产妇通常数分钟即可完成，但也有长达1小时者。

第三产程又称胎盘娩出期，从胎儿娩出到胎盘娩出，需5~15分钟，不应超过30分钟。

男女交配受精产生婴儿到婴儿分娩，从母亲腹中诞生的过程虽然不好说出口，但亲爱的儿子，对于这个问题，你不必羞怯，对性的了解和认知应该是大大方方的，这样就能消除对性的神秘感，也就更明白如何在男女交往中保护自己和对方了。

第十三节　哪些渠道的性知识是正确的

青春期成长事件

果果是一名初三的男生，这天放学后，他把在学校发生的一件事告诉了妈妈：

"今天上物理课的时候，我们全班同学都在认真听课，但老师突然停下来，并走到了我同桌的旁边，吓我一跳，然后老师就在他的桌底下找到一本杂志，我看到封面了，是女人的裸体，老师说这是黄色书刊，我们青少年不能看的。当时，我同桌的脸就红了，妈妈，我们平时也会上生理课，但是好像很多事老师都不会讲，那我们怎么能知道具体的性知识呢？"

面对果果的问题，妈妈说："其实，我觉得你们老师的处理方法并不对，这样会让学生很难堪，不过，果果，如果你遇到什么问题，一定要问爸爸妈妈，我们都会给你解答，千万不要害羞……"

::给青春期男孩的话::

随着年龄的增长，伴着青春期的脚步和性生理成熟的到来，男孩的性意识开始觉醒和萌发，惊喜、紧张、安妥、惊慌失措，各种反应都有。例如，对性知识产生浓厚的兴趣；喜欢接近异性；具有性欲望和性冲动，对性感兴趣，爱看言情小说，做有性内容的梦，出现性的幻想和憧憬，性欲强烈时还会发生手淫的自慰现象，这都是很自然的事，也是每个人都必须经历的发育阶段。但男孩们，你要从正确的途径获得性知识，更不要把性欲望和性冲动看做是思想不健康或低级下流的事，从而自责或产生内疚感。

性教育能使孩子们用科学的知识武装自己，防范不健康的思想和行为的侵蚀。性教育并不单纯是性知识的教育，它还包括许多内容：教会男孩什么是爱，如何去爱，如何做人，如何处理人际关系，如何保护自己，如何爱护和尊重他人。它寓性道德教育于性知识教育之中，只有有了科学的性知识，男孩才能更好地用性道德准则来约束自己。

据一项对中学生性文化的调查，91%的男生和92%的女生迫切需要对各种性的疑惑的解答，而解答的渠道70%以上是从医学书籍、有关报刊和影视中自己寻找的。21%以上是从同学朋友的讨论中获得的。性知识来源于学校和家庭的比率很少。学校和家庭应当是获取性知识的正当渠道，但是事实并非如此，这包含学校和家庭的原因，也有自己的一定责任。当然，我们还是应当主动地、大大方方地寻求学校和家庭的帮助，同时自己也可以选择一些正规出版的性相关书籍，以获得可靠的、科学的知识。

家长和社会的封闭激起很多男孩的逆反心理，课本里不讲，自然有大量低级趣味的，甚至手抄本之类的东西找上门来，投其所好。这就要求科学知识应该像预防针一样，增强男孩的免疫力和抵抗力。

男孩们，如果你不能从正确的途径获得性知识，就会从不正规的途径获得以讹传讹的错误信息，这只能误导自己。如果能大大方方地向父母咨询，听得明白，自然就会彻底消除这种神秘感。

亲爱的儿子，爸爸妈妈希望你明白，青春期的性知识一定要从正面途径了解，我们更希望你能有强烈的事业心，要把主要精力投入到学习和身体锻炼中，提高自己的文化和身体素质，这样就很难把精力再分散到其他方面上，从而克制自己的性冲动，不沉溺于色情。

第十四节　有了性问题怎么办

青春期成长事件

课间的时候，涛涛去上卫生间，结果听到一段对话。其中一有个男孩说："我让隔壁班的一个女孩怀孕了，我该怎么办？"

"能怎么办，只能把孩子打掉了。"

"我哪来的钱带她去医院，我总不能找爸妈要吧，他们知道了，我就死定了。再说，我也伤害了她，这么小的女孩子，就去做人流，人家要笑话她的。"

"那要不我们给你凑点钱吧，然后去跟她说'对不起'。"

"我们都是是学生，哪里有钱？"

"那你当初怎么那么糊涂呢，我们还是学生，不能做那种出格的事，你看现在没法收场了吧。"

"我知道，我现在也后悔了，当时我对她有好感，然后又比较冲动，想尝尝和女生亲密的滋味，结果就出事了。"

"这样，我有个表姐在医院，她能帮你保密，另外再向她借点钱，我们以后零花钱省下来再还给她，你看行吗？"

"谢谢你，要不是你，我真不知道怎么办了。"

"我们是好朋友，别说这些，以后别傻了。"

涛涛听完后，感到很震惊。

晚上回家后，涛涛告诉妈妈这件事情，妈妈也很震惊，这些孩子是怎么了？

:: 给青春期男孩的话 ::

青春发育期的男孩子，年龄一般在 13 ~ 18 岁。这个年龄段的孩子正在上初中、高中或者刚刚步入大学或中等专业学校。这正是长身体、学知识的黄金时期。然而有些孩子在这人生的十字路口，由于对性产生了憧憬，也不能理智地控制感情，划不清友情与爱情、恋爱与婚姻的界限，常常陷入早恋的泥坑，甚至发生性越轨和未婚先孕的情况。性越轨不仅会给男孩自身身心带来影响，还会摧残对方的身体，而且往往给他们心灵上带来巨大的创伤。

然而，不少青春期的男孩会产生疑问，遇到了性问题该怎样解决呢？

其实，你应该首先寻求父母的帮助，毕竟父母是过来人，他们能给你正确的指导。另外，也可以从其他积极正面的途径了解，例如学校的生理课、相关教育节目等。不管怎样，每一个男孩都应当自尊、自爱、自重、自强，珍惜自己的青春年华，千万不可"一失足成千古恨"，让青春之花过早凋零。

总之，青春期是男性一生中的最宝贵时期，是人格的塑造期，对社会还未形成一个比较深入全面的认识，应尽量把精力投入到学习中，才能让自己健康、快乐地成长。

第十五节　如何克制自己的性冲动

青春期成长事件

可可是个很乖的男孩，在他很小的时候，妈妈就让他养成了每天晚上洗下身的习惯。一开始妈妈帮着洗，大一点儿后就自己洗。对于这个习惯可可从未在意，把它当成和洗脸、洗脚一样每天必做的事。直到 14 岁的一天，他在洗下身的时候，突然想到了自己喜欢的一个女孩，然后就在卫生间手淫了。事后，他觉得自己很可耻。

∷给青春期男孩的话∷

很多青春期男孩和父母都会认为，那些学习成绩好、听父母和老师话的就是好孩子，反之，一出现让父母或者老师不满意的事情就变成了坏孩子。很多男孩在性冲动后，就觉得自己是个坏孩子，羞愧、自责甚至无心学习。实际上，性和吃饭一样，是人体必需的。因为，从生理角度看，性冲动不受大脑支配，而是由血液中的激素水平所决定的，是一种不以人的意志为转移的自然现象，也是一种自然能量的积累过程。当它积聚到一定程度就应该有一个合理的宣泄途径。因此，性冲动就产生了。

男孩在步入青春期以后，性器官日趋成熟。在性激素的影响下，都会产生一些爱慕异性的情感，并且在日常生活中，男孩还会遇到一些性刺激，例如书籍、图像、电影等，这些都可能让男孩产生性冲动。青春期男孩只要神经系统正常，大多会有正常的性欲，只是强弱不同而已。性紧张是客观存在的，有人偶尔发生，有人因性欲旺盛经常发生。但人是有理智的，在性要求非常强烈而出现性紧张时，也不能任意发泄。它必须受到社会道德观念和法制观念的制约。

那么，青春期男孩如何调节和控制性冲动呢？

（1）要有正常的生活和卫生习惯。

男生生殖器应时常清洗，保持清洁卫生，避免不洁之物刺激生殖器。另外，要穿宽松的内衣睡觉，尽量避免对外生殖器的压迫和摩擦。

（2）转移注意力，减少性冲动。

日常生活中，男孩应多参加一些积极健康的活动，远离那些黄色书刊和电影等。这样，能有效减少性冲动的发生。

（3）懂得自我教育。

青春期男孩要锻炼自己的意志，一旦出现性冲动、性紧张，可进行自我调节、自我控制，暗自告诫自己：要冷静，不要冲动。

（4）采取偶尔手淫的方法缓解。

对于实在难以缓解的性紧张，偶尔通过手淫缓解一下，对人体无多大害处，但要注意适度，不能因为好奇或追求快感而频繁手淫。

第4章 ●------------------------------------

男女相处私事——对异性要了解，莫冲动

随着年龄的增长，身体发育逐渐成熟，性心理也不断成熟发展，男孩开始对异性产生爱慕，这是成长期的必经过程。但青春期毕竟是进入成人阶段的前奏，价值观、爱情观都是波动的，对爱情的体验尚是浅陋而朦胧的，因而是不真实和幼稚的。因此，青春期男孩要明白，青春期是一个积累人生储备和社会经验的时期，过早的恋爱会成为人生奋斗路上的绊脚石，只有全身心地投入学习，才会让自己的青春期过得充实、快乐。

第一节　如何正确地与异性相处

青春期成长事件

一天晚上，王太太的邻居家传来吵闹声，原来是父母与孩子就早恋问题发生争执，男孩一直反驳："我没有在学校谈恋爱，信不信由你！"

"那书包里的信是怎么回事？为什么抽屉也锁起来了？"

"什么，你检查我书包？你怎么能这样？"

"妈妈是担心你啊，有多少孩子因为早恋误入歧途、耽误学习，这样的例子已经太多，你就听我一句劝吧。"

"我没有早恋。"

"那每天早晨和你一起上学的那个女孩是谁？"

"我们班同学，我的朋友，男女同学难道就不能成为朋友？"

"真正的男女同学之间是不会这么亲密的，妈妈明白，你这个年纪需要友谊，可是你要把握好分寸。"

"你真是草木皆兵，你是不是管我爸也这么严？"男孩一气之下说出这样的话，"啪"的一声，一记耳光打在了男孩脸上，然后安静了。

王太太一家听到后，同时"哎"了一声，这样的一幕估计在很多家庭中发生过了。

王太太问她的儿子明明："你明白什么是异性相吸吗？"明明摇了摇头。

:: 给青春期男孩的话 ::

很多青春期男孩以为，异性相吸单指男女关系。实质上则不然，与异性交往，对提高自己有积极的作用，这才是异性相吸的真正内涵。

（1）有利于男孩实现个性完善。

人与人交往，本身就是一种关系方式。青春期男孩还处在一种对异性封闭的阶段，而男女个性差异比较大，与女孩交往，通过相互间的交往和交流，能使他们在个性发展上更丰富、更全面。要知道，男孩以后也将成为社会中的一分子，交往范围越广泛，和周围的人联系越多样化、越深刻，自己的精神世界也就越丰富，个人发展也越全面。

（2）有利于丰富男孩的思维类型。

性别不同，思维习惯和类型也不同，虽然男孩女孩智力水平基本无差异，但在思维方面，女孩擅长于形象思维，凭直觉观察事物；而男孩擅长左脑思维，即逻辑思维，常常用抽象、逻辑推演去处理事情。通过与女孩的交往和交流，男孩可以实现思维类型和习惯的补充。

（3）有利于男孩实现和异性之间的情感交流。

青春期男孩和女孩的相互接触，有利于情感的健全。

从情感差异方面看，女孩情感较丰富、敏感，富有同情心，情感体验深刻、细腻、含蓄；而男孩情感比较外露、粗线条。女孩的情感比男孩更为稳固、持久。

（4）有利于性别角色的社会化。

无论男女，其性别角色的实现，都要体现在与异性的交往活动中。同样，男孩只有从女孩的眼里，才能读出社会对男性的期望。

人的一生注定要在两性的世界中度过，要适应相应的社会规范，青春期男孩就必然与异性交往而非隔离。当然，这种交往是大方、有利于身心发展的交往。

第二节　友情与爱情的区别在哪儿

🎤 青春期成长事件

有一天，王刚来找小伟玩，两人在房间嘀咕着什么，过了一会儿，两人从房间出来，在看电视的爸爸很好奇，就问了一下："你们俩刚刚聊什么秘密呢？"

"叔叔，其实也没什么，就是我们班的崔浩和王丹丹居然谈恋爱了，还公开在学校牵手呢，我们亲眼所见，他们胆子真是太大了。"王刚激动地说。

"现在的孩子成熟越来越早，这已经不是什么新闻了。"

"哇，叔叔，要是你们家小伟也谈恋爱，你不反对？"

"我相信，小伟能把握自己的人生，能正确区分什么是爱情，什么是友情。"

"那么，叔叔，到底友情与爱情的区别在哪儿呢？"

:: 给青春期男孩的话 ::

关于什么是爱情，可能这是令很多青春期男孩女孩困惑的问题，到底友情与爱情有什么区别呢？

事实上，友情和爱情都是广义的爱情的一种。但爱情与友情有区别，也有联系。友情是爱情的基础与前提；爱情是友情的发展和质变。友情可以发展为爱情，亦可永远发展不成爱情。

关于如何区分友情与爱情，有时的确很困难。日本一位心理学者提出了五个指标，可供参考。这五个指标是：

第一，支柱不同。友情的支柱是"理解"，爱的支柱情则是"感情"。

第二，地位不同。友情的地位"平等"，爱情却要"一体化"。朋友之间，有人格的共鸣，亦有剧烈的矛盾。爱情则不然，它具有一体感，身体虽二，心却为一，两者不是互相碰击，而是互相融合。

第三，体系不同。友情是"开放的"，爱情则是"封闭的"。

两个人有坚固的友情，当人生观与志趣相同的第三者、第四者想加入时，大家都会欢迎。爱情则不然，两人在恋爱，如果第三者从旁加入，一方便会生出嫉妒心理和排除异己的行为。

第四，基础不同。友情的基础是"信赖"，爱情的基础则是纠缠着的"不安"。

有了信赖，友情就是真诚的，爱情则不然。相反，一对相爱的男女，虽不是没有依赖对方，但总是被种种不安所包围，例如"我深深地爱着她，她是否也深深地爱着我？""他是不是不爱我了，态度怎么变了？"

第五，心境不同。友情充满"充足感"，爱情则充满"欠缺感"。

当两个人是亲密好友时，都会觉得很满足；爱情则不然，当两个人成为情侣，虽然初期会有一时的充足感，但慢慢的，会对爱情的要求越来越高，总希望有更强烈的爱情保证。

　　一般来说，青春期的男孩子，只要能准确区分自己在以上五个指标上的定位，应该就能在爱情与友情的岔路口选择清楚，确定好自己的方向。

　　为了真挚友情和纯洁爱情，青春期男孩与异性交往的时候要知道，现在这个年龄不适合恋爱，要保持清醒的头脑；对于女孩的爱慕和追求，态度一定要庄重明快，不能矫揉造作。

　　青春期的男孩还没有正确的爱情观，感情也是不稳定的，对爱情的含义往往缺乏深入的了解，往往把异性同学在学习上、生活上给予帮助和关照这种纯真的友情误认为是爱情，而产生心理误解，造成身心上的困扰。

　　因此，懂得爱情与友情的区别，能让男孩们对自己所处的情感有一个更清楚的认识，以免在人生的岔路口走错了方向，才能更好地处理与异性朋友之间的关系，全身心地投入学习。

第三节　我对女老师产生好感了怎么办

青春期成长事件

　　有一个 15 岁的男孩在给心理咨询师的信中写道："我确实长大了，我今年 15 岁了，一开始我问自己是不是疯了，真的觉得太不可思议了。现在我明白了，这是人生的必经之路，我不再迷茫了。经过反复思考，我发现我真的爱上她了。的确，我无法阻挡自己。她其实并不漂亮，不过我依然爱上了她。因为她有一颗善良的心。我是从初二开始发现的，我在黑暗里挣扎的时候，是她把我挽救了出来。在我没有信心的时候，是她给了我信心，她让我重新站了起来。在我有危险的时候，她会不顾一切地帮我。为了我，她付出了很多。一开始我只是感激她，我对她逐渐地产生了依赖感，我发现我离不开她了。可那时，我只把她当作姐姐。不过，现在我发现我不止把她当作姐姐，我爱上了她。"

:: 给青春期男孩的话 ::

一个15岁男孩爱上了自己的老师，的确是有点不可思议，但需首先说明的是，他成熟了，开始情窦初开了，这是生理与心理成熟之后的必然现象。

事实上，这并不一定是爱，很可能是崇拜。很多青春期男孩，对曾经帮助过自己的女老师会产生类似的情感，以为这种情感就是爱，其实不一定，有时候也可能是恋母情结的一种反应，潜意识里把她当作自己的母亲一般去爱。这并不是真正的爱情，而是一种崇拜和敬畏。那么，青春期男孩该如何判断对老师的情感是爱还是崇拜呢？这当然要凭借一定程度的理性来说服与控制自己的情感，需要冷静地思考以下几个问题：

（1）爱一个人或许不需要理由，但必须知道爱她什么。

（2）爱情是双方的，只有互相接受的爱才能产生爱情，当你对老师产生爱慕的感觉时，你清楚老师被你"爱"的感受或意愿吗？

（3）爱是和责任联系在一起的。

爱一个人就要为对方的一生负责，包括生老病死，包括贫穷与灾难。另外，你还必须有被"抛弃"的心理准备，因为每个人都有选择爱的权力。

（4）要有一定的经济基础。

你需要明确是否与老师同处一个人生舞台，如果不在同一舞台就不算是"双人舞"！

青春期男孩，假若你能清楚地回答以上问题，就能明白自己对老师是崇拜还是爱。

当明白这些以后，男孩你还要明白，她并不是适合你的人。

首先，你们年龄上就有一定差距，人生经验和社会阅历上有差距，人生观、价值观上也有不同点，当然这并不是很重要的问题。

其次，青春期的喜欢并不稳定。你们之间并未相互了解，你之所以喜欢她，是因为你把她想象得比现实中完美。而你也许是情窦初开，等心理成熟以后，就会发现其实你所选择的她并不是你想要的那个人。

另外，在学校里容易受到周围人的影响，可能你并不想谈恋爱，但是别人在谈，你也许就会去留意某个人，而实际上她并不一定就是你真正喜欢的那个人。

亲爱的儿子，爸妈希望你能明白，如果你把这种喜欢老师的感觉用得恰到好处，你会发现这是你学习的动力，能促进你学习的劲头。但如果你执意认为这是种不正当的想法，往往会使你成绩下滑、身心憔悴。喜欢老师没什么可怕的，相反，这是正常的。这表明你已经开始注意异性，并有了爱的能力，但你要把握一个度，这就是你单调学习生活中的一抹彩色，照亮你的心，把你的心映成彩色的！

第四节　在女孩面前，我抑制不住要表现自己

青春期成长事件

进入中学以后，会出现一个奇怪的现象：一般情况下，女生会形成一个交友圈子，男生也有一个交友圈子，为了避免别人的口舌，男女生一般"井水不犯河水"，但奇怪的是，男生们还是喜欢在女生面前表现自己。

有个男孩在自己的日记里这样写道："我知道，和女生走得太近好像会背叛男同胞们，但是不知道为什么，只要和女生在一起，就想刻意地引起她们的注意，想表现自己。例如，替女生拿东西；女生办不到的事，我也想出头。最近，我好像喜欢上了一个女孩，这种感觉更强烈了。我总是偷偷看她，如果她发现了就装作若无其事的样子。有时候我都分不清我有没有看她。上课我不能专心，因为我的视线里总有她。后来我觉得全班同学都知道我喜欢她了，总议论我，所以我不敢看她了……"

::给青春期男孩的话::

喜欢在女孩面前表现自己，可能是很多青春期男孩的表现，但又感觉脱离了男同胞，于是，很多男孩不知道怎样和异性相处。其实，每个男孩都应学会与女孩大方地相处，具体来说，可以这样做：

（1）尊重女性同学是交往的前提。

异性相吸是自然规律。处于青春期的少男少女会产生一种强烈的要求接

近异性、渴望交往的愿望，这种心理很多男孩自己也不能说清楚。面对这种难以捉摸的感情，心中会产生这样或那样的烦恼。

青春期男孩在女同学面前所表现出的种种不得体，主要在于不大了解男女相处的艺术，不了解异性相吸的自然性，夸大了异性的神秘性。如果改变对异性的看法，男孩们的行为也会有所改变，不妨大大方方地与女同学交往，坦然面对异性，慢慢地，就能用平和的心态与女同学交往了。

（2）要培养健康的交往赏识，提倡男女同学间的广泛接触，友好相处。不管是男同学还是女同学，不要先把性别作为判断是否可以接触的前提。男同学、女同学都是同学，同学之间不存在可以接触、不可以接触的问题，更不能人为地设置影响互帮互学、共同进步的心理障碍。

（3）和女孩交往，要本着以事情为核心，不妨在老师的指导下广泛开展集体性的活动，如勤工俭学、社会考察、参观访问、文体活动等。在集体活动中互相增进了解、沟通情感，消除由于交流较少而造成的隔阂。

（4）学生时代的男女生之间，应建立亲如兄弟姐妹那样的友谊关系。尤其是男女同学单独相处时，一定要理智处事，光明磊落，善于把握自己的感情。

亲爱的儿子，你要明白，青春期除了是身体发育的时期，也是性格、人格等逐渐完善的时期，更是情感的萌发期，你应该以坦荡的心态和女生交往，在交往的过程中，以尊重为前提，把握好度，注意一些问题。总之，你可以和女孩一起玩，但要学会得体地表现，让彼此之间的情感限定在友谊的范围内，这也有益于消除女孩对异性的神秘感，有益于男孩身心的发展。

第五节　暗恋与被暗恋，我该怎么办

青春期成长事件

有个男孩在自己的日记中写道："我感觉我真的喜欢上一个女孩了，是一种我从未有过的感觉，那个女孩是隔壁班的，我确定，世界上真的有一见钟情的存在，因为从我第一次看到她，我就喜欢上了她。可爱、纯真、活泼、美丽……我简直无法形容她的好了，反正，我觉得她是世界上最漂亮的女孩，我开始每天都想见到她，我每天都被一种奇妙的感觉牵引着……我的情绪也开始被她影响着，她开心，我也开心；她忧郁，我也跟着难受。当我心情不好的时候，只要一见到她，心中马上就豁然开朗。总之，我的心情随她而变，我可以确定，我是爱上她了，可关键是，我不敢说出口，因为她那么优秀，那么美丽，肯定不会看上我这样一个普通的男生。我该怎么办？"

:: 给青春期男孩的话 ::

　　有人说初恋是纯真的，其实，最美的还是暗恋。青春期性萌动，哪个少男不善钟情？无论是暗恋还是被暗恋，永远是那么甜美青涩的。

　　事实上，大多数情况下，男孩们心中的女孩也许并没有想象的那么完美。俗语说"情人眼里出西施"，这说明喜欢一个人的感觉：主观而片面，听不进他人的意见和建议，自己认为的好就是好，他人说不好也听不进去，当家长持反对意见或者试图阻止时，就会产生逆反心理，不然就转入地下，这是最让家长感觉头疼的地方。青春期男孩，可以说基本上都有自己心仪的女孩，但是由于各种原因，很多男孩只是暗恋，并不敢说出口，日记中的男孩就是这种心态。

　　其实，无论是谁，喜欢上异性都是难以自控的，尤其是青春期男孩，更会因心中的小秘密难以说出口而烦恼。不说出来，自己心里很想念，说出来又怕对方不接受，于是辗转反侧，心烦意乱。

　　除了暗恋女孩外，一些青春期男孩帅气大方，学习成绩优异，吸引了很多女孩的目光，于是，他们也会被女孩追求，或者被暗恋。

　　一个情窦初开的男孩，在青春期对异性产生好感，甚至有与之交往的冲动，这是正常的，这都是成长过程中的必经过程。因此，进入青春期后，异性同学之间交往是每个同学都要面对和学会处理的新课题。任何事情都一样，不能简单地划分"好"与"坏"，而应学会掌握"合理"与"失控"的分寸。

　　青春期的男孩子，如果有女孩子暗恋你，这表明你很有魅力，的确值得高兴，但是过后一定要把那份美好埋在心底。你们正处在长知识、长身体的黄金时期，世界观还未形成，缺乏必要的社会知识与经验，如果过早地陷入爱情的漩涡中，势必会影响自己的学业和身心健康。明确自己在青春期的奋斗目标，把精力重新投入到学习中，这才是你的明智之举。

总之，作为男孩一定要明白，青春期恋情多数会影响学习，是自己实现目标和理想道路上的岔道和障碍。因此，将小秘密埋藏在心里是明智的选择，让这份初恋的情感在心里发酵，随着时间的推移日久弥香。

第六节　我失恋了，天要塌下来了

青春期成长事件

有一天，小伟和爸爸一起看到一则新闻：某校初三男生对本班一名女孩爱慕已久，在暗恋三年以后他终于鼓起勇气给那个女孩写了一封情书，但被女孩拒绝，于是，男孩一气之下，因爱生恨，将女孩毁容。

看到这里，小伟爸爸就试探性地问小伟："你有没有喜欢的女孩子？"

"没有！即使有，面对失恋，也不能这样对待人家女生，这是一种变态心理。可是，如果真的失恋了应该怎么办呢？"小伟一脸疑惑。

"青春期的孩子对爱情并没有什么理性的认识，更缺乏稳定爱情观的支持，随着时间和空间的变化，他们可能又会"爱"上别人，因此，一般来说，青春期恋情多数是短命的，也是流动性最大和最容易发生变化的。今天觉得你好，明天可能就觉得不好；今天在这个环境喜欢这个，换一个环境又会产生新的恋情。所以，我不能说绝对，但基本上，青春期的爱情都是不成熟和欠考虑的，不是真正的爱。所以，青春期恋情本来就是不合时宜的，要学会跳出来看这份不成熟的感情，青春期的恋爱影响学习和目标实现，其结果是梦中的甜蜜，梦醒后的苦涩。而当跳出这份感情，然后理性地分析看待青春期恋情时，就不至于盲目、糊涂地去爱了。"

"哦，我明白，原来是这样。"

::给青春期男孩的话::

可能有不少青春期男孩有过失恋的经历，例如好不容易下定决心送出的情书被退回，心灰意冷，自我价值被否定，感觉世界末日来了，提不起精神学习，没有激情生活；更有偏激的男孩，失恋或被拒绝后，对异性实施报复打击，或者自我伤害。

青春期的感情是很单纯的，一旦认为自己喜欢上某个人，会钻牛角尖，这不是一个好现象。对此，要学会转移自己的视线，不要将眼光始终放在那个女孩身上，不妨去做一些其他有意义的事，去做自己喜欢的事情，哪怕只是暂时忘掉烦恼。因为，本身青春期所谓的"喜欢"都是暂时的，而时间是治疗的良方，很多人和事随着时间的推移就淡化和忘掉了。例如，运动就是很好的转移失恋带来的消极情绪的方法，运动的过程可以发泄失恋带来的不良情绪；散步、慢跑后都可以愉悦心情，忘掉烦恼。

其实，青春期恋情没有那么可怕。"恋爱像出水痘，出得越早，危害越小。"这句话是有道理的，恋爱是男孩成长路上必经的一个过程，没有经历爱情的人是不成熟的，在恋爱的过程中，了解异性，接触异性，也有助于男孩自身的完善和发展，这是他们心理成熟的过程，是成长中的代价，他们会在情感挫折中越来越成熟。从流动的、发展的角度去看待青春期恋情，就不会如临大敌一般了，就可以平和应对和解决了。

但这些并不意味着青春期男孩就可以肆无忌惮地不顾学习而恋爱。努力学习，为目标奋斗，始终是青春期的主要任务。努力提高自己，让自己成熟起来，才能在成人之后，用更加正确的眼光去发现适合的人生伴侣。

第七节　收到情书怎么处理

青春期成长事件

有一天，我翻开课本，突然发现里面有一封信。我吃了一惊，谁会写信给我呢，并且是夹在书里？我急忙拆开了信。'枫，也许你没有注意到我，但我一直默默地喜欢着你……'我的脸马上涨得通红，心里也不免有些激动，脑海中浮现出有'班花'之称的丽丽那清秀的倩影和迷人的笑脸。我该怎么办呢？回绝她？会不会伤害她呢？不回绝？可是……现在我们都还是学生，并且学习压力这么大，我该如何面对这封"情书"呢？

:: 给青春期男孩的话 ::

很多青春期男孩帅气大方，学习成绩优异，吸引了很多女孩的目光，于是，他们也会被女孩追求，他们也会收到女孩的情书：

"情书"恐怕是很多男孩向女孩表达爱意的方式。那些长相帅气、成绩优异的男孩，也会引起女孩子的注意，也可能会收到情书。一个情窦初开的男孩，当接到异性递来的"情书"时，脸红心跳是正常的心理现象，但一定要理智，不要抱有"有一个女生追求我，看我多有本事"的心理而四处炫耀，这是不负责任的表现，伤人也会伤己；也不能因为害怕伤害对方而犹豫不决，让彼此都无心学习；更不能不顾女孩子的脸面，不注意说话方式直接拒绝，甚至告诉周围的人。你可以给对方认真地回一封信，劝对方放弃这种念头，利用宝贵时光用心学习。如果对方一而再、再而三地穷追不舍，你可以去信告诉对方：如果再这样，就去告诉老师。只要你的态度坚决而明确，一般来说，对方也就会放弃了。

青春期对异性产生好感，甚至有与之交往的冲动，这是正常的，这都是成长过程中的必经过程。因此，进入青春期后异性同学之间交往是每个同学都要面对和学会处理的新课题。任何事情都一样，不能简单地划分为"好"与"坏"，而应学会驾驭"合理"与"失控"的分寸。

亲爱的儿子，被女孩追求，表明了你的魅力，的确值得高兴。觉得很甜蜜、骄傲，可是又不敢轻易答应她，害怕恋爱会给学习带来影响，但不答应，这份美好又将失去，这也是一种矛盾的心理。其实，最正确的办法把这份青涩的喜欢放在心底，兴奋过后一定要把情书收起，把那份美好珍藏，你们正处在学知识、长身体的黄金时期，世界观还未形成，缺乏必要的社会知识与经验，如果过早地陷入爱情的漩涡中，势必影响自己的学业和身心健康。明确自己在青春期的奋斗目标，把精力重新投入到学习中，才是明智之举。

第八节　有了喜欢的女同学怎么办

青春期成长事件

　　王太太一直对自己的儿子鑫鑫很放心，因为他和学校的一些"问题少年"不一样，他很有主见。可是，当王太太看见儿子书包里的一封信时，她开始慌了。当她准备跟儿子谈谈时，鑫鑫却主动坦白了。

　　"以前我们不在一个班还好，可是到初二的时候，我们就在一个班了，我无法将自己埋在书堆里了。那个女孩一走到我身旁，尽管我的视线没有移动，可我的全部注意力都在她一个人身上。早晨上学前，我下定决心，绝不分心。可一进教室，我就知道'她还未来'。那天，她问我去不去春游，我违心地拒绝了。可我明知那一天我只能望着窗外发呆。有时我想，人长大了有什么好？做事反而不如小时候专心。写着作业忽然哭起来。其实，这个女孩真的很出色；其实，我不在意这些。反正她和别的男孩说笑时，我心底就会升起一缕愁思。我是爱上了她？我应该对她表白吗？我知道青春期不该谈恋爱，可是妈妈，恐怕我真的喜欢上她了，怎么办？"

　　听完鑫鑫的话，王太太很欣慰，至少儿子把她当成知心的朋友，愿意倾诉。

::给青春期男孩的话::

　　很明显，鑫鑫是情窦初开。青春期对异性产生爱慕的感觉，是男孩生理和心理逐渐成熟过程中的必然现象。但少年时代在感情方面还属于耕耘期，心理品质、价值观等都还未定型，感情难以稳定，会随时变化。从现实的例子看，青少年的这种感情，没有几个能做到长久坚持的，往往是游移、不确定的多，白白浪费了感情，浪费了时间和精力，更重要的是耽误了学习。

　　因此，青春期的男生不应该过度表现自己的"情感"，情窦初开时，要选用正确的方法把这种情感释放出来，把"喜欢"埋在心底，找准自己的位置，努力学习各种知识，让自己的青春不虚度：

（1）自觉接受青春期教育，用科学知识破除对"性"的神秘感，使性知识丰富与性道德观念的树立同步进行。

（2）珍藏对异性的爱慕感情于心灵深处，转化为互相尊重、互相鼓励、互相推动、互相学习的动力。净化心灵，清除爱慕中"情欲"的杂质，防止异性交往中的单一指向性和进行活动的排他性。

（3）讲究风度，注意礼仪。做到端庄和蔼，以礼相待，举止适度，说话(特别是开玩笑)注意分寸，表现出对对方的尊重，显示自己的文明修养。

（4）要注意培养"四自"(自爱、自重、自尊、自强)的观念，在情窦初开、思想敏感、感情热烈之时，要矜持自控，防止"青春期"变成"苦恼期""黄金时期"变成"多事之秋"。

（5）异性交往的感情若有超越友谊界限的迹象，要及早把感情降温，用理智驾驭感情。

亲爱的儿子，妈妈很理解你现在的心情，但你要知道，青春期的主要任务是学习，而恋爱对于心智并不成熟的你而言必然耗费大量精力，影响你的未来发展。你喜欢上了一个女孩，不妨把这些心事记录在你的日记里，写下你的喜欢和爱慕，也可以告诉对方，你是她最好的朋友，试着释放绷紧的心弦，这段"爱恋"会随着时间酝酿久远、芳香四溢！

第九节　青春期男孩面对流言该怎么办

青春期成长事件

学校里传出一个男孩和一个女孩的"暧昧情事"，让这个男孩非常苦恼：

"我记得那天是周二，轮到我值日，下午放学后同学们都回去了，我和坐后桌的那个女生一起留了下来。

我们打扫的速度很快，一会儿就做完了，教室马上焕然一新，我看时间还早，爸妈也没那么早回家，她也说不想回家太早，于是我们就留在教室写作业，刚好她说有几个问题要问我。接着，我们就坐在一起写作业……说来也奇怪，因为座位是前后座的，那天也不知道为什么，教室的后门关不严，我们就半掩着，结果就被隔壁班的值日同学看见了，然后就说我们俩在教室里做见不得人的事……最近，这件事在学校里传得沸沸扬扬的，现在我都不想去学校了，又不敢跟我爸妈说，心里好烦。"这个男孩越说越激动，几乎哭泣。

∷ 给青春期男孩的话 ∷

这样的流言对于青春期的男孩子来说，确实有巨大的打击。平时，他们与异性说话都会不好意思，即使真的喜欢某个女孩，也不希望周围的人知道。出现这种状况，即使成年人也无法接受，更何况未成年的孩子。

随着孩子的成长和青春期的到来，男孩们的身体逐渐发育成熟，他们对男女关系的了解和关注也越来越多，恋爱低龄化、校园恋爱已经数见不鲜。与此同时，青春期的男孩女孩们还喜欢捕风捉影，妄加猜测周围同学们之间的关系。对于此类流言蜚语，青春期男孩一定要学会淡定，因为身正不怕影子斜。

对于那些流言蜚语，男孩们不必过于在意，你要勇敢地与传播流言的同学当面对质，如果那些同学还是用"有色眼光"看你，就将此事告之老师，让老师出面制止流言。对待这样的事情，只要自己表现得光明磊落、大方得体，会使传播流言的人觉得无趣，听流言的人也会不相信；若是畏畏缩缩、独自伤心，只会让那些嚼舌根的人更加得意，间接增加流言的"可信度"。

"走自己的路，让别人说去吧！"这是很多青春期少男少女的座右铭。的确，因为别人的讥笑而始终耿耿于怀，伤害的只是自己，要记住：只要你自己不承认，谁也无法给你"量刑"！

第十节　真的可以和女生做"哥们儿"吗

青春期成长事件

下课了，两个男生一起去卫生间，其中一个男生开玩笑说："你和我们班赵倩倩是不是谈了？"

"什么谈了？"

"谈恋爱啊！谁都能看出来，你们关系不一般，你就和我招了吧。"

"真的不是你想的那样，我只是觉得我们比较谈得来而已，况且你看我这样的，哪个女生会喜欢呢？成绩不好，还不帅。"

"那你到底喜不喜欢人家呢？"

"我也不知道，不过和她一起的时候，我觉得很自在。说实在话，我很怕我们之间的关系进一步发展，因为那时候，友谊就会变质。万一我表白了，她不理我怎么办？万一她只是把我当朋友怎么办？"这个男生一脸焦虑的样子。

"那就什么也别说，就把她当哥们儿，我妈告诉我，青春期所谓的喜欢，一般不是真正的爱情，只是单纯的好感而已，你要把握好分寸哦。"

"我知道了，就跟她做哥们儿，挺好的。"

:: 给青春期男孩的话 ::

很多青春期男孩会有这样的烦恼："我该怎么和她相处？"而案例中这个男生的做法是正确的，青春期要把喜欢放在心底，不妨和那个"喜欢"的女孩做"哥们儿"。

有人说，男女之间不存在绝对纯真的友谊，其实，这种观点是错误的。人类的情感有很多种，爱是最美好的情感，从这个角度来说，青春期学会如何与异性交往，就是一种"爱的修炼"。

男孩进入青春期后渴望与异性交往，是男孩身心健康发展的重要标志。

异性之间的关系有很多种，例如同学、朋友、师生等，并不是只有恋人关系。青春期的男孩如果懂得正确地与异性相处，完善自己的社会角色和修炼自己，是对未来婚姻家庭生活的准备，也是对未来事业发展和社会人际关系适应的必要准备。只要男孩有清醒的认识，把握好自己，也可以尝试着和女生做"哥们儿"。

　　青春期男孩要把正常的交往与约会区别开来。一般来说，在公共场合的讨论和交谈，或者集体举行一些有意义的活动，都属于正常的举动。因为这样的交往，是有利于身心健康的，可以培养良好的道德情操和美好的品质；而如果男孩在青春期就过早地约会，会产生厌学情绪或者沉溺于自己的小世界中，对原本十分感兴趣的事物也感到冷漠暗淡，使心灵过早老化。

　　当然，很多男孩会被异性所欣赏，男孩自己也有欣赏的异性，这都是正常的心理现象，关键看男孩能否把握好自己。毕竟，青春期的主要任务是学习，男孩要把握好尺度，尽量避免和异性谈及情感问题，学会把关系向友谊引导，学习上互相取长补短。如果对方情感表现强烈，最好明确说明自己的主要任务是学习。当然，大多数情况下，女孩比男孩内敛，男孩自控就更为重要。

　　总之，青春期男孩可以尝试和女生做无话不谈的朋友，也就是"哥们儿"。异性间应建立良好的友谊，互帮互助，促进身心健康的发展，但应把握好度，尽量避免"一对一"的异性相处。

第十一节　青春期女孩是怎样发育的

🖋 青春期成长事件

　　这天，在男厕所里，几个男生很八卦地聊起了女生的事。

　　"那天我和爸爸去逛街，结果我在商场看见我们班的刘梅，你们猜她在干嘛？"

　　"在干嘛？"大家好奇地问。

"我看见她在挑内衣，还让服务员拿给她好几款，女生真奇怪，非要穿那个干啥？"

"不知道，可能是为了保护身体吧。"

"嗯，可能是，我总是感觉女生们怪怪的，背包里好像还经常放一块白白的东西，她们的发育过程和我们肯定不一样。"

"那肯定是……"

:: 给青春期男孩的话 ::

青春期男孩女孩的成熟都是以性成熟为主要内容的，但女孩和男孩的成长过程是有很大不同的，这就构成了通常男孩们眼中的"神秘"：

女孩们的发育过程到底是怎样的呢？

1. 快速长身体

女孩在乳房发育前，身高就开始迅速增长。此时，女孩的身高平均每年增长 8 厘米，有的达 13 厘米；同时体重也平均每年增加 5 ~ 6 公斤，多者达 10 公斤。此后，生长速度开始减慢，月经初潮后继续长高的潜能有限，一般每年只有 3 ~ 5 厘米。从骤长开始到生长停止，女孩平均身高增长约 25 厘米。在短短的几年时间，女孩就会发育成熟。

2. 性的发育

性发育包括性腺（卵巢）、内外生殖器官和第二性征的发育。

当女孩 13 岁左右时，卵巢开始生长，月经初潮来临，但一般还不规律，在头一两年内，卵巢功能尚未完善或成熟到足以排卵的程度；随后，其他一些性器官也开始逐渐发育并成熟，例如子宫、阴道和外生殖器。但上述这些变化，一般是隐藏着的，往往不易引起人们的注意。

但是，女孩的第二性征发育是隐藏不了的，例如乳房，9~10 岁时，乳房开始发育，这是少女第一次显示第二性征，是青春期萌动的标志；11 岁时，阴毛出现；12~13 岁时，乳头乳晕继续增大，但仍与整个乳房轮廓浑然一体；阴毛继续增多，并向阴阜及腹壁中部发展，由细变粗，色素渐渐沉着。

3. 性器官发育成熟

性器官是人体诸器官中发育最晚的。一旦性器官发育成熟，就标志着体内各器官系统均已成熟。

总之，女孩和男孩一样，一旦青春期开始，身体的各个部分就开始发育并成熟起来，最终出落成一个美丽的姑娘。

第十二节　女孩的处女膜是什么

青春期成长事件

有一天，洋洋和小鹏两人走在路上，在一家妇科医院门口，几个发传单的人竟然丢给洋洋一本宣传册，只见"处女膜修补手术"这几个大字映入洋洋的眼睛，当时，洋洋真是羞死了，小鹏还非要看。

"洋洋，什么是处女膜修补手术呀？"

"就是女生身上的某个零件不完整了，需要修理吧。"

"是哪个零件啊？"

洋洋已经羞得想找个洞钻进去，小鹏还这么问。她生怕哪个路人听见自己和小鹏的对话，保险起见，她准备把宣传册丢进垃圾桶，却被小鹏一把夺了过来。

"你真是不害臊，拜托，我们结束这个话题吧。"

"不行，你得跟我说清楚。"洋洋已经被小鹏缠上了。

就这样，两人拿着这本宣传册，一直"纠缠"到家，刚好被洋洋妈妈看到，为了消除孩子的好奇心，洋洋妈妈准备将这个问题解释给孩子们。

::给青春期男孩的话::

可能很多青春期的男孩和例子中的小鹏一样，听过处女膜这个词，但又不知道处女膜到底是什么，于是产生了强烈的好奇心。那么，女孩子的处女膜到底是什么呢？

处女膜是掩盖在女子阴道外口的一层中心有孔的薄膜，位于阴道和阴道前庭的分界处。薄膜的正反两面都呈粉红色，表面湿润。

青春期少女的处女膜较小且厚，随着身体的发育成熟，处女膜会逐渐变得大而薄，并有相当的韧性。成年女子的处女膜厚 1 ～ 2 毫米，其间含有结缔组织、微血管和神经末梢。在处女膜的中央，有一直径为 1 ～ 1.5 厘米的小孔，医学上称之为"处女膜孔"，月经血就是通过这一小孔排出体外的。这个小孔的形状各人不尽相同，根据开孔的形状，处女膜孔可分为圆形、椭圆形、环形、筛形、伞形、分叶形、星形、中隔分离形、月牙形、半月形、唇形等 30 余种。一般常见的处女膜孔为圆形和椭圆形。

通常，处女膜孔仅能使一个指头徐徐插入，但也有例外，有的女孩可能先天就没有处女膜孔，正如有的人有某种先天性缺陷一样。在一些电影和小说中，常以布单上的血为女子失贞的印记，这给人们造成一种印象：处女在第一次性生活时处女膜破裂会大量出血。从医学角度看，这是不太确切的。其实，处女膜破裂时，并不会像大血管破裂时那样血流如注，出血量大多较少，只有几滴或十几滴血，有的女子甚至可能没有一滴血。处女膜在性交后破裂，四周不规则，但质地仍保持柔软，疤痕也不明显。妇女分娩时由于胎儿的娩出，处女膜进一步破损，以后便留下几个较小的隆起痕迹，这种痕迹称为"处女膜痕"。

第十三节　女孩每月都会肚子疼

青春期成长事件

天天今年 16 岁，读初中三年级。这天放学的路上，有个男同学说："今天上课吓到我了，我同桌王娟突然肚子疼，疼得很厉害的样子，脸色都变了。我也不知道怎么办，就问她怎么了，她也不说，唉，有时候真觉得女生好奇怪。"

天天笑了笑，回答："那是她来月经了，哈哈，这都不知道。"

"你是怎么知道的？"

"因为我有个妹妹啊，就比我小两岁，每个月她来月经的时候，就肚子疼，有时候疼得脸色苍白。我发现，现在妈妈每月去超市，都会多一项任务，就是买少女卫生巾。"

"那女生们还真是很可怜呢，我们男生以后要保护女生。"

"对……"

:: 给青春期男孩的话 ::

不少青春期男孩会认为女生总是有很多秘密，有些行为也总是显得神神秘秘的，对于女生肚子痛这一点更是不明就里。其实，对于青春期的女孩子来说，每月都有几天肚子痛，这是女孩来月经了。

月经初潮一般在乳房开始发育一年后出现，通常在 11~14 岁，但也有早到 9 岁以及迟至 15~17 岁才开始来月经的。平均来说，月经周期是 28 天，每次持续 4 天左右。月经周期在 23 ～ 35 天，每次持续 2 ～ 7 天都属于正常范围。在月经初潮后的 1 ～ 2 年内，痛经不多见，但可在青春后期出现。初潮后的 1~2 年内可以很没有规律，甚至可以一个月到几个月没有月经。这是很正常的，不用担心。

青春期女孩在月经初潮后，来月经时会稍微出现腹痛、腰酸的现象，或有些犯困，这些都是正常的生理反应。月经期间发生的小腹疼痛，月经过后自然消失的现象，就叫做痛经。多数痛经出现在月经时，部分人发生在月经前几天。月经来潮后腹痛加重，月经后恢复正常。与月经无关的腹痛则不是痛经。

按疼痛原因的不同，痛经可以分为原发性痛经和继发性痛经。一般来讲，原发性痛经是因为子宫本身因素所造成的，也就是由于子宫基层或子宫内膜的前列腺素分泌过度所引起的。继发性痛经是指源于骨盆腔的月经疼痛，一般是由子宫内膜异位症、子宫肌腺瘤、子宫肌瘤等疾病所造成的。只要是可以找到确切原因的经痛，都称之为继发性痛经。

第十四节　女孩不能触碰的私密地方

🎤 青春期成长事件

强强有个妹妹，比自己小一岁多，从小，强强都保护自己的妹妹，不让她受欺负，可奇怪的是，好像这一两年来，妹妹开始疏远自己了。

这天，强强去客厅倒水喝，听见妈妈和妹妹悄悄地在厨房说话。

"妈，我这里怎么好像胀胀的，还有点疼？你改天带我去医院看看吧，是不是电视上说的什么病啊？"妹妹一向大大咧咧的，这会儿居然扭扭捏捏，说话还打哆嗦。然后又问："爸爸这会儿不会回来吧？"

强强发现妹妹说这话的时候，好像指着自己的胸部，妈妈轻轻地"哦"了一声。

接着，强强听见妹妹说："妈妈，其实，我也知道自己是发育了，但乳房发育是怎样的呢？"

强强明白了，原来是妹妹也开始进入青春期了。

:: 给青春期男孩的话 ::

很多男孩认为，自己身上有娇气的地方伤不得，其实女孩也有, 例如乳房。

乳房是女性重要的第二性征器官，女孩进入青春期后，第二性征开始显示发育。乳房开始发育的年龄与先天的遗传和后天的营养都有关系。

从生理上来说，乳房生长于女性的前胸，起到的是哺乳作用。青春期以前，男孩与女孩的乳房在外观上几乎没有区别。但女孩长到七八岁时，身体的各个系统开始逐渐发育，大概10岁左右，在多种体内激素的刺激下，包括卵巢激素、垂体激素和胰岛素，女孩的乳房开始正式发育。

多数处于青春期的女孩会因为乳房的悄悄长大而烦恼。一对乳房从开始时的平坦变得隆起而丰满，乳头乳晕部形成了一个小鼓包，以后逐渐变得更大，总之，一切同以前都不一样了。

通常情况下，女孩的乳房发育分为五个阶段：

第一阶段：童年时，乳房是扁平的，胸部平坦，只有乳头突起。

第二阶段：乳房萌芽。乳腺和脂肪组织形成一个纽扣大小的隆起，乳头开始变大，乳晕扩展形成乳晕肿。乳头和乳晕颜色加深。

第三阶段：乳房和乳晕开始发育。此时乳头及乳晕肿下乳腺管向外突出，乳房会比以前更圆。乳晕的范围更宽广，颜色更深。在这个时期，乳头周围出现硬块，如果不小心碰到，乳头部位就会疼痛。此时为乳晕期，乳房呈锥形。

第四阶段：乳头和乳晕从乳房上微微突出，胸部隆起已依稀可见，乳房逐渐呈半球状。

第五阶段：乳头、乳晕与乳房其他部位发育成完全成熟的乳房形状。乳房丰满，乳头上出现小孔，便于以后排乳汁。

乳房的发育因人而异，发育速度、发育大小、发育早晚各人不同。青春期的乳房发育标志着少女开始成熟，是正常的生理现象。隆起的乳房也体现了女性体形所特有的曲线美，更重要的是为日后哺乳做好了准备。

但女孩的乳房也是"娇气"的，尤其是开始发育后，需要精心地呵护和照顾，避免一切外来伤害。当乳房开始发育时，女孩要密切注意乳房大小的变化，当乳房逐渐长成，就必须佩戴胸罩。至于什么时候开始戴胸罩，要根据自己的情况而定。一般而言，穿戴胸罩的最好时机应是当自己感觉需要时。另外，不可束胸，也不可为了胸部好看而早早地戴上文胸，这对于胸部的发育都是不利的。如果在乳房发育过程中出现疼痛、肿块等，可以告诉妈妈，让妈妈带着去看医生。

第十五节　女孩为什么会"女大十八变"

青春期成长事件

赵亚亚是被学校男生们选出来的初三年级的级花，但最近学校居然传出一个消息：赵亚亚做过整容手术。这个消息轰动了整个校园，放学后，王刚来到好朋友小伟家，两人开始"八卦"起来。

"你说，赵亚亚真整过容吗？"王刚问。

"不知道，我小学的时候也和她同班，她那时候是有点丑，头发黄黄的，皮肤也很黑，还特别矮呢。不过人还蛮好，经常借东西给我。"

"那肯定整过，你看她现在多好看，她要是长大了一准能成大明星。"

"我想也是。"小伟应和着。

这时候，王刚妈妈来喊王刚回家，刚好听到这一段话，就对他们说："有人说，女孩小时候长得好看，长大就不好看，相反，小时候不好看，长大就好看了。这没有什么科学根据，但女大十八变，越变越好看，这是肯定的。你们说的那个赵亚亚，她的妈妈和我是一个单位的，她经常来单位玩，是我看着长大的，可没做过什么整容手术，以后可别在同学背后议论人，知道了吗？"

"这么神奇啊，女孩还会变，我们怎么不变？总感觉那些女生一天天神神秘秘的，她们还有什么秘密啊？"

"女孩的成长状况和你们是不一样的，但她们是娇贵的，需要你们的保护，知道吗？"

"知道了，我们是男子汉嘛。"

::给青春期男孩的话::

10~18 岁，女性正在或者已经步入人生的一个崭新阶段——青春期。青春期女孩的身体会出现很大的变化，就是人们常说的"女大十八变"。女孩的性成熟一般比男孩早两年。青春发育的开始有早有晚。可以早到 8 岁，也可以晚至 14 岁，整个过程通常在 2~6 年完成。女孩的身体从 10~11 岁开始明显地不断长高，一直要持续到 15~16 岁才停止。从 10~11 岁开始，乳房开始发育。女孩的乳房开始发育可以早到 8 岁，也可以晚至 14~15 岁。一侧乳房也许会比另一侧发育得早。与乳房发育差不多同时，耻部的阴毛开始长出。腋毛和腿上体毛的出现一般比阴毛要晚 1~2 年。毛色、数量和毛的分布因人而异，差别很大。

脑垂体分泌的生长激素、肾上腺与卵巢分泌的性激素、甲状腺分泌的甲状腺激素等，都对骨骼的发育成熟和身高的增长，具有独特而又相互配合的作用。这些内分泌激素综合协调的结果，赋予了少女一副匀称的身材。

乳房、子宫、阴部的发育，骨盆软骨细胞的增殖，入口增宽，臀部变大，体内脂肪细胞增殖，皮下脂肪堆积等都是女性激素的作用。

女性体内也有少量的雄性激素，主要来自肾上腺，少部分由卵巢分泌，它促进着腋毛、阴毛生长以及阴部发育。脑垂体的活动还要受下丘脑与靶腺器官的影响。当然，脑垂体激素及靶腺激素的水平也反过来影响着下丘脑和垂体的分泌功能。下丘脑、垂体、靶腺（主要是卵巢）构成了青春期"十八变"的控制轴系，它们相互依赖、相互制约，使得女孩体内激素水平保持相对稳定，恰当地满足"女大十八变"对激素的需要。

男孩知晓了女孩青春期发育的"秘密"，就知道了为什么女孩"女大十八变，越变越好看"了。

第 5 章

男孩不叛逆——别让心理问题影响快乐成长

　　青春期是男孩从孩童过渡到成人的时期，他们开始意识到自己不再是孩子，已是成人，他们希望自己能像成年人一样受到尊重，自尊感明显增强，做事喜欢自作主张，不希望成年人干涉，渴望独立。他们对父母和老师之言不再"唯命是从"了，往往嫌父母和老师管得太严、太啰唆，对家长和老师的教育容易产生逆反心理，伴随产生的还有一系列的心理问题。对此，每个男孩都要清楚的是，无论遇到什么问题都一定要说出来，将心事闷在心里对于身心发展是不利的；多与周围的人沟通，才是解决青春期心理问题的正确方法。

第一节　有心事了该怎么办

青春期成长事件

　　一天，小志妈妈和王刚妈妈在社区碰到，两个母亲聊起了自己的儿子。小志妈妈叹着气说："孩子长大了让家长更操心，小时候就算打他一下也一会儿就没事了，现在说他几句就和你赌气几天。我都不知道儿子是什么时候突然变得古怪了，平时稍微说点什么吧，他就斜视你说：'我都这么大了，你唠叨什么呀！让我清静点不行吗？'小时候叽叽喳喳地说个没完，现在长大了就难得听他说点关于学习和生活的事。我们做家长的试图跟他讨论了解点什么吧，他就牛头不对马嘴地敷衍几句。他和几个好朋友也不像以前那么热情友好了。放学回家就把自己反锁在房间里听音乐，一待就是几个小时。他经常听一首老歌，歌词大概是'我醉了，因为我寂寞，我寂寞，有谁来安慰我……'问他为什么总是沉默不语不理会人，他就没好气地回答：'我想安静，沉默说明我在思考问题，我已经长大了，需要把很多事情考虑清楚。'哎，小志今年也十四岁了，根本就是小孩子。我们单位的同事说他们的孩子也有这种情况，真不知道他们是怎么了。"

:: 给青春期男孩的话 ::

　　青春期的男孩开始逐渐形成自我意识，开始不愿意服从家长的管教，也是就进入了叛逆期。叛逆期的一个典型表现就是与父母疏远，不再向他们倾诉。我们发现，一些男孩似乎与世隔绝，放学后一回到家中，便闭门不出，也只有网络能将他们与外界接连上。而这些男孩们，也似乎只有在网络里才可以找到懂他、了解他的人，这就是很多青春期的孩子们迷恋网络的原因。更为严重的是，有些男孩感到孤独，他们发泄心事的方式更为偏激，有的通过身体，有的通过沉默，有的通过幻想，这也造成了诸如多动症、抑郁症、迷恋网吧，更有甚者通过打架、行凶、吸毒来释放。其实这些表现都来自于人需要释放的本能，当自己发泄完后，也发现自己的行为过火了，也很悔恨，但是找不到控制自己的办法，然后又寻求其他方式发泄自己的情绪。如此循环，始终找不到排泄内心能量的出口。

其实，当你有心事时，要学会和别人分享，不要自己硬抗。缺少有效的沟通，会造成很多心理压力和心理疾病，例如抑郁症、焦虑、强迫症等。这些心灵的创伤很大一部分来自于不能释放自己的情绪。当内心的情绪被锁定在身体中无法释放时，生命的动力、创造力、智慧、人际关系都被压抑在其中。

因此，亲爱的儿子，当你有心事的时候，不妨和父母沟通，你就有更多的倾诉和释怀。生活中，你与父母之间的一些代沟，原因不仅仅是父母工作忙、没时间，也和你自己的拒绝沟通有关。在生活中，很多男孩有过这样的经历，很多事情选择独自承受，不愿意和父母分享。当你们有话不能讲、不愿讲时，距离就产生了，这是人为制造出来的距离。换个角度，如果将来你的孩子有话不愿意对你说，你的感觉又如何呢？

我们都知道，父母毕竟是过来人，人生阅历更丰富，你遇到的一些心事，也许父母能给你解决的方法。敞开心扉交谈，远比你一个人扛好得多。

再者，老师和朋友也是很好的倾诉对象，你的心事只不过是老师遇到的一个个案而已，他能为你提供最好的解决办法。而当你无法和师长沟通时，或许同龄人可以理解你，因为他们可能有同样的体会。总之，青春期男孩，你有一定的承受能力，别让心事压垮自己，学会倾诉，学会沟通，心事才会随风而去，你才会快乐。

第二节　火气重、脾气暴躁怎么办

青春期成长事件

平时工作忙碌的严太太被儿子老师的一个电话叫到学校，原来是儿子小强在学校闯祸了。可是令她不解的是，儿子一直很乖，平时也不乱发脾气，怎么会闯祸呢？

匆匆忙忙赶到学校，才问清楚情况：原来是班上有些男生挑事，说小强是胆小鬼。老师告诉严太太，班上传言，小强喜欢某个女生，但一直不敢说，这些男生知道后，就拿这件事嘲笑小强。而小强因为这件事很生气，于是大打出手，几个男生因此受了点伤。

"我的孩子怎么了？"严太太很是不解。

:: 给青春期男孩的话 ::

一向乖巧的小强怎么会突然这么容易被激怒而向同学大打出手呢？日常生活中，如果我们被人叫作"胆小鬼"，兴许我们会生气，但绝不会太过情绪激动而做出一些伤人害己的事。其实，这是因为青春期，也是一个负重期，随着时代的进步，尤其是男孩，他们的压力也越来越重，他们至少面临着三方面的压力和挑战：

（1）身体发育速度加快，能量的积蓄让他们容易产生情绪。

（2）学习任务重，升学压力大，竞争激烈。

（3）要求交流的意愿和渴望独立的想法日益强烈。

这三方面的压力常常交织在一起，矛盾此起彼伏，而青春期男孩的心智并未发育完善，毕竟，他们还是一群大孩子，也不懂得如何权衡这些压力，日常生活中很容易遇到一些刺激，青春期的他们把什么都挂在脸上，不像成年人那样善于控制或掩饰自己，常常喜怒皆形于色，发火就成了常有的事。美国的一位心理专家说："我们的恼怒有80%是自己造成的。"而他把防止激动的方法归结为这样的话："请冷静下来！要承认生活是不公正的。任何人都不是完美的。任何事情都不会按计划进行。"

所以，青春期男孩要告诉自己："发火前先深呼吸"，事实上，很多事情都没有想象的那么严重。如果不学着去控制自己的情绪，任着性子大发脾气，不仅解决不了问题，还会伤了和气。

当然，心中不快，情绪是需要发泄的，不能把这种不快的情绪一直郁结在心中，但不能把这种情绪传染给别人。你可以通过读书、听音乐、看电影、找朋友谈心来宣泄自己的这种情绪，也可以大哭一场。不要以为哭只是脆弱的表现，大哭一场可以宣泄我们心中的苦闷，平衡心理。如果压抑的情绪一直没有得到宣泄和疏导，对身心的危害将会更大。

男孩天生是运动健儿，你还可以通过运动锻炼来缓解自己想发火的情绪。科学家认为，有氧运动，如散步、慢跑、游泳和骑自行车等，可使人增强信心，精力充沛。因为这些活动能使人的机体得到彻底的放松，从而摆脱不良情绪。

第三节　女孩都喜欢坏坏的男孩吗

青春期成长事件

刘先生经营着一家公司，效益一直不错，家庭也幸福和睦，只是上中学的儿子总令自己头疼。

最近，儿子刘杰几次的偷盗行为终于惊动了警察，这天，刘先生不得不和班主任老师一起来到公安局。

刘先生家境不错，儿子为什么还会偷盗呢？原来事情是这样的：

刘杰发现班里的女生好像更关注那些坏坏的男生，而他也有了喜欢的女孩。于是，他有了通过做坏事来引起那个女生注意的想法。

有一次，刘杰到好朋友方伟家去玩，发现方伟家有一架很逼真的玩具望远镜。他心想，要是这架望远镜不见了呢？想到这，刘杰一下子得意了。

有过几次偷盗行为，刘杰已经成为了班上同学的话柄，女生们都在讨论他，他觉得很有快感。

警察问他为什么这样做时，没想到他的回答是："女孩不都是喜欢坏坏的男孩吗？"

:: 给青春期男孩的话 ::

如刘杰这样的青少年并不多，但是很有代表性。实际上，很多青春期的男孩，他们偷窃，并没有明显的目的，有时纯粹是为了获得其他人尤其是异性的注意，如盗窃价值不高的物品，有的只是把窃得的东西扔掉、损毁或随便送人，这些行为让很多父母头疼。

除了盗窃之外，一些青春期男孩还会做其他一些"坏事"，现在的网吧、酒吧里有很多青少年。这些放纵自己的孩子，多半有一些共同的经历：学习压力大，和父母、老师关系处不好，没有可以交心的朋友，喜欢上了一个异性却被拒绝，这些都让青春期的孩子想学坏。

我们还可以发现，在校园里，很多青春期男孩尤其羡慕那些故意和老师作对、欺负低年级孩子的同学，他们认为，这样的同学更容易得到周围异性的尊重和认可。因此，这种行为就会被争相效仿。

随着年龄的增长和社会阅历的增加，处于青春期的男孩越来越渴望接近异性，同时，他们的叛逆心理也逐渐表现出来，他们越来越向往自己的自由空间，越来越想摆脱原来循规蹈矩的学习生活，越来越不想在父母、老师的指点下生活，同时，紧张的学习、敏感的亲子关系都让男孩充满了无助感。

青春期的男孩已经不再是小孩子，旧的人生体系开始瓦解，不得不全部放弃，而新的体系尚未完全建立。但这时，男孩需要明白，放松不能放纵，青春期只有一个，时光不可能倒流，梳理好自己的心情，努力充实自己，为今后的人生做好积淀，你的未来才会大放光彩。

第四节　好面子，就要讲哥们儿义气吗

青春期成长事件

这天，某中学初一（三）班发生了一件令人"震撼"的事。

原来，为期三个月的班干部试用期过了，自然班上就要重新选班干部。班中男生支持的两个同学票数各占一半，班主任老师让大家再商量一下，下午做出决定。结果，就在午休时间，班上出现了一场激烈的争执，要不是班主任老师及时出现，这些男孩子都开始抄起"家伙"了。而经过了解，原来这两位班长候选人，早就在班上培植了一批"小弟"了。其中有几个胆小的男孩对老师透露，其实他们不想加入的，但又怕被其他男同胞们鄙视，就加入了。老师又气又急，现在的孩子，小小年纪就开始盲目讲哥们儿义气了。

后来，班主任老师请来了几位家长，共同商量怎么解决此事。结果有位家长说："我的儿子学习非常好，这您是知道的，但就是逆反心理特强，不听爸爸妈妈的话。另外，这孩子从小就喜欢看《水浒传》，因此特别注重友谊，今年暑假的时候，他去看了他小时候的玩伴，那个男孩被社会上的人打了，结果我儿子居然买了一把很长的匕首，非要帮那玩伴报仇，要不是我们及时发现，恐怕都已经酿成大错了，老师，这种孩子他的心态是怎么样的呢？我们应该怎么教育呢？"

:: 给青春期男孩的话 ::

其实，这些现象在青春期的孩子身上已经不少见，尤其是在男孩子中间。这些孩子一到中学，随着年龄的增长、视野的开阔，对外界事物所持的态度和情感体验也不断丰富起来，他们渴望交友，都有了自己的交友圈子，都有自己的几个"哥们儿"，于是，相互之间就称兄道弟，呼喝义气。

青春期的孩子要想摆脱哥们儿义气的负面影响，就要明白：

1. 什么是"哥们儿义气"

"哥们儿义气"是一种比较狭隘的封建道德观念。它信奉的是"为朋友两肋插刀""士为知己死""有难同当，有富同享"，即使是错了，甚至杀人越货、触犯法律，也不能背叛这个"义"字。总之，它视几个人或某个小集团的利益高于一切。因而，它与同学之间的真正友谊是截然不同的。

其实，这时的男孩有一个比较显著的特点是比较单纯，喜欢交往，注重友情。在同学的交往中，这种感情是最真挚的。但也不排除由于各种因素的影响，一些同学缺乏明确的道德观念，分不清什么是真正的友谊，甚至把"江湖义气"当成交朋友的条件，而使自己误入歧途。

2. 什么是真正的友谊

友谊应该是人与人之间的一种真挚的情感，是一种高尚的情操，友谊使你获得朋友。当遇到困难和危险时，朋友会无私帮助；有了烦恼和苦闷时，可以向朋友倾诉。

友谊与哥们儿义气是不同的，友谊是有原则、有界限的，友谊对于交往双方起到的都是有利的作用，因为友谊最起码的底线是不能违反法律，不能违背社会公德。而"哥们儿义气"源于江湖义气，是没有道德和法律的界限的，只要为"哥们"两肋插刀，这就是他们所信奉的。友谊需要互相理解和帮助，需要义气，但这种义气是要讲原则的，如果不辨是非地为"朋友"两肋插刀，甚至不顾后果，不负责任地迎合朋友的不正当需要，这不是真正有友谊，也够不上真正的义气。

理解什么是友谊，也是青春期男孩是否成熟的表现，总之，不要中了"江湖义气"的流毒。

第五节　面对挫折我不知所措怎么办

青春期成长事件

有个叫高飞的男孩，由于家庭贫困，且家在郊区，他不得不住校，同时，他还很内向，他觉得自己如果学习不好就对不起自己的父母，因为父母为了让自己上学付出了很多。但让他不能接受的是，他的成绩在班上只能算中等水平。他每天花费很多时间努力学习，晚上学校熄灯之后仍打着手电筒学习，但学习成绩仍然不见提高。他感觉很悲观，甚至对自己的智力有些怀疑。

∷给青春期男孩的话∷

这个男孩的这种情绪是一种挫败感的表现。青春期的男孩，受到的压力随着时代发展越来越严重，他们处于人生的转折点，不能避免许多失败、许多不顺利，所以心理问题也就随之而来。

青春期男孩的挫折，主要来自以下几个方面：

1.学习挫折

学生的挫折多半与学习有关，这一点，在那些学习成绩优异的男孩身上显现得更为明显，他们是老师眼中的乖孩子，是同学们眼中的佼佼者，更受到家长的称赞。时间长了，他们形成"只能好不能差"的思维定势，对失败缺乏必要的心理准备，一旦某次考试出现失误，便会感到心理压力增大，产生强烈的挫折感；而同时，也有一些孩子，因为长期学习成绩欠佳，受到周围同学的嘲笑、老师不重视、家长打击，挫折感就如影随身。因学习上遇到挫折而产生苦闷是正常的，关键在于能否振奋精神，正视自己的失败，找到问题的症结所在，从而获得战胜挫折的力量。俗话讲"失败是成功之母"，就是这个道理。

2. 交往挫折

青春期，一颗懵懂的心渴望交流。恰当的交流，对男孩的身心发展是很有利的。但是有些男孩在人际交往中感到不适、惶恐，害怕与人接触。有些男孩在交往中遇到问题时，常常认为是自己缺乏能力所致，久而久之，对自己失去信心。其实交往障碍的实质是不安以及恐惧心理的一种自我强化，并不是因为自己"无能"。

3. 情感挫折

情感挫折一般有三类情况：

亲情上的挫折：如父母离异、亲人去世等。

爱情上的挫折：如早恋、单相思、失恋等。

朋友聚散带来的情感挫折：因为朋友的变故而造成情绪、情感波动的情况时有发生。每个人都在不断地付出着，同时也在不断地等待着情感上的回报。当朋友欺骗了自己，或者背叛了自己的时候，多数男孩会感到伤心、愤怒抑或仇恨。

另外，你可以从以下几个方面减轻自己的挫败感：

（1）做好迎接挫折的心理准备。

你要明白，没有人的一生会是一帆风顺的，谁都有可能遇到挫折，没有挫折的人生是不完整的。只要你做好随时迎接挫折的准备，就没有什么可怕的。

（2）培养坚强的意志。

贝多芬说过："卓越的人一大优点是，在不利与艰难的遭遇里百折不挠。"意志力是一种重要的品质，每个男孩在成长的过程中都应该有意地培养，尤其是抗挫折的意志力。有了坚强的意志，就能按照理智的要求，控制自己，冷静、全面地看待生活中的挫折，增强对挫折的耐受力。

（3）懂得倾诉。

人在遇到挫折时，往往会出现消沉、苦闷、焦虑等情绪状态，建议你向父母、老师或知心朋友倾诉交流，这样做一方面会缓解心理压力，另一方面从中会获取应对挫折的勇气和方法。

挫折，既能锻炼一个人，激励一个人，也能摧毁一个人，关键在于如何对待它。遇到挫折后，逃避是消极的反应，只要你积极地面对挫折，即将挫折视为通往成功的必经之路，你就能战胜挫折，将挫折踩在脚下。

第六节　爸爸妈妈，我需要自己的空间

青春期成长事件

小胜出生在书香门第，从小受家庭氛围的熏陶，谦虚有礼，学习努力，深得父母和其他长辈的喜爱，父母也对他百般呵护。但小胜的家教很严，爸爸妈妈经常用古人的教子经验来教育儿子，告诉儿子不许这样，不许那样。在十几岁以前，小胜也一直是个很听话的男孩。

进入初中以后，随着学习和生活环境的变化，父母的管教让他觉得很烦躁，甚至觉得家就像个牢笼一样，他害怕回家。

一次，天都黑了，小胜爸妈发现儿子还没回家，问了所有同学都没有儿子的消息，他们只好自己找，结果发现儿子一个人坐在学校的操场上发呆。他们纳闷了：儿子到底是怎么了？

::给青春期男孩的话::

小胜为什么不想回家？因为家对于他来说家就是束缚。事实上，我们每个人都需要自由，对于青春期的男孩来说也一样。当他们进入青春期，他们的自主意识越来越明显，对于无法呼吸的成长环境，他们一定会反抗。

每个青春期的孩子最渴望的就是得到父母的理解，于是，我们发现，很多青春期孩子举着"理解万岁"的大旗高呼"父母不理解我""渴望自由"。每个孩子都希望生活在一个民主、和睦的家庭中，这样的家庭才会给自己一个温暖的归属港湾。当家庭不和睦时，孩子就会有被抛弃感和愤怒感，并有可能变得抑郁、敌对、富于破坏性，还常常对学校作业和社会生活不感兴趣。

可见，任何一个孩子都希望得到父母的认可和尊重，希望父母承认自己已经长大，能够处理一些自己的事情，需要更多的空间。而更多时候，家长往往把他们仍当成未成年人，所以对他们仍抱有一定的不信任态度。有些孩子一旦发现，便会觉得自己被父母轻视，小看了自己。这往往打击他们的积极性，使他们也对长辈产生半敌视心态。

对于，青春期男孩，你需要父母的理解，需要父母给你空间，那就不妨说出来，不妨开诚布公地与父母谈一谈。父母也都年轻过，你的想法他们能理解。父母限制你的空间，是希望你能花更多的时间学习，可怜天下父母心，没有哪个父母不关心自己的孩子。世界上最爱你的人非你的父母莫属。无论你是什么样的孩子，你有什么样的父母，抛开所有外界的条件，父母对你的爱是最纯净、最无私、最可贵的。他们可能无法完全理解你那五彩斑斓的世界，但是请你相信父母对你的爱是最毫无保留的。请每天都在成长的你，每天都很容易接受新鲜事物的你，理解他们对你的爱，主动和他们沟通，告诉他们你的世界、你的想法。即使他们不了解，有爱这个基础，还有什么鸿沟跨越不了？

第七节　感觉自己不如别人，我这样是自卑吗

青春期成长事件

詹太太的儿子小雷上了初中以后，变了好多，不喜欢说话了，周末也不愿意与以前的朋友一起玩了，一有时间，就把自己锁在房间里。

"小雷很奇怪，他这是怎么了？"詹太太问自己的丈夫。

"我也不知道，最近他好像突然一下子自卑起来了，有一天他还对我说：'我和以前不一样了，小学的时候我是尖子生，可是上了初中，班上优秀的同学太多了，我成绩不如以前了，连人缘也不好，我都不好意思和彤彤做朋友了，我简直一无是处了！'"小雷爸爸说完这些，长叹了一口气。

"是啊，孩子上初中了，学习环境变了，学习难度加大了，出现这种心

态是正常的,但我们作为家长,一定要帮助孩子及时调整好,不能耽误了孩子后面的学习呀!"

"你说得对……"

:: 给青春期男孩的话 ::

小雷的这种自卑心理,在很多刚升学的青春期男孩身上会出现。开学后,男孩子的生活环境、学习环境明显改变了,另外,从前被老师重视的境况也改变了,自己不再是老师关照的尖子生,周围优秀的同学太多,小学时候的玩伴也有了自己新的生活圈子,于是,这些男孩会变得心情低落并自卑起来,学习失去了兴趣,不愿意与人交往,成绩也随着下滑。

要摆脱这种自卑心理,男孩们需要做到:

1. 正确评价自我,你是特别的

那些所谓"缺点",那些你不喜欢的自己的特质,其实是你最宝贵的财富,可能只是你在表达的时候方法不妥。就好像放音乐一样,声音过大,就会让人觉得很不舒服,但是如果我们把音量调小,你自己和你周围的人都会意识到,那些你所谓的缺点正是你的优点。你所要做的,就是在适当的时间、适当的地点,用适当的方式将它表达出来而已。这时你会发现你仍然特别,仍然被认可。

因此,你要本着实事求是的态度,要学会用正确的、辩证的眼光看待自己,要充分认识自己的能力、素质和心理特点,在不夸大自己的缺点的同时,也不避讳自己的长处,这样才能确立恰当的追求目标。用这样的心态,你才能取长补短,在看清楚自己不足的同时,将自卑的压力变为发挥优势的动力。

2. 提高自信和勇气

要相信自己的能力,学会进行积极的自我暗示:我并非弱者;我并不比别人差;别人能做到的,我也能够做到,只要我付出努力;既然我选择了,我就要努力达到自己的目标,决不放弃;我不必自卑,人无完人,别人也不是完美的。

3. 积极与人交往,发展健康的人际关系

如何才能交到益友?

(1)培养自己交往的品质。真正的友谊需要坦诚的沟通、尊重、同情与理解、负责、宽容,以及愿意为保持这种友谊而努力。当你考虑交往真正的朋友时,你就要懂得付出,不要只想着朋友能为你做什么。

（2）自重和尊重朋友。你可能会想：但愿我有这样一个朋友，他会听我的话，理解我，并且使我不会孤独，他不要有什么我不能接受的个性。不幸的是，你没有权利来改变他人。你不能迫使他人为了友谊来满足你的需要。如果你希望被爱和被尊重，你首先要做到的是自爱和自尊；如果你希望交到朋友，你就必须学会尊重他人个性的差异。

亲爱的儿子，爸爸妈妈希望你能正确地认识自我，接纳自己的不完美，用正确的心态和品质去与人交往，这样才能变得自信起来。

第八节　一件事情反复做，是青春期强迫症吗

青春期成长事件

在某心理医生的咨询室，一个上中学的男孩对医生说："我也不知道怎么说，我觉得我好像得了强迫症，真的很痛苦，有时候我在看电视，看到一个很平常的东西，就非要分析好久，而且有时候一个很小的事情我就把它看得很复杂，要慢慢分析好久。有时候，明明我确定我已经关好门了，可是，我偏偏还要关一次，确定关好了，我还是不放手，总是觉得不安全。我不像以前那样，变得絮絮叨叨，真的很痛苦。我也想顺其自然但我做不到！我的问题很严重吗？"

:: 给青春期男孩的话 ::

这个男孩的症状的确是青春期强迫症的表现。那么，什么是强迫症？

所谓强迫症，是一种以强迫观念和强迫动作为特征的神经官能性疾病。包括强迫观念和强迫行为，强迫观念属于一种情绪障碍；强迫动作则是在这种情绪支配下表现出的外表行为。强迫症在同年龄段人群中发病率不到0.5%，但在 10 ~ 12 岁的青春期早期少年中相对多见。男孩的强迫动作发生率高于女孩。

那么，青春期男孩患强迫症的原因是什么呢？

青少年的强迫症大多源自儿童时期，与自幼养成的个性特征有关。

首先是个性使然，一般来说，患强迫症的男孩胆小谨慎，做事优柔寡断，不喜欢说话，少年老成，同时，做事不善于创新，比较古板，甚至遇事爱钻牛角尖，适应陌生环境较慢，等等。另外，家庭生活环境与强迫动作的发生与发展也有一定关系。例如，有些家庭生活环境较为严肃，日常生活中缺少乐趣，或者父母对于孩子的要求很高，再或者某些父母喜欢体罚孩子等。强迫观念则往往是各种生活事件的持久影响结果。亲人亡故、父母离异、长期住院，或抚养者本身多年境遇不顺、家庭生活环境阴郁等，都会给青少年带来持久的心理紧张和适应不良，引发各种强迫观念的习惯化。

不过与成年强迫症患者相比，青春期很多精神因素都处于可塑期，一般来说，问题都会轻得多，因而治愈的可能性更大。

对已存在强迫症的青春期男孩来说，应通过正确的方法来对强迫观念或强迫行为进行矫治。具体措施有：

（1）懂得自我认知，解释自己的心理。

男孩要让自己明白，强迫症属于神经官能症的一种，不是精神问题，更不要为此焦虑和紧张。

（2）愉悦身心，充实自己的生活。

发展一些生活兴趣，例如培养自己在某些方面的特长并加以发扬，另外，也可以从生活小事做起，如养小动物等，使生活多彩化、乐趣化，逐步使原有的强迫观念与行为淡化。

（3）交益友，扩大自己的交往圈子。

青春期阶段，男孩们都渴望交往，以倾吐自己的心事，因此，患了强迫症的男孩，可以鼓励自己多和伙伴交往，尤其要积极参加各种集体活动，使自己有相互模仿、学习榜样行为的机会。这就是为什么很多患强迫症的人不药而愈的原因。

青春期是人生中美好而又危险的阶段，说其美好是因为青春期是阳光灿烂的，说其危险主要是因为处于青春期的男孩很容易出现心理问题，不加控制可能引发疾病症状，青春期强迫症就是能够将他们推入绝境的疾病之一。因此，青春期男孩一定要学会自我控制和调节自己的情绪，学会排解内心的不快，这样才会健康、快乐地过好每一天。

第九节　忌妒，来自青春期的暗伤

青春期成长事件

　　两个中年男士讨论自己的孩子："现在的孩子，怎么小小年纪就有嫉妒心呢？对门张姐的女儿成绩好，我无意中夸了一句，儿子就愤愤不平地说：'老师偏向她。'开始我也没当回事儿。期末考试前，那女孩的几张复习的试卷丢了，就来我们家，借儿子的试卷复印，儿子一口咬定卷子已经借给表妹了，可是他根本就没有表妹。而且那天晚上，我看见儿子的书桌上竟然有两份复习试卷，很明显，那女孩的试卷是被他给偷了。我当时真是六神无主了，儿子怎么会这样呢？我意识到问题的严重性，焦虑万分，因为任何思想成熟的人都明白嫉妒心理是多么要不得，我想帮助儿子改掉嫉妒的陋习，可我真不知道怎么办！"

:: 给青春期男孩的话 ::

　　嫉妒并不是女孩的专利，男孩也会产生嫉妒心理，主要表现为对学习优秀者和外貌俊美者嫉妒、怨恨，甚至刻意拆台或报复，以达到心理平衡。

　　青春期男孩，你要想到，男子汉应该有宽广的胸怀，应该努力证明自己，而不是怨恨比自己优秀的人。心理学家指出，青少年心理自我调节的重要任务就是了解自己，建立起正确的自我认同和坚强独立的自我意识。对于嫉妒心理，青春期男孩应该这样自我调节：

　　1. 自我反省，观察自己和他人

　　青春期的男孩们，已经逐步有自己的价值观和人生观，对周围的事物也会慢慢有自己的见解。对待自己，也要进行一定的观察，观察自己就是反省。反省过程中要注意，要多思考，无论遇到什么事，都能静下心来好好想想，然后心平气和地进行分析，包括自己的现状、自己与人相处的状况、自己的一些优点和缺陷、自己整个的人生理想等。当然，在反省中要避免情绪化，不要为一点小事钻牛角尖，也不要过于自信变得骄傲，要不偏不倚，尽量用客观的眼光看自己，接纳自己偶尔产生的矛盾心理和孤独感，不需要过多的担忧，并时常提醒自己尽力克服自卑和嫉妒心理。

2. 与人友善

一个懂得关爱他人、懂得付出的男孩肯定会有较好的人际关系。通过两性的人际交往，男孩可以更好地明白自己在别人心目中的位置，及时改正不足之处，这样可以形成更为完整的自我形象。这对排解内心的矛盾心理和孤独感也非常有利

3. 接纳自己和完善自己

人无完人，任何一个人都有自己的优点，也不可能一无是处。明白这个辩证的道理，有利于你接纳自己，接纳自己就是指不仅仅看到自己的优点，从而更自信地去学习和生活；能意识到自己的缺点和不足之处，不是去否定它，而是通过接纳然后想办法改进，这就是要完善自己。这里的关键是相信自己是有价值的人，从而全力以赴地去实现自己的价值。

亲爱的儿子，爸爸妈妈希望你能明白，有嫉妒心理也不足为奇，成长中这是不可避免的问题，但成长中的人也都可以凭借自己的调节来摆脱这种错误心理，自我肯定就显得弥足珍贵。

第十节　预防抑郁，不做"大闷瓜"

青春期成长事件

飞飞是一名品学兼优的中学生，他马上就要毕业了，但一直以来，他的心里都有解不开的结。毕业前，他终于向他多年的好友敞开了心扉。

"其实，以前我的人际关系很好，你也知道，包括现在我的人际关系也很好，所以一直比较乐观阳光。只有一件事，我一直为此痛苦，就是自己是乙肝病毒携带者，我自卑过，担心自己以后会被人瞧不起，每天活在自卑中。我一直认为，这是我经历的最痛苦的事情了。没想到和别人的痛苦相

比，这根本不算什么。前些天，我们班的李继出车祸了，居然一夜之间成了残疾人，我才发现，自己比他幸福得多。这些心里话说出来后，我感觉舒服多了。"

::**给青春期男孩的话**::

很多数据和事实说明了这样一个令人感到遗憾和痛心的现象：有心理障碍并想不开的人，大多数从来没有寻求过心理帮助。有些人之所以会选择自杀，就是因为他们有过大的心理压力而又不愿意向他人倾诉。现实中很多人回避自己的心理问题，不去勇敢地正视和面对它，没有积极地进行规范治疗，结果导致悲剧事件屡屡发生。

每一个青少年朋友，都不能忽视抑郁这一问题。生活中，如果你有以下症状，就应该引起重视，这表明你有可能存在抑郁。

（1）大部分时间感到沮丧或忧愁。

（2）缺乏活力，总是感到累。

（3）对以前喜欢做的事情变得缺乏兴趣。

（4）体重急剧增加或急剧下降。

（5）睡眠方式的巨大改变（不能入睡、长睡不醒，或很早起床）。

（6）有犯罪感或无用感。

（7）无法解释的疼痛（甚至身体上没有任何毛病）。

（8）悲观或漠然（对现在和将来的任何事情都毫不关心）。

（9）有死亡或自杀的想法。

每个渴望快乐的人，都不能忽视抑郁这一问题，抑郁会严重困扰你的生活和学习，给家庭和社会带来沉重的负担，严重的还会导致抑郁症。它会赶走你的积极情绪，使你对周围的人丧失了爱。而摆脱抑郁，最重要的是与他人交流，敞开自己的心扉，才能找到症结，对症下药。

对于青少年来说，如果抑郁了，该如何向朋友寻求帮助呢？

1. 完善个性品质

其实，只要你拥有良好的交往品质，走出恐惧的第一步，就能受到朋友们的喜欢，慢慢地，心结也就能打开了。"人之相知，贵相知心"，真诚的心能使交往双方心心相印，真诚的人能使交往者的友谊地久天长。

2.学习交往技巧

你可以多看一些有关人际交往的书籍，多学习一些交往技巧，同时，可以把这些技巧运用到人际交往中。长此以往，你会发现，你的性格越来越开朗，你的人际关系也会越来越好；同时，你会发现，你收获了不少知识，你的认知上的偏差也能得到纠正。

3.寻找信任的朋友

只有信任的朋友，他们才会为你保密，真心地帮你解开心结。

4.不要为朋友带来困扰

你需要寻求帮助的朋友必须是内心坚强的人，如果他比你更容易产生抑郁情绪，那么你只会为他带来困扰。

5.必要时候应该寻求心理医生的帮助

如果与朋友的倾诉并没有帮助你脱离内心的煎熬，那么你应该说服自己，让心理医生来为你答疑解惑。

第十一节　赶走焦虑，找回快乐的自己

青春期成长事件

宋女士的儿子小伟15岁了，马上要中考了，孩子一直努力学习，但最近，她却发现孩子好像精神恍惚，束手无策的她带着孩子来心理诊所看医生。

在医生的指导下，小伟说出了自己的状况：

"从上初三开始，我就出现了心理问题，主要表现为每到复习考试临近期间，就紧张焦虑，还伴有较严重的睡眠障碍。

我在重点中学学习，自幼有良好的学习习惯，记忆力也很强，遵守纪律，尊敬师长，因而深受老师的器重。因为老师器重我，对我抱有很大的希望，所以我感觉到自己压力很大。

有天晚上，我正在背书，强记第二天竞赛科目的内容，恰逢邻居在聚会喝酒，闹哄哄的，我心里很烦躁，我心头产生了强烈的怨恨：一恨老师总让我参加各种竞考，使我疲惫不堪；二恨隔壁的人整夜吵闹，扰乱了自己的复习；三恨母亲不该让我留在市里读这个使人疲于应付的重点中学。在这种焦虑怨恨的情绪状态下，我一夜也没睡着，第二天在考场上打了败仗。而且从此就经常失眠、多梦，梦中总是在做竞赛题，要不就是梦见在竞赛时交了白卷。而且，我开始上课集中不了精神，总是开小差，考试成绩也一次比一次差。为此，我很苦恼，我该怎么办？我还要参加中考呢！"

∷ 给青春期男孩的话 ∷

小伟的这种情况属于青春期焦虑症，焦虑症即通常所说的焦虑状态，全称为焦虑性神经症。

那么，什么是青春期焦虑症呢？焦虑症是一种具有持久性焦虑、恐惧、紧张情绪和植物性神经活动障碍的脑机能失调，常伴有运动性不安和躯体不适感。发病原因为精神因素，如处于紧张的环境不能适应，遭遇不幸或难以承担比较复杂而困难的工作等。

处于青春期的孩子向来是焦虑症的易发人群，他们的生理与心理都处于人生的转折点。许多男孩在这一期间会变得异常敏感，情绪不稳，由于身心都没有发育成熟，往往无法正确排解自己的不良情绪，青春期焦虑症就是一种常见的心理疾病。

青春期是人生的转折点，身体上的变化也给孩子的心理带来一些冲击，他们会对自己的身体产生一种神秘感，甚至不知所措，他们可能因此自卑、敏感、多疑、孤僻。青春期焦虑症会严重危害男孩的身心健康，长期处于焦虑状态，还会诱发神经衰弱症。那么，青春期男孩应该怎么样自我调节这种病态的情绪呢？此处介绍几种自我疗法。

1. 积极暗示疗法

你首先应慢慢地树立起信心，正确认识自己，坚信自己能战胜所有挫折，能将面对的各种突发事件处理好，并相信自己可以恢复到身心健康的状态，可以战胜焦虑症。通过暗示，每多一点自信，焦虑程度就会降低一些，同时又反过来使自己变得更自信，这个良性循环将帮助你摆脱焦虑症的纠缠。

2. 对症下药疗法

每种情绪的产生都是有原因的，病症也是如此。青春期焦虑症是情绪体验的一种。有些男孩整天忧心忡忡，惶惶犹如大难将至，痛苦焦虑，不知其所以然。此时，你应分析产生焦虑的原因，或通过心理医生的协助，把深藏于潜意识中的"病根"挖掘出来，必要时可进行发泄，这样，症状一般可消失。

3. 自我放松疗法

放松恰好是与焦虑相反的一种情绪体验，如果你能够学会自我深度松弛，必定是有利于治疗焦虑症的。

第十二节　青春年少，应该远离孤独

青春期成长事件

张女士是一名公务员，在工作单位颇有业绩的她也对儿子寄予厚望，希望能按照自己的想法规划儿子的人生。儿子一直也是大家公认的乖孩子，但不知从什么时候起，他好像变得孤僻了，再也不愿和自己的父母，包括周围的长辈们说话了。

最近一段时间，张女士还发现，儿子的书包里好像多了一本日记，难道儿儿有什么秘密？不会是恋爱了吧？怀着强烈的好奇心，一个周末，张女士趁儿子不在家，翻看了日记，令张女士意外的是，儿子并没有什么秘密，日记的内容只不过是学习压力的倾诉以及与好朋友相处的过程中遇到的问题。

看到这些，张女士悬着的心终于放下了，但从这件事之后，细心的儿子居然给日记上了锁，这让张女士又产生了很多疑问。

:: 给青春期男孩的话 ::

我们先姑且不论张女士的教育方法。进入青春期的男孩女孩都有这样一种体验：觉得自己是大人了，成熟了，可是师长眼里的自己永远是不懂事的孩子，于是，似乎，一切事情在一夜时间都变了，不再什么都想和父母倾诉了，也觉得周围的人不理解自己。于是，他们变得孤独了。

一般来说，青春期的孤独感有以下几个方面的表现：

1. 社交恐惧

孤僻的人不愿意释放自己的内心，人们往往会因此远离他们，而那些乐于和善于与人交往的人能和大多数人建立良好的人际关系。

2. 行为偏激

很多未成年男孩一遇上不顺心的事，就采取过激行为，这就是内心孤独的表现，一般来说，正常的行为应该是积极、主动和富有建设性的。

3. 自我控制情绪的能力差

青春期的男孩，情绪控制能力低于其他任何时期。现实生活中，因和老师或家长怄气而轻率选择逃课的男孩屡见不鲜，因为他们在成长过程中忽略了对良好情绪反应能力的培养。而理想的心理状态应该是情感表现乐观而稳定，而不是莽撞和冲动。

4. 缺乏良好的意志品质

意志品质良好的人，是有一定的独立性。自控力和抗打击能力，能经得起挫折的考验，做事果断，绝不优柔寡断。

5. 对某些人和事的依赖性过强

心理健康的人应该表现出独立自主的思想和行为特征，不拒绝帮助，但也不纵容自己的依赖心理。现在很多男孩事事依赖老师、家长的"权威"，还有孩子对电子游戏、网络等有严重依赖，其生活的大部分乐趣来自现实之外的虚幻世界而不能自拔。

以上这些症状都是青春期男孩心理孤独的外在表现，实际上，这种孤独感正是男孩自我意识发展的一种表现，随着年龄的增长、社会生活经验的丰富和自我探索的深入，他们会逐渐获得一种熟悉自己、对自己有信心、有把握的感觉。这时，他们既能够独立思考，也会乐于与人交流了。但男孩们，你要明白，长期孤独会对你的身心健康造成不利的影响。长期处于孤独的男孩涉世浅，经验少，社会适应能力差，受到挫折易烦躁郁闷。若不及时疏导就会心理封闭，积郁成疾，性格改变，产生精神障碍。

亲爱的儿子，如果你也感到内心孤独，你必须首先主动去接近别人，要改变自我，使别人愿意接近自己。最好的方法就是关心、帮助、尊重别人。其次要多和父母、老师沟通。他们都是善意的，只有让别人了解自己才能得到别人的理解。最后要对自己有信心，相信自己能超越自我，从困境解脱；在积极思考和行动中你会获得充实感与快乐。

第十三节　阳光男孩该怎样打扮

青春期成长事件

王先生的儿子王威是同龄男孩中"时尚前沿"的一个，这不，有一个星期天，他并没有和同学一起去打球，而是神秘地"失踪"了一天，到晚上的时候，他神采飞扬地跑来找好友小伟，对小伟说："怎么样，看我这发型！"

"你把头发染了？"小伟诧异地问。

"是啊，你不是看见了吗？怎么样？"王威还在炫耀着。

"你不怕你爸妈批评你？我们才十几岁呢。"

"大不了一顿骂，我们这个年纪不打扮，会被人认为是老土的。你看，我们学校好多初一初二的男孩都把头发染了，我们做师兄的应该带个头嘛。"王威开着玩笑。

"可是，你明天怎么面对老师呢？万一老师要你染回去怎么办？"

"是哦，我怎么没想到呢？我爸妈的话可以不管，老师可不是好惹的，如果真要我染回去，我就说我这是定型定色的，染不回去了，他也没办法。"

"我劝你还是染回去吧，染发好像对身体不好哦，我们上网查查吧。"

上网搜集很多资料后，王刚的确看到好多关于青少年染发伤身体的内容，当天晚上，他就跑到理发店，恢复了头发的颜色，为这事，王威花去了一个月的零花钱，后悔不迭。

:: 给青春期男孩的话 ::

青春期的男孩们，逐步接受成人世界的一些做人做事、穿着打扮的方法；另外，随着广告、媒体、娱乐的宣传作用，很多男孩追求个性、时尚的生活方式，开始盲目追星，开始喜欢穿一些奇装异服，开始喜欢表现自己的男子汉气概，喜欢出头。青春期是接受新事物的年纪，但男孩们，你必须有所选择地接受，对于外界事物，要学会取其精华，去其糟粕，然后为自己所用。

　　"爱美之心，人皆有之"，这并不是女孩爱美的口号，男孩也不例外，每个男孩都希望自己可以打扮得阳光、帅气一点，每当穿上买的新衣服，心里总是美滋滋，走起路来也特别有神气。但青春期男孩一般都是学生。他们正在求学的时期，又没有经济收入，穿戴方面不宜赶潮流、追时髦，只要衣着整洁，朴素大方即可。

　　为此，青春期的男孩们，你可以记住以下几点着装要求：

　　（1）要干净整齐，不能邋遢有异味。

　　（2）不能穿背心，更不能光膀子。

　　（3）不能穿拖鞋，更不能打赤脚。

　　（4）不戴有色眼镜。

　　（5）衣服扣子要系好，不敞胸露怀。

　　（6）不着奇装异服，和学生的身份不符。

　　（7）不要染发、打耳钉，不要盲目和同学攀比、追求名牌。

　　爱美是没错的，但人的打扮一定要得体，要适当，才显出美和有气质。不同年龄、不同身份的人有不同的形象要求。总之，亲爱的儿子，你要明白的是，青春期本身就是美丽的，不需要任何刻意的修饰，青春期也需要理智地对待身边的发生的事，这样，青春期才会过得纯洁、快乐！

第十四节　追星有错吗，我觉得很快乐

🎤 青春期成长事件

　　周六的晚上，雷女士看到儿子在上网，便对儿子说："你能帮我找找邓丽君的歌吗？"

　　"老妈，不是吧，那么老的歌你还听啊？"儿子一副不屑的样子。

　　"妈妈那时候可是邓丽君的铁杆粉丝呢，我可不喜欢什么周杰伦的歌，听不惯！"

　　"原来妈妈以前也有偶像啊！"

"有倒是有，可不像你们现在这样，还追星，为了一张演唱会的门票，可以省吃俭用，甚至等个通宵也要买到票！"

"您怎么知道有人这样追星啊？我们班就有几个女孩子这样，我可没那么疯狂！"

"我们单位好多年轻人也这样啊，还是我儿子理智啊。"

"但是妈妈，我们可以有偶像，可以追星吗？"

"什么事情都有个度啊，你有偶像没错，但要看是什么偶像，为了学习他的长处而把他当成偶像的，这是没错的。'追星'要'追'得有意义，不可盲目去做一些傻事。就在2006年的时候，有位女士为了与刘德华拉近距离合影，不惜倾尽家产，这种追星的方式就不对嘛！"

"妈妈说得对，我喜欢周杰伦的歌，也是有原因的呀，周杰伦在领金曲奖'年度最佳专辑'奖项时曾说过一句：'好好认真读书，好好听周杰伦的音乐'，杰伦的音乐以公益歌居多，几乎每张专辑都会有！"

"你说得也有道理啊……"

就这样，母子俩就偶像这一问题聊到深夜。

:: 给青春期男孩的话 ::

"追星"行为是指青少年过分崇拜迷恋影视明星和歌星的行为。中学生追星现在已经成为一种普遍的潮流。青春期男孩就成为这一追星族中的一支力量。

而事实上，这些男孩心中的偶像大多是影视明星或歌星，只有少数人的偶像为艺术家或成功商人、作家等。很多男孩因为追星已经逐渐变得疯狂起来，为那些明星偶像着迷，他们盲目地"随大流"，疯狂地收集明星资料、照片和唱片，这是非常愚蠢的做法。这样既浪费钱财，又浪费时间。

另外，一些青春期男孩之所以追星，完全是因为他们被明星俊美的外表打动，于是，他们便开始刻意地模仿明星的穿着。而这是因为青春期阶段，男孩们还不知道什么是真正的美丑，事实上，你要明白的是，心灵美才是真的美，如果你能建立正确的审美标准，也就理智得多了。

无论是谁，成人也好，青春期的男孩也好，都需要一个目标，榜样的力量也是无穷的，正如"没有星星，宇宙将漆黑一片"。

年轻人需要榜样，偶像肯定是在某个领域获得巨大成功后才成为偶像的，但盲目追星，还是会让自己的生活陷入混乱之中。青春期男孩，正确认识追星现象，正确引导追星情结，要想使你的生活变得充实、丰富，你要做的不是跟在明星后面，而是应该行动起来，为自己的目标奋斗，为自己的梦想努力。这样，你才可能成为建设国家的栋梁之才和耀眼之星。

第十五节　不想做"异类"，盲目攀比

青春期成长事件

每次开家长会后，很多家长都会向学校和老师反馈一些教育难题。这不，有一些家长和老师们交换意见了："我儿子每个周末一回到家，就会对我提出各种要求，比如'同学们都买新球鞋了，我的球鞋一点也不好看，更不是名牌，太丢人了，我要买双名牌。'"

这位家长刚说完，其他家长也跟着附和起来了："我儿子说'我的电脑太旧，人家笑话我是老牛拉破车。你什么时候给我买一台新的？'"。

"儿子大了，有了攀比心理，这我理解。但是家里经济条件并不太好，孩子每次提出要求，我都很为难。请问，有什么方法可以既不伤害孩子的自尊，又能消除他的攀比心理？"

"现在的孩子怎么了，做父母的不容易啊，为他们提供这么好的学习环境，怎么还要求这要求那的呢？"

"是啊……"

这些家长们七嘴八舌地说了起来。

::给青春期男孩的话::

随着物质生活的逐渐改善，金钱和物质的熏染已经蔓延到年轻的孩子身上，一些爱面子的青春期男孩之间的攀比现象无处不在、无时不有。不同年龄、不同家庭背景的男孩，都有基于自身特点的攀比之心和攀比之行，一般情况下，这种攀比都是物质上的、盲目的。

攀比深深地渗透于原本质朴的男孩的生活和学习过程中，影响着他们的思想、学业和行为，为了追逐潮流。例如：名牌服装、高档手机、电脑、数码产品等，使得许多男孩形成攀比心理，很多家长不堪经济重负，纷纷喊累。这些男孩一般会比穿戴，比吃喝，比玩乐，比排场。

攀比现象的表现形式还有很多，一般情况下，他们不会比谁的成绩好，谁的知识更充足，而是比谁吃得好、谁穿得俏、谁花钱阔绰、谁发型新潮；有的男孩对家境津津乐道，比谁的家庭金钱多，比谁的父母权力大，比谁家的轿车档次高，比谁家的房子面积大；有的男孩甚至与明星比派头，有的男孩与大款比享受。凡此种种，都表达了这样一个问题：他们所攀比的是"不该比的东西"，对人生观、价值观尚未定型的青春期男孩来说，热衷于物质与享乐的追求，必将导致品行的变异。

畸形的攀比可能导致男孩虚荣心强，这对于男孩以后人生观、价值观乃至人格的形成都会起到一些消极影响。的确，没有哪个男孩愿意被周围的人看作异类，都想融入集体，但这种攀比并不会为你赢得良性的人际关系。青春期男孩，一定要记住，你可以和同学比，但不要比物质，应该比成绩，比能力，和同学之间进行良性的竞争。

从理论上讲，攀比并不是什么坏事，但要看具体攀比的内容。实际上，真正意义上的攀比包含两方面的含义，一方面是指那些盲目与别人比较，而不顾自己实际、不求长远目标、不合教育要求的现象；另一方面是指那些有明确的进取目标，有意识的、积极的、善意的、科学的与他人比较的现象。

良性的攀比能使人奋发，男孩与同学之间互相竞争、你追我赶、不甘示弱的现象能构成校园生活中一道亮丽的风景。青春期男孩可以做到：在学业上，要敢与"第一名"比，为了能够超过他人，要制订详细的学习计划，并脚踏实地付诸行动；在品德上，要把标兵、模范作为自己做人的楷模，比做人的本领，比对集体的奉献，比各自的理想，要敢于和同学比自己的特长，也要学会弥补自身的不足。

亲爱的儿子，我们希望你能明白，要和周围的同学比学习、比勤奋、比文化素质，比团结友爱，而不是变着法儿比吃、比穿、比打扮。正确看待世界万物，你会快乐、健康、明白地生活！

第 6 章 ●----------------------------------

成为男子汉，别再和父母对着干

青春期的男孩们，想必你曾学过唐朝诗人孟郊这首《游子吟》："慈母手中线，游子身上衣；临行密密缝，意恐迟迟归；谁言寸草心，报得三春晖。"你明白这首诗的真正含义吗？长辈、父母总是对我们无怨无悔地付出。男孩们，从你呱呱落地的那一刻起，你的生命就倾注了父母无尽的爱与祝福，父母为你撑起了一片爱的天空。或许，父母不能给你奢华的生活，但是，他们给予了一个人一生中不可替代的——生命！但生活中的你，你真的能体会父母的良苦用心吗？从现在起，无论出于为人子女的本分，还是从自己的实际生活和承受能力考虑，不妨学会感恩吧！哪怕只是一句"谢谢"，父母也会倍感欣慰。

第一节　男孩，请理解妈妈的唠叨

青春期成长事件

下面是很多家庭中可能发生过的一幕对话：

妈妈说："天冷了，穿上毛裤吧。"

儿子说："用不着，我不冷。"

妈妈说："我刚听过天气预报，还能有错吗？"

儿子说："我这么大了，连冷热都不知道吗？"

妈妈："你怎么越大越不听话，还不如小的时候。"

儿子说："你以为我傻呀，真是的。以后少管我。"

::给青春期男孩的话::

或许很多青春期男孩都对以上场景很熟悉。你是否发现，最近这一两年的时间，你好像很厌倦妈妈的唠叨，"她为什么总是那么管着我？即使生活细节都不放过。""我已经不是小孩子了，不要再把我当孩子看！"她会经常叮嘱你多吃点，多穿点，叮嘱你听老师的话，她就像个不会停的说话机器一样。

但丁说："世界上有一种最美丽的声音，那便是母亲的呼唤。"女人固然是脆弱的，母亲却是坚强的，没有无私的自我牺牲的母爱的帮助，孩子的心灵将是一片荒漠。其实，相对于父亲来说，母亲的爱更细腻，她会把所有对儿子的爱都放到语言和行动上，会关注你的一切。其实，在你成长的过程中，母亲并没有改变，对你的爱也没有改变，只是你逐渐在长大，越来越希望做独立的自我。但你是否想象过，你的一声顶撞就会让母亲伤心很久。

善良明理的男孩们，从现在起，不妨试着去理解母亲的唠叨吧。为此，你要做到：

1. 真正理解母亲的角色

在家庭角色中，母亲是一个很难扮演的角色。她从步入家庭开始，就逐渐成为一个妻子，然后成为一个母亲，每个母亲都会把自己的角色当成一生的事业来经营，其中要面对柴米油盐的琐碎，要照顾孩子的生活起居，要承担孩子成长的欢乐忧愁……为了家庭和孩子，她们操碎了心，但很多时候，却换来你的不理解。

如果你能感受一下母亲的艰辛，也就能从心底真正理解母亲的唠叨。

2. 偶尔为母亲搭一把手

你已经是一个男子汉了，生活中，对于你自己的事，一定要自己处理，要学会自理。另外，母亲毕竟是一个女人，你还要像一个真正的男子汉一样保护她。闲暇时间，帮母亲做一些家务吧，尤其是体力活，这会让她真正感受到儿子真的长大了，一定会从心里感到欣慰。

3. 孝顺男孩不叛逆

要真正理解母亲，就不要做问题男孩，不要让妈妈担心。不难想象，你和小伙伴在网吧彻夜不归的日子，她是多么担心；你和社会青年在一起混日子的时候，她有多么害怕你会走错路；你和同学打架受伤的时候，她比你还疼……青春期固然会遇到一些成长上的问题，但妈妈可以是你倾诉的对象，可以是你的知心朋友。妈妈是过来人，会帮助你度过不安的青春期。

当然，你可以做的还有很多，但无论如何，亲爱的儿子，你要理解妈妈，对于妈妈的唠叨，也别再唱反调了。

第二节　寻找爸爸的优点，体谅他的不完美

青春期成长事件

在某中学的一次家长会上，很多父亲纷纷提出，孩子到了初中后脾气就变坏了，父母的话根本听不进去，尤其喜欢和父亲搞公然对抗。

"儿子上小学时很懂事乖巧，叫他做什么就做什么。自从上了初中就跟

变了一个人似的，和他妈妈还好点，我多说一句就厌烦我，摔门走开。我为他做了这么多，还不领情！"

"儿子 13 岁，年前还是个很听话的孩子，过完春节就不行了，学习成绩急速下滑，偷着上网吧，跟不好的孩子玩，作业也不做。我现在处处监督他，可是越管越不听，特逆反，老跟我顶嘴，和我对着干。求他也不是，骂他打他也不是。我没招了！"

::给青春期男孩的话::

生活中，我们能发现，母亲给予儿子的是无条件的、细腻的爱，表达的机会也更多。但是爸爸不同，他只有儿子取得成绩的时候才把爱作为一种奖励给他。而青春期男孩，内心更加细腻敏锐，爸爸的这种不善于表达会被儿子看作爸爸不爱自己，在这种心理的影响下，一些男孩会把自己的叛逆表达出来。而其实，男孩们，你做到理解爸爸了吗？

父爱如山，身为一家之主，作为爸爸的男人需要担负起养家的重任，因此他们有时候会忽略对子女的关注和教育，但他们无时无刻默默地关心你的成长，他不会在你摔倒时过来扶起你，而是让你自己站起来，因为他希望你成为一个真正的男子汉；当你做错事时，他不会像母亲那样和声细语地劝慰，而是疾言厉色地训斥你，因为他希望你记住什么是对，什么是错；当你取得好成绩时，他们不会热烈地拥抱你，而是冷冷的一句"不要骄傲"，因为他希望你能再接再厉，不要被成功冲昏头脑……但你又发现没，在你生病时，他也会着急焦虑，他可能不像小时候那样会把你放到肩膀上行走，也不会陪你踢球、玩玩具，但是爸爸对你的爱，从未改变！

在每一个家庭中，父亲的影响都是巨大的，尤其是对于男孩来说，父亲会教会你怎么做人，怎么成为一个有担当的男子汉，怎么成为一个受欢迎的男人。

有个成年男子在自己的日记里这样写道：我的父亲是我衡量男性的标准，父亲是最可爱、最合人意、最值得尊敬、最有责任感、最有教养的人……他是我所认识的人中最伟大的男人。我希望我未来能像父亲那样伟大。

这位成年男子的父亲是成功的，父亲给了他一个有责任感的、坚强的男子汉的榜样。

同样，青春期的男孩们，可能你的父亲并不是那么完美，偶尔会不拘小节、浑身臭汗，也不会表达对你的爱，没有太多的时间陪你，甚至偶尔会大声训斥你，但父亲始终是爱你的。亲爱的儿子，爸爸也希望你能理解并体谅爸爸的不完美，能向爸爸敞开心扉，让爸爸帮助你一起面对青春期的成长困惑。

第三节　别把父母的付出视为理所当然

青春期成长事件

　　曾经有位音乐家在自己的演唱会开场前掩面哭泣，然后哽咽着说了这样一段话："很小的时候，都是父亲陪着我、看着我、逼着我练琴，十几岁的时候，我还为此跟父亲经常吵架，那时候我常常心里很委屈，然而父亲的双手一直在我身后有力地托举着我，直到我取得今天的成绩。明天我父亲年满80岁，这场音乐会也算是回报给父亲的一个礼物，也希望现在像我小时候一样在心里偷偷抱怨父母的孩子们，能早点体会到天下父母心。"

:: 给青春期男孩的话 ::

　　这是一段过来人的心声，我们不禁会感叹，血浓于水，父母给予我们的爱是我们一辈子的财富。可是生活中，又有多少青春期男孩能和这位音乐家一样读懂细腻的亲情并懂得用心感恩呢？很多时候，青春期的孩子，也许曾经抱怨过父母、不理解父母，甚至与父母对着干，但是你会发现，无论你做什么，父母依然会对你不计回报地付出。然而，被父母捧在手心里的男孩们，又有多少能感受到父母的爱呢？相反，很多时候，因为生活中的琐事，与父母斗气，伤透了父母的心。

　　男孩们，千万不要把父母的付出当成理所当然。人们常说，可怜天下父母心，这个世界上最不容置疑的爱就是父母的爱。爸爸妈妈是世界上是最美的称呼。父母亲，无论平凡或杰出，目不识丁或学识渊博……但有一个客观真理：无论自己的孩子是平凡，还是优秀；是残疾，还是健壮；是平民布衣，还是英雄……天下的父母亲没一位例外，都是如此无私、宽容地爱着自己的孩子。第一声啼哭，第一次哺乳，第一次笑，第一次翻身……这些，你都在无记忆中完成；父母的记忆里，却从此多了多少鲜活的内容。当你日见长大，你的心绪、喜怒、失衡的、偏激的、好的、坏的……，你都在无意识中我行我素着；而父母的内心里，却从此多了无尽的担忧，生怕一个不小心，你就在人生的轨道上走偏了，从此有了失眠，黑发也变成银丝，体格也日趋不如以前。

了解完这一点，你就要学会感恩，具体说来，你需要做到：

1. 关心父母

实际上，任何一个父母何尝不希望子女能在生活中多关心自己一点呢？那么，从现在起，每天不要忘了从生活细节上关心父母，关心他们的健康，关心他们的生活起居。例如你可以说："爸妈，早点休息。""妈妈，少吃点辣椒，容易上火。"这些看似微不足道的语言，却能让你的父母由衷地感到幸福。

2. 理解父母

居家过日子，难免磕磕碰碰，和父母也一样，有时候，父母的行为、语言可能导致了家庭纷争，但对此，你一定要保持良好的态度，对父母报以理解。例如，你可以说："妈妈，我知道你这样做是为了我好……但是……"

3. 感谢父母

你是否还在享受母亲每天为你准备的晚餐？你的父亲是否经常给你额外的零花钱？你的那些脏衣服是谁洗的？那么，你对父母说"谢谢了"吗？你对他们说"辛苦"了吗？不要以为父母对你的付出是理所当然的。

第四节　父母总是吵架，我该怎么办

青春期成长事件

兵兵最近心神不宁，上课不专心，下课了也在学校游荡，好像就是不愿意回家。

这天放学后，大概八点多了，兵兵还是没回家，爸爸妈妈给兵兵所有的同学都打了电话，也去了兵兵经常去的地方找了一遍，都没有看到他的影子，他们很着急。正当他们垂头丧气地赶回家时，却发现兵兵坐在小区操场里，他们赶紧走上前去。

"兵兵，你怎么在这里，你知不知道，你不回家，爸爸都着急死了，你说，你为什么不回家。"妈妈既关切又生气地问。

"你别吓唬孩子，让孩子自己说。"爸爸说。

"你就知道说我，你一点都不关心孩子。"

"我怎么不关心了……"

两个人吵起来。

"够了，你们知道我为什么不回家吗？就是因为家里总是战场，你们一天到晚吵个不停，我怎么学习，怎么看书，我很烦，不回去就是想找个地方清静一下。"兵兵一口气说完这些话，说得爸爸妈妈都安静了。

过了会儿，爸爸说："对不起，儿子，我们没有考虑到你的感受，让你受伤害了。不过你知道吗？婚姻里没有不吵架的，琐碎的生活难免让家人间磕磕碰碰，但我们每次吵完架都和好如初，没什么严重的事，你不要担心。这样，爸爸跟你保证，下次再吵的话，你就站出来惩罚我们好不好？"

"那好吧……"

:: 给青春期男孩的话 ::

可能不少青春期男孩也遇到过父母吵架的问题，实际上，正如兵兵爸爸所说的那样，父母吵架在所难免，作为子女，你不必紧张。

那么，具体来说，父母吵架，你该怎么办呢？

首先你要明白的是，每个家庭都会有矛盾，难免会有吵架，你不必紧张，而应该保持镇定，先找到解决的办法。因为稍有不慎，或许会将矛盾更加激化。

其次，你需要找到父母吵架的原因，是因为一些琐事还是重要事情？通过这些，我们可以判断出父母之间的感情是浓还是淡。

若原因是前者，那么，很有可能他们之间因为结婚时间长，不再像新婚时那样感情浓烈了，彼此之间感情平淡，但并不是说没有感情。若是因为重要的事情而吵架，那么不必过于惊慌，这是正常的，稍微规劝就好了。

所以，我们最为头疼的，就是父母总会因为生活琐事而大吵大闹。正所谓家家有本难念的经，或许有一方面正是指的这个吧。不过，并不是不可以解决。而解决的钥匙，就是作为子女的你！

你始终不要忘记，你是父母最疼爱的人，现在的你也是个男子汉了，父母吵架，你也不要袖手旁观。所以，对于父母吵架的现象，我们要主动沟通，动之以情，晓之以理。不要害怕父母不听你的，因为你的父母爱你。当你主动说出一番真情话之后，父母必然会认为他们生了一个好孩子，或者他们发现自己的孩子长大了，懂事了，火气也会消掉一点，进而对你感到欣慰和愧疚；再者，父母一般都喜欢听懂事的孩子的话！

总之，问题能不能解决，就看你怎么做了。人无完人，人的一生中总有错误，而你则是对父母吵架因素中正确判断与协调的中间人。

第五节　父母离婚了你该怎么办

青春期成长事件

这天，有个十几岁的男孩来寻求心理医生的帮助，他说："这一年，家里发生了很多事。一年前，我就发现爸妈不像从前那么亲密了，他们经常吵架，有时候爸爸经常不回家，妈妈就哭到深夜，夜里我起来的时候还听见她的抽泣声，我不知道怎么帮助她。终于，前几天，他们把我叫到旁边，然后告诉我，他们离婚了。然后他们说，他们会继续供我读书……我听完后好难受，真的感觉生活无望，我以后怎么办？为什么不能和从前一样一家人开开心心地生活呢？"

"其实，应该体谅父母对不对？既然我们爱爸爸妈妈，就应该让他们都好过。如果赖着不让他们分开，未免有些残忍和任性。父母都是大人，做出决定也不是说着玩的，他们一定都考虑了很长时间，分开也是很难过的。而且他们都很关心你，最不希望你因此而伤心难过。为了爸爸妈妈你也要振作！如果你想让他们重新和好，这也需要时间，但首要任务是让爸爸妈妈看到一个坚强、懂事的你才好。"医生这样告诉他。

:: 送给青春期男孩的话 ::

对于任何一个成长期的孩子来说，他们都希望有一个完整、和谐的家庭，父母相亲相爱，在这个的环境下成长，他们也才会真正的快乐。但父母关系破裂，对于青春期的男孩来说，确实是一个不小的打击。那么，面对这种情况，你该怎么办呢？在有可能的情况下，帮助父母重归于好。

作为一个小男子汉，你应当用真诚心、孝心和耐心尽力劝父母不要离婚，这会真正帮到父母、你自己以及整个家庭。

因为一个幸福的婚姻和家庭，无论是对你自身的成长还是对父母的生活、对事业的影响都是很大的。你要告诉父母的是，要想婚姻幸福，不管你的结婚对象是谁，没有别的方法，只有靠包容，靠扶持；只看对方优点，不看对方缺点；只反省自己的缺点，只找对方好处。

（1）你要劝爸爸心量大些。人们常说男子要刚，这个"刚"就是"包容"，劝爸爸一定当得起"大丈夫"三个字，多包容妈妈；多看妈妈的优点，遇事不要争论，等事过境迁，场合合适时，私下里再把道理说给妈妈听。能大义包容，又深明道理，妈妈心中一定会佩服爸爸。

（2）同时你要劝妈妈不要钻牛角尖，过去的事情就让它过去了。人们常说女子要柔和，"柔和"也是包容，对爸爸要有包容心，心中有主意，做法上能屈能伸。要多尊重爸爸，要多看爸爸的优点，遇事心平气和，不要争论，等事过境迁，场合合适时，私下里再交流看法。

另外，你要做个好孩子，对爸爸妈妈要恭敬孝顺；多关心自己的爸爸妈妈；多帮忙做家务；平常言行中如果有对父母不尊重的地方，要向爸爸妈妈表达歉意。多找爸爸妈妈的好处，同时劝导父母各找对方的好处，越多越好。

你一定要用诚心和孝心来劝导父母。他们有你这样懂事的好孩子，也许会回心转意的。

当然，在父母心意已决的情况下，你要做的就是心态平和地接受，父母还是爱你的，只是他们不在一起生活了，切不可因为父母的离婚而意志消沉，要把精力放到学习上，等你过了青春期，你便能理解父母了。

第六节　孩子该如何面对亲友的离世

青春期成长事件

壮壮今年16岁，这几年，他的心头一直有死亡的阴影，他害怕自己出现心理疾病，于是去求助于心理医生。他这样说："三年前，爸爸突然车祸去世，前段时间，妈妈的姐姐也就是我的大姨也在家里脑出血去世，很突然。从爸爸走的那一刻我就开始害怕坐车，害怕亲人出门，坐车怕出车祸，坐飞机怕飞机失事。怕自己死，也怕亲人突然离开，我知道人都会死，但不想再有这样突如其来的消息。到底要怎样才能克服这种恐惧？很多人经历过亲人的离开，但很多人都能在他们最后的时间陪伴他们，这样也好过就突然失去一个人，真的无法接受，现在每时每刻都在担心害怕。总能想到死亡，想到各种各样的危险。要怎么办？"

:: 给青春期男孩的话 ::

关于生老病死，自古以来，人们就有很多感慨，生命脆弱，但谁也无法阻挡死亡的到来。对于一个青少年来说，突然面对亲人的离世，可能有点难以接受，但无论怎样，你必须明白，人都有生老病死，生活中也总是充满意外和不幸，你能做到的就只有调整好心态，继续上路。

对黑暗与死亡的恐惧是人的天性，有些青春期的男孩会在亲友离世时有做噩梦、无法入睡的表现，会对死亡有恐惧，但一般几天后就会自愈。著名的哲学家罗素提出了这种缓和恐惧情绪的技巧，即：只要你坚持面对最坏的可能性，并怀着真诚的信心对自己说"不管怎样，这没有太大的关系"，你的恐惧情绪就会减少到最低限度。

当然，如果真的影响到生活，就要寻找心理医生的帮助，对于这点，专家给出了以下建议：

对于已经存在的恐惧事件，与其逃避，不如正视它并改变它。观念上要明确，只有面对才能消除恐惧。你必须鼓起勇气去正视死亡，开始时你可能会有些恐惧不安，但经过几次尝试后，这种恐惧感就会慢慢消失。如果单独练习不能奏效的话，可让你的家人或朋友陪着你练习，必要时找心理医生咨询。

总之，亲爱的儿子，亲友离世，可能对你有很大的打击，有挫折感，甚至会恐惧死亡，但消除任何恐惧的唯一方法都是正视它，只有正视才能克服。你首先要正视死亡问题，其实，我们要明白的是，生命脆弱，人都会生老病死，生与死，都只是人必经的阶段。但谁也无法控制和阻挡死亡的来临，你要接受这个事实，放平心态，坦然接受，就没什么可害怕的。

第七节　换位思考，青春期不做叛逆男孩

青春期成长事件

这天，杨女士回家后，跟儿子小虎说了件事，事情是这样的：

杨女士有个朋友在公安局工作，闲聊时，她说："现在的初中生，一个个都很叛逆，就说昨天吧，一上午，我们就接到了三个男孩的家长来报案，他们都离家出走了，而这些孩子出走的原因都是因为跟父母发生争执，被父母打骂后负气离家，庆幸的是，这些孩子最后都平安地回到了家人身边。"

杨女士回答："是啊，孩子到了初中进入青春期，也就进入了叛逆期，其实，孩子出走也并全不是孩子的过错啊，他们毕竟还小，如果父母注意自己的教育方式，做孩子的朋友，可能孩子就不会有那么大的抗拒情绪了，父母的粗暴教育只能引起孩子更大的反抗，很多孩子会以离家出走的方式来对抗父母。不过，小虎是个懂事的孩子，他常常对我说'妈妈辛苦了'，也很理解父母的辛苦和难处，他跟楼上楼下那些邻居的孩子不一样，我也为有这样的儿子感到骄傲。"

∷ 给青春期男孩的话 ∷

案例中的男孩小虎是个懂事的孩子，懂得换位思考，替父母着想，然而，在生活中有多少这样的男孩呢？想必不少青春期男孩是叛逆的吧！

古语说："儿行千里母担忧"，孩子是父母生命的延续和希望，是父母心中永远的牵挂。可能他们的教育方法并不一定正确，但他们都希望儿子能健康成长、顺利成才，如果每个男孩都能学会换位思考，学会将心比心，那么生活中一定会多分理解、和谐、幸福！

在你很小的时候，相信父母都教育你要拥有一颗感恩的心。要做到感恩，首先就要学会理解父母，不做叛逆的男孩，为此，你需要做到的是：

1. 关心父母

例如，妈妈生病卧床，你可以为她递水、送药。要记得父母的生日并为他们送上一份礼物。你的关心会让父母觉得你懂事了，会感觉很欣慰。

2. 凡事替父母想想

大部分青春期的男孩会以自我为中心，因为他不知道自己的行为会给别人带来什么样的负面影响。你可以尝试从父母的角度思考问题，例如，他们为什么不让你做这个，不让你做那个？从父母的角度考虑，不但能帮你对父母多一分理解，更能解决你的很多困扰。

3. 学会与父母分享

青春期的你已经有了自我意识，可以开始认识到自己在家庭中的位置。例如，有了好吃的，不要总是想着一个人吃，可以根据家里的人数分成几份，分享给父母。

另外，你还可以与父母分享你成长中的快乐与忧愁，对父母敞开心扉，才能拉近与父母的距离。

4. 做力所能及的家务劳动，尽一份对家庭的责任

爸爸妈妈每天除了工作以外，还得照顾家庭老小。你已经进入青春期了，也应该学会为他们分担一点了，你可以从最简单的家务做起，帮爸妈洗碗、做饭、拖地，他们会为此感到欣慰的。

每个父母都是全心全意爱孩子的，可能父母不懂得怎么教育你们，但请你理解，父母的爱是最纯粹无私的，希望你也能理解父母，别做个叛逆少年。

第八节 有了心事，要向父母倾诉

青春期成长事件

　　似乎上了初中以后，强强变得越来越不听话了，经常在学校惹事，他的爸爸也经常被老师请去。这不，强强又在学校打架了。回家后，爸爸并没有训斥孩子，而是心平气和地把孩子叫到身边。

　　"我知道，老师肯定又把你请去了，我今天是少不了一顿打。"儿子先开了口。

　　"不，我不会打你，你都这么大了，再说，我为什么要打你呢？"爸爸反问道。

　　"我在学校打架，给你丢脸了呀。"

　　"我相信你不是无缘无故打架的，对方肯定也有做的不对的地方，是吗？"

　　"是的，我很生气。"

　　"那你能告诉爸爸为什么和人打架吗？"

　　"他们都知道你和妈妈离婚了，然后就在背地里取笑我，今天正好被我撞上了，我就让他们道歉，可是，他们反倒说得更厉害了，我一气之下就和他们打了起来。"儿子解释道。

　　"都是爸爸的错，爸爸错怪你了，以后别的同学那些闲言碎语你不要听，努力学习。学习成绩好了，就没人敢轻视你了。不过，答应爸爸，以后不管遇到什么心事，都要告诉爸爸好吗？爸爸是你最坚强的后盾，是最爱你的人。"

　　"我知道了，爸爸，谢谢你的理解。"

∷给青春期男孩的话∷

　　这里，强强说得对，青春期男孩有了心事，要多和父母沟通。

　　青春期是男孩身体逐渐发育成熟的时期，伴随生理的逐渐成熟，男孩在心理上也需要一个过渡期，在这个过渡期，男孩会藏一些心事，有学习上的，有情感上的，也有生活上的。青春期，他们对爱情有了一些懵懂的向往和憧憬，对异性有了那种青涩的喜欢。青春期是学习的年龄，但课程负担的加重也让孩子喘不过气来，有数不完的考试，数不完的作业，加上家长的唠叨，男孩甚至想逃学了。但无论什么心事，你不要把它深藏心底，不要让这些心事成为负担，青春期是个快乐的年纪，学会释放，释放掉不良情绪和排解不快的心事，青春才更健康、积极！

另外，我们不难发现，在一些有男孩的家庭，随着男孩逐渐长大，亲子之间的关系也不如小时候那样亲密，有的男孩甚至不服父母的管教。这里，也许是父母的教育方法不正确，但作为男孩自身，你也应该学会理解父母，此时，你需要的是有效的沟通。沟通是什么？沟通的目的在于达到人与人之间的互相理解，是到达彼此内心世界的一把钥匙。有了沟通，有了倾诉，再刚硬的人，内心也会被融化；有了沟通，有了倾诉，再难解决的青春期成长问题也会解决。

亲爱的儿子，爸爸妈妈告诉你这些，就是希望你不要把我们仅仅当成长辈，还应当成朋友，有了心事不要自己一个人扛，告诉我们，我们会给你建议，让我们陪你成长！

第九节　男孩该学会为父母分担了

青春期成长事件

在一次课堂上，老师为同学们讲了这样一个故事：

有个小男孩，从 5 岁开始，因为家境贫寒，他不得不工作。他的工作就是捡垃圾，每天放学后，他会捡一个小时的垃圾，然后拿到附近的垃圾回收站，再拿换到的钱去附近的小市场去买点面条或者酱油等，剩下的钱他会自己存起来，就这样，一直维持到他 15 岁。15 岁那年，他的爸爸突发疾病，需要钱做手术，妈妈和其他亲戚心急如焚，不知从哪里筹钱，此时他将一万多块钱拿给妈妈。

妈妈问："你怎么会有这么多钱？"

他说："我是家里的男子汉，从小存的，以备不时之需，这次能用上了。"拿着钱，母亲的眼睛湿润了，给了孩子一个大大的拥抱。

:: 给青春期男孩的话 ::

听完这个故事中，男孩们，你是否也会被感动？一个这么小的男孩就懂为父母分担，在自己的父亲有性命之忧时，他救了父亲一命，这就是一个男子汉的责任心，更是孝心。你是否也是这样的男孩？

孟子曰："不得乎亲，不可以为人；不顺乎亲，不可以为子。"这句话的意思是，儿子与父母亲的关系相处得不好，不可以做人；儿子不能事事顺从父母亲的心意，便不能称其为儿子。孔子说："孝悌者，为人之本也。"孝为"百德之首，百善之先"。古人说，百善孝为先。一个对自己长辈都不尊敬、不善待的人，会是有爱心的人吗？孝敬父母是中华民族的传统美德，也是各种品德形成的前提。试想一个人连父母都不爱、不敬、不孝，怎么会爱朋友、爱同学、爱老师，成为一个人格健全的人呢？

因此，男孩们，从现在起，不妨和故事中的男孩一样、帮父母分担一点吧。对你而言，这也是你不断前进和完善自己的动力，因为你孝敬父母，就应该听从父母的教诲，不应随便顶撞，有不同想法应讲道理；孝敬父母，就应该严格要求自己，体谅父母的艰辛，尽可能少让父母为自己操心；孝敬父母，就应该为父母分忧解难，在父母生病时，在父母有困难时，尽力去关心照顾父母、协助父母；孝敬父母，就应该刻苦学习，努力求知，让父母少为自己的学习担忧；孝敬父母，就应该在离家外出时，自己照顾好自己，注意安全，外出时间较长，应及时向父母汇报情况……总之你要把真正的孝心体现在言行上。

总之，亲爱的儿子，爸爸妈妈希望你能成为一个有孝心、有责任心的人，你只有从小爱父母，才能长大爱人民、爱祖国，进而为祖国服务，因为孝心是做人的根本！

第十节　感恩父母，从生活入手

青春期成长事件

这天，妈妈和小雷在看电视，看到这样一则广告：

一个大眼睛的小男孩，吃力地端着一盆水，天真地对妈妈说：妈妈，洗脚！

看完后，小雷被感动了，他对妈妈说："妈妈，以后我也要对你和爸爸好，像这个小朋友一样！"

听到儿子这么说，妈妈感到很欣慰。

:: 给青春期男孩的话 ::

青春期男孩们，看到这则广告，可能你也会被感动，不只为了可爱的男孩，也为了那一份至深的爱，和发自内心的感恩。这样的事，你也能做到，但你真的做过吗？你真的懂得感恩的真谛吗？

男孩们，你是否体会到了父母的良苦用心？是否真正感恩父母给予自己的无私大爱？是否真的有对自己身边的父母尽过孝心、行过孝道？人们常说，"百事孝为先"，一个人能够孝顺，他就有一颗善良、仁慈的心。孝，首先要孝父母，如果世界存有爱，那么首先爱的应该是自己的父母，其次才谈到爱他人，爱集体，爱社会，爱祖国……

然而，在家庭生活中，我们还可以看到这样的情景：吃过饭后，男孩扭头看电视或出去玩，父母却在忙碌着收拾碗筷；家里有好吃的，父母总是先让儿子品尝，儿子却很少请父母先吃；儿子一旦生病，父母便忙前忙后，百般关照，而父母身体不适，孩子却很少问候……

可能你会说，等我长大了、有钱了，我会给父母买很多好吃的；也有人说，等以后长大了有时间了，会多陪伴父母，但"树欲静而风不止，子欲养而亲不待"，父母有这么多时间来等你吗？对父母的孝心或许更应该在平时的生活中完成。

具体说来，你需要这样感恩父母：

1. 做些力所能及的事，帮父母减轻负担

处于青春期的你已经有了一定的行为能力，生活中的很多事你已经完全可以独立完成，那么，你就不要麻烦父母。例如，自己的衣服自己洗，自己的被子自己叠，自己收拾书包和房间等。另外，你还可以帮父母做一些家务，例如放学回家后，爸妈还没下班，你可以先煮好饭；周末，你也可以抽出半天时间帮爸妈进行大扫除……这虽然都是一些小事，但是能真正感动父母。

2. 关心父母的健康

他们虽然是你的父母，但并不是铁人，在紧张的工作和繁重的生活压力下，他们也会生病。当他们生病时，你一定要懂事，你可以为他们端茶递水，为他们做顿饭，相信他们一定会感动和欣慰的。

3. 常对爸妈说"我爱你们"

虽然只是简单的四个字，但是凝聚了你所有的感恩之情，也是对父母最好的回报。

4. 不要忘记爸妈的生日、结婚纪念日，感恩节时送上一份礼物

这份礼物并不要太昂贵，但一定要用心，你可以学习织围巾，然后亲手为父母织一条，你可以在他们生日或者结婚纪念日上、感恩节时为他们做顿饭，让父母享受一次被"照顾"的感觉，他们一定感到很幸福。

总之，孝心是拿来做的，不是拿来说的。男孩们，为人子女，一定要把感恩父母的行动贯彻到日常生活中，把你对他们的爱落到实处，才能让他们感到你真的长大了。

第7章

学习够自觉，为自己努力读书

学习成绩的好坏从一定角度上来说是衡量一个学生学习状况的重要指标。毋庸置疑，对于青春期男孩来说，主要活动是学习。相对于从前来说，青春期的学习任务急剧加重。但同时，你可能并不爱学习，但随着社会竞争的日益激烈，男孩必须明白"知识成就命运"这个道理，也必须掌握知识。其实，人生是自己的，学会享受生活和学习，你就会变得轻松，就能在学习和生活之间轻松地游走，人生的重要时期——青春期也就能充实快乐地度过！

第一节　你让我学习，我就学——你在为谁读书

青春期成长事件

这是一个15岁男孩的日记："从小妈妈管我学习，爸爸在外面挣钱。每次我除了做完老师布置的习题，还要完成妈妈额外布置的任务。记得有一次妈妈对我说做完20道题就可以出去玩儿，然后她就去做饭了，为了投机取巧，我把前后几道应用题做完就说自己做完了，我想，妈妈是不会发现的，然后我就去玩。天黑的时候我才依依不舍地回家。

一到家，我就觉得什么地方不对，只见妈妈沉着脸叫我进屋，问我：'题都做完了吗？'我心虚地说：'做完了。'妈妈生气了，问：'真的吗？'我不敢说话，闷闷地站着。妈妈更生气了，说："你为什么要撒谎？你以为你学习是为了谁？'我还是不说话。只见妈妈一下子冲到桌子面前，呼啦一下把我桌子上的笔、本子和书全都扫到地上，然后气呼呼地转身走了。

我吓坏了，尽管妈妈对我比较严厉，但是从来没有发过这么大的火，就算是她打了我，我也没有这么害怕过。我一个人呆呆地站在那里，不敢动也不敢说话，心想：要是以后妈妈再也不管我学习了可怎么办？屋子里渐渐暗下来，妈妈没有来，也没有别人来叫我去吃饭。

就这样不知道过了多久，我收拾好散落一地的书、本子和笔，鼓足勇气走到妈妈面前，对妈妈说："妈妈，我错了，我不该撒谎，以后我不这样了。'妈妈当然马上就原谅了我。

虽然那次妈妈没有打我，但是真的把我吓坏了，而且从那以后，我再也没有骗过妈妈。但是，学习究竟是为了谁呢？"

::给青春期男孩的话::

看完这个故事，青春期的男孩们，你是不是也像这个男孩一样，认为学习、读书是为了父母的面子、老师的名声？如果你这样认为，那么你肯定会

觉得读书、学习是一种负担，没有了学习动力，又怎么能学得好呢？的确，有时候，父母是会逼你学习，会剥夺你玩耍的时间，会让你觉得不近人情，但你是否真的知道自己是为了谁而读书呢？

很多男孩对自己的人生感到迷茫，不明白自己为谁读书，为谁学习，更多的则认为是为父母学习，为了给父母争面子，而这种学习态度直接导致了他们对待学习和生活冷漠，没有热情，对什么都没有兴趣，觉得整个世界都是没有意义的，整个人的精神状态十分消沉，对什么都不在乎。

其实，你要明白，读书是为了自己。年幼的时候，可能不你懂为什么父母要自己好好读书，但父母以社会经验告诉你们，在这样一个竞争十分激烈的社会中，没有知识，就等于没有生存的本领，每个人都学习知识、为了自己的未来打拼。寒窗苦读的过程的确很辛苦，这是一个人立于世的必经过程。

有了这样的心态，即使你在学习的过程中遇到了很大的压力，让你喘不过气，你也可以选择适当的方式发泄一下。不管怎么样，不要去抱怨父母什么，尽快调整自己的心态，自己的未来掌握在自己的手中，谁也不能替你去主宰。未来就在眼前，需要你努力加油！

第二节　别讨厌读书，找到学习的兴趣所在

青春期成长事件

2007 年湖北文科状元张友谊在谈论自己的中学几门课程时说："我自小对历史和文学比较感兴趣，因此一直在历史和语文上得心应手，花费时间不多收到的效果却很好。初中阶段一直对数理化缺乏兴趣，于是中考惨败。上高中之后我痛定思痛，认为兴趣在学习过程中扮演着一个相当重要的角色，兴趣也绝不仅是天生注定和一成不变的。

兴趣可以是与生俱来的，也同样可以是后天培养的，上高中后我就十分注意培养在数学方面的兴趣，尝试着一题多解和多题一解，尝试着从一道题中琢磨一类题的共性，这个过程开始是不自觉的乃至痛苦的，但历久成习惯，

习惯成自然，在经历了一段苦不堪言的时期之后，对数学的兴趣已不知不觉地产生了。"

::给青春期男孩的话::

在学习上，有些男孩对某学科学得不好，成绩很差，问其原因，他会理直气壮地说："我没兴趣！"有些男孩说："我对学习没有兴趣，我学不好，我不学了！"不想学习就说没有兴趣，不愿干的事也说没有兴趣，这只是借口而已。从这些高考状元们的陈述中我们发现这一点：兴趣是可以培养的。

青春期的男孩们，作为中学生的你，也应该努力培养自己对学习的兴趣，只有对学习有热情，你才能真正提高学习效率。的确，学习是枯燥的，但只要你努力专注于它，你就能逐渐产生兴趣。例如政治，因为它的理论性比较强，很枯燥，所以就多培养些对政治的兴趣，平时多关注些国家的方针政策，在遇到问题时，可以把自己想象成一个公务员，想象他们是怎样解决问题的，这样政治就生动起来了，其实政治就在我们身边。

为此，每一个男孩，你都需要有意识地培养自己对学习的热情，你可以做到：

1. 积极期望

积极期望就是从改善学习者自身的心理状态入手，对自己不喜欢的学习内容充满信心，相信它是非常有趣的，自己一定会对它产生信心。想象中的"兴趣"会推动我们认真学习它，从而逐渐对学习产生兴趣。

2. 从可以达到的小目标开始

在学习之初，确定小的学习目标。学习目标不可定得太高，应从努力可达到的目标开始。不断的进步会提高学习的信心。

3. 了解学习目的，间接建立兴趣，培养热情

学习目的，是指你要明白学习的结果是什么，为什么要学习。学习过程多半是要经过长期艰苦努力的，这种艰巨性往往让人望而却步，所以要认真了解学习的目的。如果你能对学习的个人意义及社会意义有较深刻的理解，就会认真学习，从而对学习产生浓厚的兴趣。

4. 培养自我成功感，以培养直接的学习兴趣

在学习的过程中每取得一个小的成功，就进行自我肯定，达到一个目标，

就给自己一定的奖励。有小进步、实现小目标，则小奖赏，如让自己去玩一次自己想玩的东西；有中等进步、实现中等目标，则中等奖励，如买一本自己喜欢的书画或乐器等；有大进步、实现大目标，则大奖励，如周末旅游等。这样通过渐次奖励来巩固自己的行为，有助于产生自我成功感，不知不觉就会建立起直接兴趣。

第三节　别因为对老师有偏见就不好好听课

青春期成长事件

有个男孩叫亮亮，一次数学测验，到了收卷时间，亮亮还在埋头答题，老师催了几次，他都像没听见一样，老师发火了，走过去夺卷子，亮亮用手一按，卷子撕破了，数学老师怒气冲冲地拿着卷子走了。亮亮在当天的日记里写道："我恨死数学老师了，今后，我上课不听她的课了，在路上遇到她，我也不和她讲话！"于是，就这样，亮亮的数学成绩一路滑坡，在后来的考试中，成绩一次比一次差。

:: 给青春期男孩的话 ::

其实，有很多和亮亮一样的男孩，不喜欢某一位老师，于是不愿意上那位老师的课，作业不爱做，勉强应付，结果师生关系日益恶化，学习成绩严重滑坡。

青春期男孩学习的兴趣和动力很大一部分原因在于老师。和老师搞好关系是每一个孩子的心理需要，如果能够和老师处理好关系，那么学习起来就会有劲头十足。而且能够跟老师处理好关系的孩子在心理上会有一种满足感，感觉自己在学校的生活是快乐的。但事实上，有很多原因导致了男孩们不喜欢某一个老师：

1. 没有得到老师的"重视"

老师没有给他一定的工作任务（例如当干部），课堂上很少提问他，没有将目光投在他身上，也不找他谈心等。

2. 对某学科提不起兴趣

兴趣是最好的老师，这是有一定根据的。如果对某一学科根本不感兴趣，就对该科的老师印象不好，学习成绩就不好，老师就更不愿意重视他，这样，恶性循环就形成了。

3. 被老师批评过多

对于那些影响其他同学学习或者不遵守纪律的学生，老师一般会当面制止并会批评，一旦某个男孩被老师批评的次数多了，在老师面前缺少成功、愉悦的心理体验，就会造成感情上的隔阂。

4. 与老师有某些"过节"或者误会

例如被老师冤枉过，老师又没有承认自己的错误。老师教育、批评学生时，难免出现错误，有的孩子被冤枉了，耿耿于怀，产生委屈甚至怨恨情绪，与老师感情疏远。

进入青春期的男孩，在情感上应该有自己的间接与独立的意见，知道学习知识的重要性，就要认真学习。即使你不喜欢某个老师，你也要认真上课。学习是自己的事，老师不可能适应每个学生去上课，把握好学习的心态，才会有学习的劲头。另外，你也可以主动和老师交谈，打开自己的心结，这也是增进师生关系的好办法。

第四节　别着急，摸索属于自己的学习方法

青春期成长事件

李先生的儿子李博是个听话的孩子，但唯一让李先生烦恼的就是儿子的学习。李博是班上有名的后进生，学习成绩总在班级后段波动。上初中后甚至跌到班级末段，但实际上，李博学习很努力。有时候，李先生和妻子看着都很心疼，面临中考，他经常晚上做很多练习题，可是成绩就是上不去，李先生担心儿子最后连普通高中都考不上，便来学校找老师。

老师说："李博是个很努力的孩子，可是似乎他在死读书，我平时讲解的学习方法他都没采用。要知道，学习的努力程度与学习成绩并不一定成正比的。"李先生这才知道儿子的症结所在。

回家后，李先生找来儿子，跟儿子好好谈了一番。李博才知道原来自己一直是学习方法有误，努力加正确的学习方法才会有好的学习效果。于是，在接下来的几次月考中，李博奋起直追，成绩上升很多。

::给青春期男孩的话::

李博的这种情况，可能很多青春期男孩遇到过，他们会有这样一些疑惑：为什么别人能轻松地学好，而我很努力却学不好？其实，这还是因为学习方法上存在问题，你有一套属于自己的适当的学习方法，自然能学好。当然，学习方法因人而异，但正确的学习方法应该遵循以下几个原则：

（1）注重基础，一步一个脚印——学习不可能一蹴而就，基础牢靠，才能讲求技巧，任何投机取巧、好高骛远的学习态度都是不正确的，只有一步一个脚印，打好基础，学好每个基本知识点，才会有成效。

（2）多思考，帮助记忆——很多学生不知道自己为什么总是记不住某个公式或者某个英语句式，这是因为你没有真正理解。记忆与理解是密切联系、相辅相成的。只有理解透彻，才能记得住；也只有多读、多记，才能帮助理解，这也就是理解记忆。"熟读"，要做到"三到"：心到、眼到、口到。"精思"，要善于提出问题和解决问题，用"自我诘难法"和"众说诘难法"去质疑问难。

（3）充分发挥学习的主动性和积极性——学习是主动的，任何强制性的学习都不会有好的成果。

（4）将书本知识消化成实践活动——就是要根据认识与实践的辩证关系，把学习和实践结合起来，切忌学而不用。注重实践：一是要善于在实践中学习，边实践，边学习，边积累；二是躬行实践，即把学习得来的知识，用在实际生活和实践中，解决实际问题。

总之，你要明白，学习方法只有适合自己的才是最好的。有针对性地制定出一套独特的、行之有效的学习方法，不仅能提高你的学习成绩，更重要的是你能找到学习的兴趣和热情！

第五节　以平常心对待考试失利

　　小辉是个得失心很重的男孩，他和同桌维维在生活中是好朋友，在学习上却明争暗斗。如果他的考试成绩比维维好，就沾沾自喜、自鸣得意；如果成绩比维维差，就情绪低落，甚至一蹶不振。正是因为每次都本着要超过维维的心情，小辉经常发挥失常，考试失利。而失利后，他也没有反省自己，总是找外在原因，例如老师偏心，维维抄袭，自己身体不舒服等等。

:: 给青春期男孩的话 ::

　　像小辉这样的男孩，生活中是很多的，他们平时学习较好，往往考试时因发挥失常，成绩不理想，会在一段时间内情绪低落，甚至不好的心情困扰着正常的生活和学习。那么，该如何面对考试的失利呢？

　　1. 调整考试心态

　　老师让学生考试，并不是为了把学生考倒，而是要起到检测某一阶段学习情况的作用。考试失利了，正说明你还有不足的地方，你应该庆幸自己及时发现了这一点。而考试成功了，也说明你在近阶段学习状况不错。总之，考试是一把尺子，这只是用来衡量我们平时学习的工具。我们应该以平常心来对待。

　　2. 将过高的学习目标降低

　　重视学习过程而不要过于计较考试结果，把考试当成作业，把作业看做考试，以平和的心态来对待考试，这样，即使考得不理想，也不会太过失望。

　　3. 善于总结经验教训

　　考试失利并不可怕，可怕的是你思维停留在那个成绩上，不肯总结考试的经验教训，从而得不到进步。要知道，一次失利并不代表次次失利，只要你从这次考试中找到自己失利的原因，你就能在下次考试中规避类似问题，避免出错，好成绩自然会有的。

为此，你自己要认真思考，是自己知识没有学好，还是考试时太粗心了。如果是课本知识没学好的，就要加强学习，对每个问题都要理解透彻，努力弄懂弄通，同时加强练习，熟悉各种题型，夯实自己的基础。考试时做到细心细致，以免粗心大意造成不必要的丢分。学习是件很轻松很愉快的事，学习时快活学习，玩时痛快地玩，放松自己就是解放自己。

4. 学会调节情绪

考试失利后，你要及时从坏情绪中走出来，不然会影响到下一阶段的学习，甚至可能引起恶性循环。

5. 制订可行的弥补计划

"亡羊补牢，未为晚也。"当你考试失利后，要及时调整好心态，然后以饱满的热情投入到以后的学习中，同时根据自己的具体情况制订一个可行的计划。在制订计划时不能急于求成，要有短期的目标，能使自己有成功的体验，从而增强学习、考试的信心。如果我们将目标定得太高或太低，就会失去目标与计划的实际意义。

人生不如意事常十之八九，考试失利不过是命运对你心理承受能力的一种考验罢了。失利了，别失意，若以坚强的意志与自信跨过逆境后，你就会在人生大道上迈出更坚实的步子，获得意想不到的胜利和快乐。其实，考试的结果并不重要，用轻松的心态考试，或许你收获的又不一样！

第六节　该放松时就放松，注意学和玩的度

青春期成长事件

李卓是某校的中考状元，在提到学习方法时，他说："劳逸结合使学习不断进步。"李卓的爱好是打羽毛球，每次，当他学习累了的时候，他都会找几个朋友或同学痛痛快快地打一会儿羽毛球。曾经一次月考失利时，他将沮丧倾诉给了汗水，一场羽毛球下来，忧愁全无。李卓说，从来不熬夜的劳

逸结合方式可以让学习效率日益提高。

:: 给青春期男孩的话 ::

从李卓的经验中，我们发现，会学习的人都不会选择疲劳战术，他们能够成为学习上的尖子生，也是深谙"学要学个踏实，玩要玩个痛快"的精神。

曾经有人说，人的生命只有两种状态：运动和停止。生活中，要面临升学压力的青春期男孩们，每天的生活重心都是学习，努力学习固然不错，但并不意味着要一刻不停地学习。适可而止，会休息才会成长。因此，无论怎样，你都要懂得休息，只有劳逸结合，才有更高的学习效率。

可能有些男孩会认为，马上要参加考试了，剩下的时间已经不多，于是，他们会选择夜以继日地学习。争分夺秒地抓紧时间学习固然好，但要保证学习效率。拼时间、搞疲劳战术不可取，这样会影响学习效率，为此，你要注意劳逸结合。

那么，在学习中，我们该怎样做到劳逸结合、调整自己呢？

1. 统筹兼顾，合理安排

你应该合理分配学习、休息的时间，做到劳逸结合，把握好生活节奏。

2. 保证睡眠，事半功倍

高质量的睡眠永远是最有效的休息方式。无论是在平时还是临考时期，你都要调整好自己的作息时间，坚持早睡早起。另外，要防止失眠，你要调整好心态，放松心情，才能很快入睡。

3. 没必要补课

那些高考状元，都坚持一个观点——中学生没有必要补课。学习讲究的是方式、方法，疲劳战术是最不可取的。中学生活不像人们想象的那么可怕，根本没必要将所有时间都投入到学习中，只要课上认真听讲，多和同学交流，把错误的题及时弄会，是很容易学好知识的。

4. 留出一些机动时间

可能你会认为，忙碌的一天才是充实的一天，你也许还会把自己一天的时间安排得满满的，但一遇到突发事件，就手忙脚乱了。其实，你应该学会合理规划时间，留出一些时间处理突发情况；而即使没有出现这些突发事件，你也能给自己一个放松和休息的机会，或与父母、朋友联络一下感情、考虑一天工作学习中的得失等。

总之，每一个渴望提高成绩的男孩都要明白一点，单纯靠挤时间是没用的，你必须记住世界上有比时间更重要的东西：效率。我们每个人一天都只有 24 个小时，再怎么挤也有限；但是时间利用的效率是可以成倍提高的，提升的空间很大。当我们在思考如果利用时间的时候，首先要想到的不是怎样去从哪里抠出多少时间，而是怎样提高现有的时间利用效率。

第七节　不能只学喜欢的课程，要克服偏科

青春期成长事件

在 2000 年的高考中，获得福建语文单科"状元"的恰恰是一名理工科学生张汉威。他在作文《诚信》中，列举了古今中外大量的事例，如西安事变、周幽王烽火戏诸侯等事例，旁征博引，以翔实的材料阐述了关于诚信的重要性和必要性，从而获得了高分，这是因为他平时阅读了大量的历史书籍。谈到学习成功的秘诀，他认为，其一，千万别偏科，这样才能"东方不亮西方亮"；其二，看书，了解国计民生……现代学科越来越倾向于文理渗透。事实证明，一个人的知识过于狭窄，往往不利于将来的发展。

:: 给青春期男孩的话 ::

因此，每个高中阶段的男孩，都要以张汉威为榜样，在学习上都要做到学科均衡发展，不可偏科。

俗话说，兴趣是最好的老师。在学习中，兴趣是一种强大的动力，一旦人们对某一学科产生兴趣，就会促使他们积极探索，克服困难，直至成功。但中学阶段的大部分学科都是枯燥的，再加上一些学生可能不喜欢某门学科的老师，或者学习底子差，进而逐渐开始不喜欢这门课，而对学科没有兴趣反过来也让他们的没有学习动力，学习成绩自然会下滑。

可能有不少男孩都有这样的烦恼，对于自己不喜欢的学科，越是不喜欢，

就越不想学，久而久之，导致自己学习成绩越来越差，那么应该如何对待不感兴趣的学科呢？

1. 正确认识不同学科的价值和意义

你不喜欢某一门学科，可能是因为你对这门学科的重要性认识不足。而且有些课的内容本身枯燥，不一定是老师的责任。但是如果你承认它"有用"，那么就必须学习。学会去做好不喜欢做的事情，也是走上社会之前必修的一课，无法任性地逃避。

例如，你可能不喜欢英语，但英语是一门工具课，无论你将来从事何种职业，英语都是必需的。如果你等到需要用的时候再努力，就失去了最佳的发展时机。再如，学历史这个问题，也许你会说，我将来准备学理工科，不知道历史知识没关系，这明显是个错误的观念，历史中反而有更多的人文知识。

2. 假装喜欢这些学科

人的态度对学习是很重要的，有时态度决定一切。心理学的研究表明，当一个人对某一事物不感兴趣时，可以假装喜欢，告诉自己，其实我挺愿意去做这件事的。这样一段时间以后，你就会在不知不觉中改变自己的态度，变得对这件事情感兴趣了。

3. 你不喜欢这些学科，可能与学习成绩有关

其实很多东西，在你不会，没有获得成就感的时候，往往是"没意思"的；如果你迫使自己去学习，并获得进步，这时可能就能发现兴趣。

如果你在这些学科上，学习成绩不太理想，不要过分焦虑，不妨降低一点目标，采取逐步提高的办法。同时，也可以了解一下别人的学习经验，加以借鉴。要相信，一分耕耘，一分收获。当你的成绩有所进步时，你的信心会因此得到增强，学习兴趣也就相应地得到了提高。

总之，你需要明白的是，所有的课程，都是你向别人学习的机会。无论你喜欢不喜欢一门课，你都要努力培养自己学习的兴趣，只有这样，你才能真正端正态度努力学习。

第八节 学会自我缓解压力，做到快乐学习

青春期成长事件

升入初三的涛涛明显比以前学习压力大了，他在球场上的时间越来越少，有做不完的习题和看不完的书，离中考的时间也一步步近了。

紧张的临战气氛和来自老师、家长和学校等多方面的压力，让涛涛觉得喘不过气来。涛涛爸爸严先生是个细心的人，他看出来儿子最近的变化，找来儿子，开始帮助儿子减压。在一个周末，父子两人一起去爬山，爬到山顶的时候，严先生对儿子说："当心理状态不佳时，你可以暂时停止学习，放松一下，有一些小窍门会起到立竿见影的效果，如深呼吸、绷紧肌肉然后放松、回忆美好的经历、想象大自然美景等。考前一定要注意劳逸结合，学习之余可以去上网、爬山、聊天、听广播、看电视甚至蒙头大睡，这样既可以暂时转移注意力，也可以缓解大脑的缺氧状态，提高记忆力。这些方法都可以释放内心的压力，记住，劳逸结合，学会缓解才能学习得更好。"

"谢谢爸爸，我知道该怎么做了。"

果然，涛涛又和以前一样，什么时候都精力充沛，学习上又有了更足的劲头了。

:: 给青春期男孩的话 ::

学习压力对出于青春期的男孩来说，表现在两个方面，一方面是适当的压力会激励男孩，另一方面是过高的压力会使人崩溃，所以减压显得非常重要。和涛涛一样，很多男孩的学习是紧张的，但必须是放松的。只有辩证地处理好这一矛盾，才能达到理想的学习效果。而要使学习过程轻松，就要有轻松的学习心理；没有过重的心理负担，就能轻松自如地学习。

那么，男孩该如何解除自己的心理负担呢？不妨试试以下方法：

1. 劳逸结合

首先要保证睡眠，晚上不熬夜。如果睡眠不足，要抽出时间补回来。另外，要适当参加运动。若时间允许，可在平时唱歌、跳舞或者参加一些集体娱乐活动。在看书做作业中间，多做深呼吸、向远处眺望等。

2. 多与老师、同学以及家长沟通

同龄人之间有相同的经历，有很多共同的话题，有助于排解紧张的心理情绪，而你的经历可能是老师曾经遇到的某种案例中的一个，他的一句话就可能让你豁然开朗。

3. 相信自己

你要告知自己：别人能学好，我也能学好，有可能我比别人学得更好。

4. 掌握减压的方法

怎么减压呢？每个人都会有一些释放压力的小窍门，无论采用什么方法，只要能解决问题就是好的。例如进行深呼吸，集中注意力，放松从头到脚的肌肉。这个过程可以是几分钟或者十几分钟。深呼吸的动作可以在课间做。

你还可以通过自我暗示减压。怎么暗示自己？例如对自己说，这种压力对我来讲没什么了不起的，大家都跟我一样有压力，就看谁能够调节过来。当你认为你跟人家都一样的时候，你的压力马上就会减轻。如果早上你觉得特别烦的时候，最简单的减压办法就是格外认真地把脸好好洗洗，然后照照镜子，拍一拍：我感觉今天神清气爽，我的状态很好这也是一种很好的自我暗示。

第九节　男孩学习英语会更难吗

青春期成长事件

在中学的学习交流会上，陈翰代表初三年级发表自己的学习心得："英语是一种语言，语言运用的最高境界就是四会——听说读写，因此相应地，要耳到口到眼到手到。很多同学在学英语的时候往往只用了眼睛，或者用了手、用了嘴、用了耳，用了某一个器官，而没有想到其实可以五官并用，这样的话可以提高自己学习英语的效率。"

:: 给青春期男孩的话 ::

这段话中，陈翰告诉了男孩们学习英语的诀窍——五官并用。我们不难发现，对于英语这一门语言学科，男孩们学习起来似乎更难，真的是这样吗？其实这只是因为你没有找到合适的方法。学习英语一定要做到耳到口到眼到手到，听、说、读、写综合运用，才能帮你快速提高英语水平。

具体说来，你可以从以下四个方面入手：

1. 听什么

听录音。要想提高英语听力水平，仅靠课堂上的录音是远远不够的，课下也要大量听录音。录音不应该选择过难的，最好是和英语教科书配套的录音资料。要选择原声材料，这样可以纠正发音。

听英文节目。电视有英语新闻，收音机有英文讲座，这都是相当好的听力材料，而且它们的发音都比较纯正，如 BBC 英文广播等，经常听这些英语节目，对学习英语是大有裨益的。刚开始可能听不懂，但不要着急，只要坚持不懈，就会逐渐听懂的。

另外，如果条件允许，还可以多和外国人进行交谈，这样对提高听力的帮助更大。

2. 怎样说

语言的重要的作用之一就是交流，这也是交流最常用的方式。要学好英语，一定要多说多练，要敢于用英语同别人进行交流。交流时，注意美式英语和英式英语的区别，注意语势、词调等，还要特别注意自己的发音。

英语课上要尽量说英语，少说汉语。

日常生活中也要多说。为什么我们的汉语说得这么流畅呢？因为我们天天在说，时时在用，学习英语也一样，一定要多说、勤说，抓住一切机会说。

3. 读什么

读是英语四大基本技能之一，被很多专家和有经验的英文学者视为最有效的学习方法。

多读单词、短语、句型，多读课文。在多读的基础上背诵课文是比较好的。

书读百遍，其义自见，讲的就是这个道理。

多读是英语学习比较有效的方法，它可以使你熟悉单词、短语、句型、增加词汇，能够提高判断能力、听说能力和阅读速度，同时能够加强口语，培养语感。

4.怎样写

抄写课文是比较好的英语学习方法。抄的时候，眼、耳、口、手、脑全要工作，眼睛看着，耳朵听着，口里念着，手下写着，脑袋里思考着。同时用英文写日记、记随感，也能提高我们的英语水平。

可见，英语学习要将听、说、读、写四种能力综合起来，它们相互联系，相互依赖，相互支持，相互促进，就像一堵墙的砖那样，缺少哪一块也不行，削弱了哪一种技能的训练，都会影响英语学习的质量。

第十节　认真听课，还要做好课堂笔记

青春期成长事件

"当朋友问及为何我能够如此轻松，是不是做了大量的习题。我很不好意思地笑了，说自己根本没做过任何题，就是记笔记而已。我认为虽然在上课甚至是一定时间内将知识点记住了，可是时间一长就会遗忘，因此需要不停地巩固。这就需要记笔记，如地理名称、历史人物等，如果在纸上自己手写一遍，将更加深对这些知识的记忆，凡是经过手写过的知识点，从不会轻易地忘记。而且一旦记在纸上，不仅可以将自己的难点、重点提取出来，还可以随时进行复习巩固。平时的大考小考我们需要复习的知识太多了，单靠我们的视觉性的记忆是短暂的，而且无法理清楚知识之间的关联，只有在纸面上自己理了一遍，心里也就有了一个大致的框架，从而做到胸有成竹。毕竟好记性比不过烂笔头。"有位中考状元这样谈及自己的学习心得。

:: 给青春期男孩的话 ::

从这位学生分享的学习心得中，我们看到了记笔记的重要性。每个学生都应该养成勤记笔记的好习惯。

古人云："好记性不如烂笔头。"把笔记记在课本上，这样方便查找，也不容易丢失。我们通过翻看课堂笔记，可以回忆起当时的课堂情景，从而有助于帮助理解掌握知识。

当然，对于课堂笔记来说，要记些什么内容，也是有章可循的。

你首先应该明确的是：你应该把主要的精力放在听和理解上面，课堂笔记主要记以下内容：

（1）老师列出的提纲。你应该很清楚地知道你不可能也没有必要把老师的课堂笔记一字不落地记下，所以你只需要记下老师列出的提纲即可。

（2）老师强调的重点内容。

（3）课本上没有，但是老师补充的内容。

（4）结合老师讲课的内容，你个人需要加强的知识。

（5）记疑点。对老师在课堂上讲的内容有疑问，应及时记下。这类疑点，有可能是自己理解错误造成的，也有可能是老师讲课疏忽造成的，并记得课后及时和老师沟通。

（6）记方法。勤记老师讲的解题技巧、思路及方法，这对智力培养和解题技巧培养都有好处。

（7）总结。注意记住老师的课后总结，这对于浓缩一堂课的内容，找出重点及各部分之间的联系，掌握基本概念、公式、定理，融会贯通课堂内容都很有作用。

课堂笔记的内容应当简洁扼要，最好做到既有观点、又有材料；既有主干，又有枝叶。所以课堂笔记在记录的过程中也是有一定技巧的：

（1）不要记得太紧太密，每页右边留下约1/3的空白，以便日后补充、修改。

（2）用词用语要简洁浓缩，使用频率较高的词语可用代号。

（3）写字要快、字迹不必要求太高，自己可以看清即可。

（4）注意听课与看书结合，有些内容可直接在书上批注。

（5）要学会使用不同颜色的笔，如有蓝色和红色两支笔，你可以用蓝色笔记录，重要的内容如概念、公式、定理，用红色标注出来，这样便于以后复习时只需看一下提纲就可以进行联想。

这里，你需要记住的一个原则是，无论如何，记笔记不能耽误听课，因为上课最重要的是听和理解，然后才是记笔记。如果埋头记笔记，老师讲的什么反而没有听清楚，或者只是听见了记下来，但是没有动脑筋思考，这样的效果就会很糟糕。

第十一节　抄袭得来的成绩，只是自欺欺人

青春期成长事件

大宝是个学习态度较好的男孩，但有时候也会犯糊涂。

有一天，当同学们来喊他出去玩的时候，他却躲在家里抄课文，同学们问他怎么了，他说这是在惩罚自己，让自己记住教训。好不容易，他被同学们劝出去了，还没一会又回来了。他主动对爸爸说："昨天下课的时候，老师让我们回家默写第一课的第五段，我想：默写多麻烦啊！老师又看不到，抄吧！说抄就抄，哈！太高兴了，不一会儿，我就抄完了，等吃完饭，然后我就出去玩了。我昨天还打了一个多小时的球。可是今天早上，老师不但不检查作业，而且还要背诵课文。这下完了。当背课文时，我完全背不出。当时，我特别后悔。这下子我明白了：不仅是学习，无论做什么事，不要耍小聪明，投机取巧，要不然自己会吃亏。"

"你能明白就好，这时期学习的任何知识，都将受用一辈子，是马虎不得的，更别说耍小聪明了。"爸爸语重心长地说。

"我知道了，下次再也不会了。"

:: 给青春期男孩的话 ::

和案例中的大宝一样，很多青春期男孩都会犯这样的错，在学习上吃了

心浮气躁的亏。

青春期是一个比较追求速度和完美的年龄。在真正做时却把完美给忘记了，只剩下速度。于是连走路都像飞一样，还没踩实，另一只脚就抬了起来。一次可以，两次可以，多次就难免会摔跟头。但如果你们脚踏实地地走，虽然比"飞"的人慢一些，但永远不会摔倒。"飞"一样的人多次摔倒后，就会发现"脚踏实地"的人已经比自己快了，已经走到自己前面了。

课堂上，老师也教育孩子们："学过的知识好比一个脚印，想记牢就再踏上一只脚，踩实了。"其实意思十分简单，要脚踏实地地学习，不可以耍小聪明。说一句脚踏实地的话很简单，但做起来难。在开始时，有多少男孩信誓旦旦地承诺自己要脚踏实地走好每一步，可真正走起来，就忘了承诺。有更多的人羡慕别人的速度，其实光有速度不行，要有成果才行。学习与走路是一样的，人生之路是自己走的，要一步一个脚印地走。自己的路自己走，踩实了踩轻了都是自己的。有时走错一步可以让你悔恨终生。

青春期只有一次，人生不可以重来，学习的机会也只有一次，有人大喊"论成败，人生豪迈，大不了从头再来"。可是真的可以从头再来了吗？世界上没有后悔药，从头再来也会浪费时间。所以为什么不从一开始就选择脚踏实地利用好时间学习呢？

人生、学习道路上不会一帆风顺，会有许多荆棘，但只要脚踏实地地走下去，真正地去寻找"脚踏实地"的感觉，才能享受成功的快乐。

第十二节　如何解决考试中的怯场问题

🎤 青春期成长事件

某高中文科状元在谈到如何缓解考试压力时这样说："说考前不紧张，那肯定是骗人的。你要真不紧张了，全家人都觉得不正常，父母反倒更紧张。"在他看来，在考试中适度的紧张是好事，但凡事有个度，过度紧张会让人有些错乱。他认为，过度紧张是有一定原因的——很大程度上源于家长和考生定位不准。"去年高考时，我就想以我的实力考上一所大学一定没问题，至于上哪所大学，真没较真想过，结果反而是第一名，着实有点意外。而现实生活中，很多学生把目标定得太高，以自己现有的实力蹦了跳了还是够不着，以这样的标准参加考试，能不紧张么？"

:: 给青春期男孩的话 ::

通过以上例子，想必你能找到心理紧张的关键因素所在——对考试结果的期望。如果我们抱着轻松的心情，不太在意考试结果，那么，你自然就能心平气和地面对考试。

要缓解考试紧张情绪，你就要提前做好充分的思想准备，努力安定自己的情绪。

1. 考前两天：增强自信，择要复习

为此，你在考前复习要有所侧重，只要检查一下重点内容是否基本清楚就可以了。所谓重点：一是老师明确指定和反复强调的重点内容；二是自己最薄弱的、经常出错的地方。如果确认这些地方已没有问题，就可以安下心来，并反复暗示自己"复习得很充分，一定可以。"

2. 考试前夜：尽情放松，保证睡眠充足

考前的休息也十分重要，千万不要在考试前夜以牺牲睡眠时间去复习，这是得不偿失的。临考前夕，要尽量放松，减轻心理紧张度，可以听听音乐愉悦心情，打打球调剂大脑，早些休息，一定要避免思考过多，精疲力竭。

3. 考试当天：适时到校

考试当天，首先必须做到吃早吃好。也就是说要有充足的用餐时间，最好在考前一个半小时用餐完毕，否则会因过多血液用于消化系统，使大脑相对缺血，影响大脑功能的发挥。

在到考点时间上，一般在考前20分钟到达为宜。太早了，遇到偶发事件的可能性增大，极易破坏良好的心态。过迟，来不及安心定神，进入考试角色的心理准备时间太短，有可能导致整场考试在慌乱中进行，造成不必要的失误。

4. 掌握一些答题技巧

在具备了扎实的基础知识、基本技能和良好的心理品质后，考试时还应该掌握一定的应试策略。这里讲到的应试策略就是科学地应试，掌握一定的方法技巧，这对实现考试目标有着至关重要的作用，总有一些学生考试时"怯场""晕场"。除了心理上的原因外，没有掌握科学的应试方法也是一个重要原因。

如果做出以上努力后，仍出现怯场，也不必惊慌。这时你不妨先放下试卷，稍做一下揉面等活动，或伏案休息片刻，这种转移注意力的方法，有助于克服紧张情绪。也可采取深呼吸的方法满满呼气、吸气，同时放松全身肌肉，如此进行 1 ~ 2 分钟，也能消除过度紧张状态。

第十三节　别给自己太大压力

✎ 青春期成长事件

小军因长期心理压力过大，不得不看心理医生，他在心理咨询中说道："我的家庭十分拮据，父母挣钱很艰难，但他们都极力支持我读书，并说只要我考上大学，即使倾家荡产、贷款也要供我读书。回到家里，家里不管有多么繁忙，他们也不让我做家务，因为我的任务就是学习。在别人看来，我是一个多么幸福的孩子，可哪里知道，在这'幸福'里，我背负了多么沉重的心理压力，我怕考试，我怕自己成绩考差了，辜负家人的期望。"

:: 给青春期男孩的话 ::

这里，我们可以看出，小军的考试压力主要来自于家庭，父母供他读书不容易，对他期望太高。因此，一旦考试失利，就很容易产生负罪感，父母的期许成了他的负担。

我们不可否认，青春期男孩身上的学习压力很大一部分来自外界，倒如父母的、老师的、同学之间的。但压力终究是自身的一种精神状态，也是可以自我解除的，正所谓"日出东海下西山，愁也一天，喜也一天；遇事不钻牛角尖，人也舒坦，心也舒坦。"很多时候"烦恼"都是自找的，所谓天下本无事，学习也好，日常生活也罢，没那么多大不了的，遇到事情正面去面对，解决好，总会过去的。

因此，青春期男孩要明白，只有轻松自如地学习，学习才有乐趣，才会更有效率。这就需要你积极地进行自我调控，一旦产生障碍，形成压力时，就要适当放松自己，放过自己的内心。那么，有哪些方法可以让自己的内心平静起来呢？

1. 自我鼓励

无论做什么事，自信对于一个人来说都是极其重要的，这关系到一个人的潜能是否能被挖掘出来。很多的科学研究都证明，人的潜力是很大的，但大多数人并没有有效地开发这种潜力，假如你有了这种自信力，你就有了一种必胜的信念，而且能使你很快摆脱失败的阴影。相反，一个人如果失掉了自信，那他就会一事无成，而且很容易陷入永远的自卑与沮丧之中。

男孩在学校的学习活动或在家庭生活中，常常会遇到不愉快的事情，可以使用自我命令、自我暗示、自我鼓励的方法控制紧张的情绪反应。例如多看一些名人传记，注意摘抄一些格言警句等。

2. 适度发泄

负性的消极情绪一旦产生，切莫闷在心里。尤其是性格内向的学生，更要设法宣泄出来，如找人倾诉、记日记或者运动，也可以大哭一场。总之，不能闷在心里。

3. 寻求补偿

补偿是指自己在某一方面有缺陷，选择其他方面的成功来代替。例如，有的男孩在学习方面受挫，但在音乐方面有专长，青春期男孩应该善于发现自己的优点和长处，这样，心理不适和挫折感就会减轻，实现了心理平衡。

第十四节　制订好学习计划，才能事半功倍

青春期成长事件

班级每个月的学习交流会又来了，会上，大家七嘴八舌地说起来。

"周翰是怎么学习的呀？"很多男孩凑在一起讨论。

"听说他并不是每天晚上学习到深夜，我每天都做好些习题，可是学习成绩就是不见好啊，这是怎么回事呢？"

"是啊，我也是，好像每天都忙忙碌碌的，有时候，饭都顾不上吃，努力学习，可学习成绩还是处在中等水平。"

这时，老师走过来，说："你们已经是初中生了，不能再按从前的学习方法学习，得重新制订一个合理的学习计划了，这样才能高效地学习，不然学没学好，玩没玩好，两头受累啊！"

:: **给青春期男孩的话** ::

可能不少男孩会发现，当你进入青春期后，也逐渐认识到了学习的重要性，你决定要做个优秀的学生，努力学习，希望可以仍然走在队伍前列。但事实上，你似乎总是力不从心，似乎总是感觉时间不够用，学习效率也很低。这是为什么呢？

其实，这是因为你缺少一个合理的学习计划，合理的学习计划是提高成绩的必要条件。没有学习计划，学习便失去了主动性，容易造成东抓一把西抓一把，以致生活松散，学习没有规律，抓不住学习的重点，因而学习成绩无法提高。

制订学习计划，你可以遵循以下几个原则：

1.合理安排时间，制订出作息时间表

例如，你可以制订出一个作息时间表，在表上填写那些必要的时间，如吃饭、睡觉、上课、娱乐等。安排这些时间之后，选定合适的、固定的时间

用于学习，必须留出足够的时间来完成正常的阅读和课后作业。完成这些后，你要看看在时间上的安排是否合理，例如，每次安排的学习时间不要太长，40分钟左右为宜。

一个作息时间表也许不能解决所有的问题，但是它能让你了解自己如何支配你这一周的时间。

2.学习任务明确，目标切合实际

一些男孩制订的学习计划很模糊，例如，晚饭后背外语，睡觉前温习课文等，这种计划看似没有什么问题，似乎也足够具体，但实际效果并不好。因此，这种任务虽然有一种学习的方向感，但并不具体，以至于到了执行计划的时候，会不知从何开始，如果把目标再具体细化：晚饭后背单词十个，睡觉前温习第几篇课文，晚上八点半整理出数学公式。这样效果会更好。而且如此具体的任务分配也有利于自检任务完成状况。

3.学习计划应与教学进度同步

在制订学习计划时，你要以学校每日课程表为基准，参照学校老师的授课进度，再结合自己的学习状况制订计划。

4.计划应该简单易行而富有弹性

正常情况下，计划都应该严格按时按序完成，但你的生活要受很多因素影响，难免会有特别的情况，所以就要求计划不能过于僵硬呆板，要有一定的灵活性，可以不至于因为一个环节不能完成而打乱后面的所有计划。

在制订计划后，你还要做好自我监督，通过科学地安排、使用时间来达到这些目标，要将充足的睡眠、合理的进餐与有序的学习相结合，否则，即使再完美的计划，也只是纸上谈兵！

第十五节　寻找适合自己的记忆方法

青春期成长事件

李太太最近很烦恼，儿子到了初中以后，好像就变得有些迟钝，以前一篇课文很快就能背诵下来，现在每天抱着书本读英文单词好像也记不住，为了帮助孩子解决烦恼，她请教了小区里的一个优秀学生。

"我用的是目录记忆法和闭目回想法。以历史为例，目录记忆法就是：首先不要直接背内容，先把总目录背牢，然后再背小标题。这样体系建立了，各历史事件的关系也更明了，对整本书的理解也会加深。在背目录和小标题的时候会有很多新的领悟，直接背史实是很难体验到的。"

另外，她说自己在记忆上还有个小窍门——闭目回想法。她是这样做的：先闭上眼睛，回想书上某页的画面，然后你可以自己去填充里面的具体内容了。如果发现有个地方怎么也想不起来，就马上翻书，仔细地把这个盲区"扫描"一遍，然后继续闭上眼睛回想下面的内容。这种方法对于加深记忆非常有效。

:: 给青春期男孩的话 ::

记忆力差是令很多青春期男孩苦恼的事情之一，课上学的知识很快就忘记了，有时候一个单词本来已经熟练记下了，可很快就忘记了；平时做事丢三落四。这就是记忆力差的表现，事实上，记忆力也是可以增强的。

提高记忆力的过程，实际上也是克服遗忘的过程，培养良好的记忆能力也不是什么不可能的事，只要你能在学习活动中进行有意识的锻炼。以下是十种增强记忆的方法：

1. 兴趣学习法

兴趣是最好的老师，这话并不是毫无根据的。如果你对学习毫无兴趣，那么，即使花再多的时间，也是徒劳，也难以记住那些知识点。

2. 理解与记忆双管齐下

理解是记忆的基础。只有对知识点加以分析，然后理解，真正了然于心，才能记得牢、记得久。仅靠死记硬背，则不容易记住。对于重要的学习内容，如能做到理解和背诵相结合，记忆效果会更好。

3. 集中注意力学习

其实，课堂上的时间是最好的学习和记忆时间，充分利用好了课堂时间，课后只要稍花时间加以巩固，就能真正获得知识。相反，如果精神涣散，一心二用，就会大大降低记忆效率。

4. 及时复习

遗忘的速度是先快后慢。对于刚学过的知识，趁热打铁，及时温习巩固，是强化记忆痕迹、防止遗忘的有效手段。

5. 多回忆，巩固知识

要真正将某项知识记牢，就要经常性地尝试记忆，不断地回忆，这一过程要达到的目的是，可使记忆错误得到纠正，遗漏得到弥补，使学习内容中的难点记得更牢。

6. 读、想、视、听相结合

可以同时利用语言功能和视听觉功能，来强化记忆，提高记忆效率，比单一默读效果好得多。

7. 运用多种记忆手段

8. 科学用脑

在保证营养、积极休息、进行体育锻炼等健康生活的基础上，科学用脑，防止过度疲劳，保持积极乐观的情绪，能大大提高大脑的工作效率。这是提高记忆力的关键。

9. 掌握最佳记忆时间

一般来说，上午 9 ~ 11 时，下午 3 ~ 4 时，晚上 7 ~ 10 时，为最佳记忆时间。利用上述时间记忆难记的学习材料，效果较好。

总之，知识的积累，就像建造房子，从砖到墙、从墙到梁，是一个循序渐进的过程。亲爱的儿子，你学习的时候，也一定要掌握一定的方法，这样，你复习的时间不需要很长，但效果会很好。磨刀不误砍柴工，就是这个道理！

第8章

青春期保健，做积极阳光的动感男孩

青春期本身就是长知识长身体的阶段，良好的身体素质是其他一切的基础。一些青春期男孩，无法好好地生活、学习，不是败在了智力上，而是败在了体质上。任何一个男孩，都希望自己健康、强壮、帅气。那么，你就需要学会一些保持健康的方法，并运用到日常生活中，你就一定能成为一个体格强健的男子汉！

第一节　提高身体素质，预防青春期常见病

青春期成长事件

这天放学后，天天赶紧跑回家，很伤心地对妈妈说："妈妈，老师说我以后不能吃炸鸡了。"

"老师为什么这么说？"

"今天学校体检，测出我的血压偏高，高血压不是老年人才得的吗？"天天神情凝重地问妈妈。

"也不全是，现在青少年也是高血压易得人群，对了，你的血压应该只是偏高，不是高血压，明天妈妈带你去看看医生，不过都怪妈妈，平时没有让你注意饮食……"

:: 给青春期男孩的话 ::

现代社会，物质生活水平的提高，并没有给人们的身体素质带来正比的提高，这种情况不仅仅在成年人身上出现，也就是人们常说的"亚健康"，很多正处于青春期的男孩成为其中一员。由于紧张的学习、不健康的生活方式等，很多青春期男孩有了属于他们这一人群特殊的疾病：

1. 近视

近视就是看近处的物体清楚，看远处物体不清楚，看书必须离书很近才能看清楚，按正常人的距离是看不清楚的，必须配戴近视镜。

按照近视眼的矫正度数，可分为3类：300度以内为轻度近视，300 ~ 600度为中度近视，600度以上为高度近视。近视的病因，有先天后天之分。先天性近视是一种遗传病，后天近视则是不卫生用眼造成的。

2. 结核病

结核病的病原是结核杆菌，有很强的生存能力，在阴暗潮湿的环境中能存活半年，在空气中也能存活8 ~ 10天，病人吐出的痰中的结核杆菌，在阳光下也能生存20 ~ 30小时，所以，结核杆菌的传染能力很强。

3.急性扁桃体炎

急性扁桃体炎有传染性，春秋两季发病率最高。以年龄计，青年期发病率最高，其次是少年儿童，50 岁以上的人很少发病。由于急性扁桃体炎有传染性，故病人应注意隔离，多饮水，吃流食，适当休息。患病后要及时治疗，三五天即可痊愈，如治疗不及时转成慢性，就会给治疗带来困难，因为慢性扁桃体炎的药物治疗效果不太理想，常因此引起严重并发症，不得不进行扁桃体切除术。

4.青年特发性高血压

有人认为，高血压是中老年病，与青少年没有关系，这话不完全对。高血压确实是中老年病，但这并代表与青少年没有一点关系，因为青少年中也有一定数量的人患高血压。所以，青少年也应该关心自己的血压是否正常。

表面上看，青春期男孩患高血压的危险不如中老年人那么严重，因为在患高血压病的青少年中，发生中风和由于高血压病导致的心脏病和脑血管病的危险没有中老年人那么突出。但是，高血压病对于青春期健康的危害却不能低估，青春期的男孩们，未来要担当社会和家庭的责任，必须有一个健康的身体。

以上这些是青春期常见的几种疾病，亲爱的儿子，一定要注意预防，要有良好的生活、卫生习惯，同时需要积极参加体育锻炼，增强体质，但也要注意劳逸结合，避免过度疲劳。再者，如果患上这些疾病，你需要积极治疗，防治结合，赶走疾病，才能让自己度过一个健康的青春期。

第二节　青春期是特别期，要有特别的营养

青春期成长事件

平平是个 14 岁的男孩，偏胖，为此，他的同桌经常会跟他开玩笑："你就像个小胖猪。"虽然这只是玩笑，但平平很在意，他决定减肥，一定要控制自己的饮食。

晚饭时，爸爸给他夹了块红烧肉，平平马上夹回给爸爸，说："我不吃，再吃真的成猪了。"

听平平这么一说，爸爸大概知道怎么回事了，于是，他对平平说："青春期是特别期，要有特别的营养，控制饮食只会让你的身体吃不消……"

:: 给青春期男孩的话 ::

爸爸的话很有道理。一般来说，男孩在体型上都比女孩更高大，在整个发育的过程中，他们需要的能量也比女孩多。男孩在整个身高突增期内平均长高 28 厘米左右，较女孩高 3 厘米，约为成人身高的 90%，体重也会增加为成人的 80% ~ 90%。事实上，男孩和女孩的成长高峰期是间隔开的。在进入青春期前，男孩、女孩的身高差别很小，男孩的群体均值水平略高于女孩 1 ~ 5 厘米。但在经历了青春期后，成年男子的身高明显高于成年女性。不仅身高和体重，在进入青春期后，男孩在骨骼和肌肉上也会发育迅速。

很明显，青春期男孩这些突飞猛进的发育，自然对营养的需求较大。这期间，他们对热量、蛋白质等营养素的需求量是一生中最高的。在青春发育期，男孩的生长发育需要食物为之提供足够的热能，而且由于他们的基础代谢增高、体力活动增加，也需要较多的热量来维持，因此每日摄取的食物中要保证有足够的热量及蛋白质。在摄取高热量、高蛋白膳食的同时，应以平衡膳食、全面营养为原则，安排好所需热量、蛋白质、碳水化合物的比例，还应注意摄取各种维生素、矿物质，选择食物要广泛，注意主、副食搭配。

男孩在发育期较女孩食欲强、食量大，因此，谷类食物的摄入对他们来说十分重要。一般来说，13 ~ 17 岁的青春期男孩每日进食的主食不应少于500 克，否则时间长了会带来不良后果。青春期男孩在青春发育期身体生长迅速，身体内各组织、器官、肌肉都随之发育增长，所以也需要大量的优质蛋白质。但实际上，蛋白质不一定是从动物性食品中获得的，豆类其实是蛋白质的最好来源。经常摄入豆制品，既能改善膳食搭配，又能增加营养，且来源十分经济。

青春期男性除要摄入谷类、动物性食品外，还应注意多食海产品、蔬菜、水果等。因男孩在青春期骨骼发育较快，故应多食富含钙、磷等矿物质的食物，如虾皮、海带、乳制品、豆制品等。此外，每天还应进食 400 ~ 500 克的新鲜蔬菜，以保证维生素和矿物质、纤维素的摄入量。

有些男孩子食欲好，偏爱肉类炸制食品，尤其市场上各种中西快餐店制作的高脂肪、高糖、高蛋白质的食品，如炸鸡、汉堡包、三明治、冰淇淋等。但是，长期食用这种快餐食品对身体有害无益，暴饮暴食也会伤害脾胃，影响其他食物的摄入，并且易引起肥胖和增加成年后患心血管疾病的概率。

第三节　保护好你的牙齿，牙口好才能胃口好

青春期成长事件

有一次，小志的爷爷奶奶带他来看牙医，医生一看到小志，就说："以后少吃点甜食和炸鸡那些东西，你这牙呀，完全是你自己给吃坏的，你自己照镜子看看，牙齿上都是窟窿。"小志爷爷奶奶说："都是我们的错，这孩子，从小体弱多病，我们就让他多吃，只要是他喜欢吃的，我们都给他买，这不，来的路上还买了薯片呢。"

"这牙疼还是小问题，要是真得了什么病就不好治了。男孩子，更应该注意身体，以后还要孝顺爷爷奶奶、爸爸妈妈呢，没有健康强壮的身体怎么行呢，你说是吗，小伙子？"

小志觉得医生说得很有道理，点了点头。

:: 给青春期男孩的话 ::

一口好牙是健康生活的前提和保证，更是每个人都希望拥有的。处于长身体阶段的青春期男孩，更需要有良好的口腔，才能保证摄入充足的营养。同时，牙齿健康与否也是身体健康的重要指标。事实上，一口好牙是要从保护开始的，牙齿健康也是从预防开始的。那么，青春期的男孩们应该怎样保护牙齿呢？

1. 清洁牙齿

清洁口腔是当今文明社交的需要，也是个人健康的需要。一般情况下，

刷牙是为了达到清除牙菌斑、软垢、食物残渣与色素沉着，保持口腔清洁，同时可以按摩牙龈，增进牙周健康。当然，每个人都会刷牙，刷牙方法也较多，但无论哪种方法，牙齿各面均应刷到，有效地清除牙菌斑。其要领如下：

（1）刷毛指向根尖方向，刷毛与牙长轴呈45°角。

（2）刷毛的位置从一开始，刷毛顶端放入龈沟与牙邻面。

（3）水平方向短距离颤动刷牙，刷牙时轻度加压，使刷毛保持在龈沟内并伸入部分牙邻面。

（4）水平短距离颤动拂刷，每个部位来回至少5次，刷牙范围为2~3颗牙。

注意事项：刷牙时要注意刷除龈沟与牙邻面的牙菌斑，也就是说刷毛一直与牙龈有着十分密切的接触，要求刷毛一定细而软，回弹力与耐磨性能均较好，故选用的牙刷，绝不能用硬而粗的刷毛，以免损伤龈缘。来回刷时，勿用力过大，实际是将刷毛轻压入龈沟与牙邻面，来回颤动并轻轻地刷。

（5）每天应刷牙2次，每次每个部位刷10次（来回刷5次），刷牙时间因人而异，但不能少于90秒。同时要刷舌头，以保持口气清新。经研究证明口腔口臭主要来源于牙龈沟内和舌背。

（6）刷完牙后自己用舌舔 下牙面，牙面光滑就说明菌斑大部分已清除。菌斑染色后，才能真看清未刷干净的地方。

2. 保护牙齿的饮食禁忌

（1）经常吃过硬的食物，如骨头、硬壳食物等，会增加牙齿崩裂的可能。

（2）经常喝高酸性食物，如可乐、汽水等，会使牙齿外层受到酸性物质的腐蚀。

（3）青春期男孩要拒绝烟酒，尤其是香烟内的尼古丁有很大的危害性，会削弱口腔内组织的康复能力，降低身体抵抗力，引起牙周疾病。

（4）进食的间隔时间不可过短，否则容易导致牙齿被蛀。

3. 要定期进行口腔健康检查

龋病与周牙疾病发病的初期，并没有明显不适，当牙疼就诊者时，一般多已进入疾病的晚期，因此，定期检查对于早发现、早治疗，防止牙齿丧失，保持牙列完整是十分重要的，提倡每半年检查一次口腔，至少一年一次。

总之，亲爱的儿子，你应记住，有效刷牙、使用含氟牙膏刷牙与窝沟封闭、定期检查是保持口腔健康所必需的。

第四节　生命在于运动，做爱运动的健康男孩

　　峰峰是个学习成绩很好的男孩，也很听话，没有其他青春期男孩的叛逆问题。他唯一让父母操心的是他的身体，他从小体弱多病，动不动就感冒，每个月他都要请几天病假。这不，爸爸妈妈又带他来医院了。

　　"医生，您说我的儿子怎么回事，体质太差了。"妈妈顺便问医生。

　　"他平时吃得怎么样？"

　　"还行，不挑食，但吃不了多少。"

　　"那体育锻炼呢，多久锻炼一次？"医生追问。

　　"他几乎不锻炼，平时放学回家也就直接钻到房间做作业，看看书。"

　　"那怪不得了，青春期的孩子不运动，身体怎么能好得了？"

　　"原来是这样啊……"

::给青春期男孩的话::

　　青春期的男孩，要健康，就要运动。生命在于运动，阳光、朝气蓬勃的男孩更需要运动。每个青春期男孩都希望有个健康、强壮的体魄，男孩天生运动细胞就比女孩多，每一个男孩都是运动健儿。适量的运动结合合理营养，可促进男孩生长发育、改善心肺功能、提高耐久力、减少身体脂肪和改进心理状态等。这种经济、实用、有效、非药物又无副作用的措施，对于提高男孩健康水平起着重要的作用。

　　但事实上，青春期男孩整日面对的是课堂和作业，偶尔的体育锻炼也是为了体育成绩达标。即使学校把课间操、体育课、课外活动等时间全部加起来，平均下来，也只能算作每天锻炼一小时。

　　青春期男孩，要自身养成运动的习惯。青春期阶段是素质敏感期，这个阶段对外界环境的依赖性较大。如能在这阶段培养热爱运动的习惯，不仅能

促进运动能力的发展，还会使自己受益终身。

（1）经常锻炼不同部位的肌肉、关节、韧带，可以让少年保持身体的协调运动能力。

（2）适量的运动，可以锻炼呼吸系统、心血管系统，并改善新陈代谢与能量代谢。

（3）经常保持有规律的运动锻炼，可以锻炼少年的性格，如坚韧性、意志力、明确的目的性、果断性、自我控制、自我评价和自我监督的能力，好习惯的养成，可以让少年拥有好的遵守一定行为准则的习惯和要求。

但青春期的男孩，在做运动的时候，尤其是练举重或做肌力训练，还应注意以下几点，否则很容易受伤：

（1）少做静力练习或持续时间较长的负重练习。

（2）运动量不要过大，所举的重量稍轻一些，总组数应少些，"超负荷"适当。

（3）要保证足够的饮食营养，增加高蛋白食品。

（4）练习中要加强"防伤"和"防僵"的措施。

第五节　男孩要强壮不要虚胖

青春期成长事件

周五晚上，王刚深夜十二点还在上网，然后，他突然感觉肚子饿，跑到厨房找了个面包吃了，然后倒头准备大睡。这时候，王刚爸爸走进来。对他说："你这样'虐待'自己，下午那两个小时的锻炼岂不是全被这一个面包给吃回来了？"这时候，王刚才猛然醒悟，贪吃就是他最近横长的最直接原因。他总是这样：一是控制能力极差，二是健康的生活习惯完全被颠覆。

王刚爸爸对儿子说："男孩子要健美，不但要运动，还要养成良好的生活习惯，像你这样，只会出现很多多余的脂肪……"

:: 给青春期男孩的话 ::

每个男人都想拥有强健的身体，每个青春期的男孩也都希望可以发育得健美男性健美的体态，可以通过健身运动和合理的饮食来做到。因此，青春期男孩要壮不要胖。

现代生活紧张忙碌，学习压力大，平时进行运动锻炼的时间不多，这就需要男孩一定要注意饮食和合理的锻炼，二者缺一不可。那么，男孩怎样知道自己是不是胖了呢？

体重指数等于体重（单位：公斤）除以身高（单位：米）的平方，例如，一个男孩体重 65 公斤，身高 1.7 米，那么这个男孩的体重指数等于 65 除以 1.7 后，再除以 1.7，得到结果大约为 22.5，这个人的体重指数就是 22.5。

一般认为，正常的体重指数为 18.5 ~ 24.9，体重指数小于 18.5 属于偏瘦，体重指数在 25 ~ 29.9 之间属于超重，体重指数在 30 ~ 34.9 之间属于肥胖，体重指数大于或等于 35 属于病态肥胖。

体重指数并不是绝对的健康标准。有研究显示，有很多体重指数超标的人士多项健康指标正常。所以，即使你稍微发福，只要你的身体各项健康指标正常，不必太过忧虑。但青春期男孩一定要拒绝肥胖，因为肥胖的确危害多多。

处于知识储备期的男孩们，肥胖会降低智商：过多的脂肪可能产生过量的激素，这些激素可能损害大脑，破坏正常的脑功能；肥胖还会使大脑血管壁变厚，血管变硬，影响血液循环，减缓大脑供血，影响大脑正常运作，降低记忆力和智力。另外，肥胖还容易导致呼吸道疾病；肥胖会导致一些心血管疾病，增加头疼的概率等。这就要求男孩们：

饮食上，一般原则是早饭吃好，午饭吃饱，晚饭吃少。

以这样的原则，男孩在进食的时候，要注意不偏食，不可暴饮暴食，坚持定时定量，不吃辛辣、刺激、油腻食品，多注意吃水果、蔬菜、豆制品等高蛋白的食物，既要摄取足够的营养以保证身体需要，又要注意适当节制食量。

另外，要积极参加体育锻炼，男孩子是天生的运动健儿，有健才会美，保持适度的活动量，消耗多余热能，以避免体内热量过剩转变为脂肪积聚起来而形成肥胖。

再者，有的青春期男孩肥胖与家族性肥胖有关。家族性的肥胖聚集倾向并不一定是基因遗传引起的，而可能是因为家族在长期共同生活过程中，不科学的饮食习惯代代相沿难以改变所致。所以，全家养成良好的饮食习惯对后代是很重要的。

要避免肥胖，强壮身体，除了要合理饮食，就是要合理锻炼。运动一定要以自身身体条件为依据，适量即可，同时注意技术动作规范，采取足够的安全保证，以免造成身体伤害。

第六节　保持卧室的清洁卫生

青春期成长事件

周六早上，小虎起了个大早，把房间窗户打开，窗帘拉开，把被子整整齐齐叠好，然后拿来清水和抹布、拖把等，把房间彻彻底底打扫了一遍，忙完这些，才八点。这时候，妈妈起来了。

"咦，小虎，这么早！干吗呢？"

"打扫卫生啊，您不是看见了吗？是不是焕然一新？"小虎很自豪地说。

"确实，干净了不少，妈妈很赞同你这样做，但问题是，今天怎么太阳打西边出来了？平时周末你都是拖拖拉拉到十来点才起床。"

"以前这样不好，老师跟我们说，青春期的孩子要讲究卫生，卧室要经常打扫、通风，才能减少很多疾病，让自己有个好的休息和睡眠环境。"小虎解释道。

"老师说得对，不过妈妈希望你能坚持下去，加油……"

::给青春期男孩的话::

可能很多青春期男孩认为，只有女孩才喜欢收拾房间，男孩整理卧室未免有点女性化。也有一些男孩认为自己的任务就是学习，整理、打扫自己的房间，那是爸爸妈妈的事情。但事实上，在你每天的 24 小时内，你最起码有三分之一的时间是在卧室度过的，卧室是你休息、睡觉的地方，卧室也是你肌肤接触最多的地方，如果不按时整理清洁，会直接影响身体的健康，也会影响到夜间休息的质量。做好卧室的清洁和整理工作，才能保证青春期的你们远离病菌，同时，干净、舒适的卧室也会令人身心愉悦。

男孩们可能做不到女孩打扫卧室那么细致，但最起码要做到以下几点：

1. 坚持一星期一次大清洗

这主要是针对房间内的灰尘而言的，因为灰尘对人体的呼吸器官会产生严重的损害，灰尘颗粒可以导致人体患上哮喘、咳嗽和充血等疾病，因此，灰尘的打扫是必需的。

2. 做到一星期清洗一次床上用品

人体是严重的污染源，有些人说，白天的时候可用床单盖在床上，以防止灰尘落在上面。但每天当你回到家后，会不可避免地把外面的细菌和灰尘带回家。如果穿着外衣跟床接触，这些灰尘就会附着在床上。另外，宠物也会带入大量的细菌。总之，你要定期清理家里的通风口、排气管道。这些都是传输细菌的主要渠道。不要在室内抽烟，抽烟时喷出的烟雾容易使空气中的灰尘滞留。

不要将空气清新剂或香水喷洒在空气中。如果对花粉不过敏的话，最好摆几盆鲜花，既装饰了屋子又可以使空气保持新鲜。

第七节　作息时间规律才能拥有健康生活

青春期成长事件

这天晚上，都十二点了，强强还在房间打游戏。爸爸看见强强房间的灯还亮着，就站在房门外，等强强把游戏打完，然后敲开了强强的门。

"强强，你知道几点了，对吧？不早了哟。"

"我知道，可是明天周末呀，没事的。"强强为自己找借口。

"可是你知道吗？你今天晚睡，明天就要睡懒觉，明天晚上又会睡不着，循环往复，你的作息时间就会被打乱，伤身体不说，还会影响你的学习效率。"

"嗯，爸爸你说得对，健康的前提还是要有规律的作息时间……"

::给青春期男孩的话::

良好的生活习惯，源自于平时作息时间的保持。很多男孩缺乏这种作息时间观念，更谈不上养成。只有合理安排好自己的作息时间，使生物钟能够保持正常的周期，人体才会感觉到精力旺盛。大量资料表明，凡是生活有规律、勤劳而又能劳逸结合的人，不仅工作效率高，而且健康长寿。因此，青春期的男孩，一定要遵循正确的作息时间。

可以说，一个男孩在家和在学校的作息时间执行情况有很大的区别，由于学校里作息时间非常统一，并且有专门的老师负责上课、下课和教学活动，男孩们在学校里的作息时间基本上比较规律。但是一回到家里，往往会显得各行其是，这让很多家长非常头痛，男孩们往往自己没有学习好，也没有玩好。为了解决这个问题，青春期男孩们一定给规划好自己的作息时间。例如：

晚上9~11点：免疫系统排毒时间，此段时间应安静或听音乐，完全放松身心，进入睡眠的准备状态。

晚间11~凌晨1点：此时，肝脏在排毒，需在熟睡中进行。

凌晨1~3点：胆排毒时间。所以超过12点睡觉的人，即使睡够了8小时，他还是不能解乏，一个重要的原因，就是到了肝胆解毒的时间，他没有睡觉去解毒，而是在拼命学习、打游戏、唱歌，以至于第二天早上起床后，精神委靡不振。

凌晨3~5点：肺排毒时间。有些人总是半夜咳嗽加重，不明白是怎么回事。为什么白天不咳嗽，而到了半夜就咳嗽？这是因为人体排毒的动作走到了肺，其实这是一个好的现象，证明人体自洁的功能在起作用。这时，不应用药进行止咳，以免抑制废物的排出。

半夜至凌晨4点：为脊椎造血时段，必须熟睡，不宜熬夜。

凌晨5~7点：大肠在排毒，应上厕所排便。很多人晚上不睡，早上自然就起不来。由于想睡懒觉，早上不起床，而一起床后，马上要赶着去上学上班，因此来不及排便，而改成晚上或其他不确定的时间排便，这实际上是强行改变人体的生物钟，时间长了对人身体是没有好处的。

　　凌晨7～9点：小肠大量吸收营养的时段，应吃早餐。很多人有不吃早餐的习惯，久而久之，就容易得胆结石等疾病。

　　亲爱的儿子，你一定要明白充足睡眠的重要性。要养成早睡早起的好习惯，休息得好，身体才会好，学习效率也才会高，打疲劳战只会起反作用。

第八节　好尴尬，我有脚臭怎么办

青春期成长事件

　　童童一直酷爱篮球，无论是放学回家还是周末，都会和几个同学在球场上挥汗如雨，可是这些天，童童不去球场了，一回家就闷在屋子里。童童爸妈想："难道儿子生病了？怎么不打球了？"

　　"是不是现在都没对手了，不愿意和那些同学玩了啊？"童童妈妈对儿子开着玩笑。

　　"不是，是我不喜欢篮球了。"童童低着头说。

　　童童妈妈纳闷了，怎么可能？于是继续问："你骗得了别人，可骗不了妈妈，有什么难言之隐跟妈妈说，或许我能帮上什么忙。"

　　"那好吧，其实呢，我发现自己好像是得了什么病，一去打球，出点汗身上就很臭，我自己都不舒服，更何况那些同学，他们肯定也不想跟我打球了。"妈妈看着儿子一脸的稚气，不觉笑出声来。

　　童童妈妈说："你要知道，一个真正的男人，才会有汗臭味，这证明你长大了，你应该高兴啊，他们也会羡慕你，怎么会讨厌你呢？"童童听了这些后，觉得妈妈说得很有道理，也舒心地笑了。

:: 给青春期男孩的话 ::

　　那么，男孩的汗臭味和脚臭味是怎么来的？

　　每个男孩都要经历青春期，不过有早有晚罢了。青春期的男孩，你身体上的变化可能不会和你的朋友们完全一样。青春期并不是一切都是美好的，也有一些令你苦恼的事情,也会出现一些不太受欢迎的特征。

人的皮肤有两种汗腺:一种叫小汗腺,分布在身体各处;另一种叫大汗腺,只在腋窝、乳头周围、阴部和肛门等处。在儿童时期,大汗腺没有发育,不会产生相应的分泌物。伴随青春期的到来,大汗腺开始大量分泌,腋窝大汗腺分泌物中的有机物被细菌分解后产生不饱和脂肪酸,因此而产生一种特殊气味。这不只是腋下,还有脚跟、手掌心甚至两腿间的汗腺。你产生更多的汗液,味很浓,汗水变干后身上的气味会很难闻。那么,如何解决汗臭问题?

青春期男孩一到夏天,排汗量便增加,便有了汗臭味,这甚至让很多男孩难以启齿和尴尬。那么,怎样减少这种汗臭味和脚臭味呢?

(1)定期清洗是简单的去除汗臭味、恢复自身正常体味的有效方法。

(2)在清洗的时候最好使用抗菌香皂,这样不但能够去污,还能杀菌。

(3)清洗过后,可以使用一些止汗的香体露。

(4)经常更换袜子,穿透气的鞋子。

(5)经常洗脚并泡脚,以茶包煮水,再将脚浸入 20~30 分钟,擦干后撒爽身粉,可防止脚臭复发,也可以粗盐溶于水泡脚。此外,冷热交替地泡脚,有助减少流汗,防止脚臭。

(6)睡前以酒精擦拭脚部,再撒些除臭粉,然后包裹脚部,以诱发流汗;次日清洗脚部,再予以擦干。第 1 周每日 1 次,之后,每周 1~2 次。

出汗是一种调节体温、散热的一种方式,是一件再自然不过的事,尤其是青春期到来之后,相对于童年期,汗腺发育趋于成熟。因此,亲爱的儿子,青春期不必为汗臭味发愁,适当的措施也可帮你解决出汗带来的烦恼。

第九节 紧身裤是"美丽的危害"

青春期成长事件

最近,学校掀起了一阵紧身裤潮流,不仅是女孩,男孩们也是,来了个集体大换装,这是因为最近新播了个偶像电视剧,里面男女主角都以紧身衣裤亮相，成为学生们心中新的偶像。很多班主任老师发现这点后，都准备对学生进行一番教育。

这天，上课前，某班班主任老师说："同学们，我知道青春期是爱美的季节，但也是长身体的时候，就拿大家最近都热捧的紧身裤来说，可能你们不知道它的危害……"

:: **给青春期男孩的话** ::

明星效应和广告媒体的引导、示范作用，导致了当今社会很多青春期的少男少女们有一套自己的审美理念，那就是跟着时尚走。很多青春期男孩，追求个性、时尚，例如穿紧身裤，认为它能穿出身材、穿出时尚，殊不知，紧身裤对发育期的你们有非常不利的影响。

这里要从睾丸的发育特点谈起，胚胎期睾丸位于腹膜后，阴囊也没有形成，到出生时，阴囊形成，睾丸下坠到阴囊内。

睾丸之所以不像卵巢那样藏在体内，而要悬在体外，是因为睾丸悬在阴翼中，那里的温度比体内低 $1.5 \sim 2.5℃$。那样的温度才有利于睾丸的正常发育。有实验证明，如果用人工的方法使动物睾丸的温度升高，会引起睾丸产生精子的组织变性。

因此，如果穿紧身而不易透气的裤子，把睾丸和阴茎紧紧挤在裆的体壁上，就等于人为地给睾丸加温。

青春期男孩在夜间穿紧身内裤对生殖器有很大的危害：一般来说，白天由于紧张的学习生活，并且还可能伴随其他各种活动，加上性道德观念的制约，阴茎基本上都处于被压制的状态。而夜间，男孩子们终于结束了紧张的生活，可以放松自己，当大脑处于充分休息状态后，使阴茎勃起的神经常常解除抑制，使阴茎一阵阵地处于勃起状态，阴茎的夜间勃起，表明它的发育处于正常状态。穿紧身内裤会约束阴茎的勃起，这种约束可能会引起频繁遗精。

如果是精满自溢这种形式的，完全属于正常生理现象，可顺其自然不必理会。但如果是人为原因造成频繁遗精就不属于正常现象了。频繁遗精可以引起失眠、头晕、疲乏、精神不振等症状，因而会影响学习和正常生活，还可能造成一些心理负担。

再者，睾丸、阴茎的体积在青春期正在迅速生长，成人睾丸体积是青春期以前睾丸体积的 17 ~ 50 倍，成人阴茎体积是青春期以前儿童阴茎体积的 10 ~ 14 倍。如果给它们加上束缚，等于是妨碍了它们的生长。诚然，年轻的男孩穿上紧身仔裤显得帅气，可付出的代价也是高昂的。

第十节　成为"顶天立地"的高个男孩

青春期成长事件

小小是个很懂事的男孩，学习成绩也很好，一直是班上的"学霸"，但他不喜欢和班上的男同学一起打篮球，并不是因为他不喜欢打篮球，而是因为他已经 15 岁了，身高还不到一米六，和那些高个子男生在一起，他觉得自己显得很矮小。而这一点，他的妈妈王太太并不知道。

"小小，你为什么放学就回来，也不去运动运动、打打球呢？"王太太经常问这个问题。

这天，因为考试没拿到第一名，心情极度不好的小小终于道出了心里的想法。

王太太听后，抱了抱儿子，对他说："乖宝贝，你放心，你的身高不足只是暂时的问题，你比其他人发育晚点而已，你看，你才 15 岁，别人都十六七岁了，对不对？另外，你看爸爸妈妈身高都不差，你不会是矮个子的。再者，要想长高，妈妈帮你，你看怎么样……"

:: 给青春期男孩的话 ::

和案例中的小小一样，很多男孩也希望自己能增高，但你不要害怕自己长不高而去采取一些急功近利的方法，如药物治疗等，这都是不正确的。增高是一个持续但不均匀的过程，不要盲目追求快速的增高方法。吃增高药和一些所谓的保健品又可能导致青春期提前结束，反而使得最终长不到理想的高度。俗话说"物极必反"，正是这个道理。

专家指出，增高的方法因人而异。最科学的增高方法是运动加营养。营养是良好生长发育的前提。而运动可以促进生长激素的分泌，促进代谢，使青少年长得更高，

青春期的男孩要想长得高些，必须先知道人体长高的和奥秘。

每个男孩都希望自己身材高大。那么，如何才能实现这个美丽的愿望？身体高度能不能增高呢？一般情况下，科学增高是可以达到的。

（1）要有良好的饮食习惯。注意饮食健康，营养很重要，不可偏食，另外也不能暴饮暴食。

对于青春期的男孩，不能不吃早餐。这会影响生长发育。另外，要多吃蛋白质含量高的食物。尽量保证足够的牛奶，还要多吃果蔬。

（2）保证睡眠，多休息，既要学习好，也要注意劳逸结合。

（3）多了解一些身体发育的知识。多阅读关于矮身材研究及与身高生长发育的书，读不懂可请教医生，增加知识，用科学指导自己行动。

（4）多锻炼，坚持合理的运动，例如打篮球。每天持续 1 ～ 2 小时适量体育运动，在一定时期内可使体内生长激素含量明显增加，随着血液中生长激素含量的增加，即导致管状骨生长区活跃，从而增加身高。

（5）保持身心健康。情绪稳定，无忧无虑有利于生长发育。

因此，亲爱的儿子，长得矮不要害怕，运用科学的方法是可以增高的，即使长不高，也无关紧要，要知道，只要你有充盈的内在，身高并不能阻止你成为一个受欢迎的人！

第十一节　男孩走路要正，背要挺直

青春期成长事件

这天，跟儿子一起逛街的费太太发现儿子走路时有点驼背，便想纠正他的走路姿势。

"儿子，你给自己的外表打个分吧，100 分的话，你觉得有多少分？"

费太太说。

"80分吧，我觉得自己挺帅的。"儿子很自信地说。

"那肯定，你有我的基因啊。不过我觉得你如果走路时抬头挺胸、挺直腰背就更帅了，你看那些真正有魅力的男人，都是站如松、行如风的。"

"我发现你现在说话喜欢拐弯抹角啊，其实你可以直接说我要矫正走路姿势嘛，不过我虚心接受，下次我走路姿势不正确时，一定要提醒我。"

:: 给青春期男孩的话 ::

每个人心中都有个美丽的梦，希望自己有好气质，男孩同样如此，这种气质更多的是后天培养而成的。但很多青春期男孩，由于不注意平时坐立行走的姿势和体育锻炼，普遍存在肥胖、驼背、塌肩等问题，如果在青春期不及时纠正，可发展为骨骼变形，对个人形象和健康造成不可弥补的损害。

每个青春期男孩都是阳光、帅气的，但一定要站如松、行如风，正确的行走姿势不仅关系到一个男性的风度，也关系到个人健康问题。

走路抬头挺胸是有好处的，有利于周身与大脑的气血回流，也就是说，抬头挺胸走路时，是让大脑得到休息的机会，这个姿势使低头工作的状态变为"阳气升发"的抬头状态，正好补偿了人因为低头学习，给大脑造成的紧张以及气血流通不畅。低头走路造成的结果就是阳气不升，从而影响大脑正常的气血供应。

有些人走路含胸、弯腰，这样的走路姿势正好让这些经脉得不到很好的舒张，身体得不到应有的供氧。

此外，这种走姿所造成的脊柱问题，会反射到大脑，有很多青春期男孩没有注意到自己走路的姿势，低头、弯腰、外八字……这些姿势不仅难看，还能影响大脑的健康。

外八字走路有碍阳经，使肝、脾、肾脏气血紧张，血流不畅，影响大脑血液的供应，造成大脑血液回流不畅。内八字则影响胆、胃和膀胱的经络，这些经络均在脊柱的周围，脊柱周围气血不畅，一样影响大脑血液的循环。

青少年常体现出的侧颈、斜肩的走路姿势会影响督脉的气血运行，造成气血不周，阳气不升。

纠正不良的走路姿势，先从纠正站姿做起。你可以在家里对着大镜子自我检查。人在照镜子时会情不自禁地挺胸抬头，然后在走路时用意保持端正的姿势，做到不偏不斜，不前倾。

走路时的正确姿势应该是，双目平视前方，头微昂，颈正直，胸部自然前上挺，腰部挺直，收小腹，臀部略向后突，步行后蹬着力点侧重在跖趾关节内侧。

第十二节　男孩也要保养皮肤吗

青春期成长事件

牛牛是一名初中二年级的男生，青春期的他有很多苦恼，其中就包括脸部的油脂分泌过多，他总感觉自己的脸油乎乎的。为此，他悄悄去买了些控油的护肤产品回来洗脸。恰好，他这天洗脸时，被妈妈看到了。

"牛牛，这款产品不适合你，这是中青年人用的，会伤害你的皮肤，青春期的男孩需要保养皮肤，但要用对方式和产品。"妈妈语重心长地说。

::给青春期男孩的话::

青春期的到来，男孩女孩的身体发育有了天壤之别，其中包括皮肤，女孩的美丽的确需要留住，需要保养，但男孩同样如此。一般情况下，皮脂腺的分泌，导致了很多男孩的皮肤过油，尤其是痘痘的出现，更让男孩苦恼。

每个男孩都希望自己成为一个男子汉，可以一展自己的男性魅力，但事实上经常事与愿违，学习的紧张，饮食的不均衡、环境的污染及紫外线的照射、生活的不规律，男孩青春的面庞变得灰暗，皮肤粗糙，痘痘肆意横行……这一切都让这些小男子汉们太没"面子"了。

那么，青春期男孩该怎样保养自己的皮肤呢？

（1）多喝水，为皮肤补充水分。皮肤健康与否，重要的一个指标就是是否缺水。一个健康人每天最好饮用1.2升水。

（2）杜绝烟酒：要想你的容颜洁净有光泽，男孩一定不要吸烟。因为香烟中含有多种有害物质，如尼古丁、焦油、一氧化碳等，它们都能损害人体健康，令皮肤灰暗无光。嗜烟如命的人，轻则面容灰暗干燥、多皱纹显苍老，牙齿焦黄发黑，视力、听力减弱，重则罹患癌症。同样，酒也是如此，对皮肤也有刺激作用。

（3）保证睡眠质量。现代医学研究证明，睡好觉是保证健康乃至美容的重要条件，经常熬夜或者失眠的人容易衰老，包括皮肤衰老在内。特别是夜间12点到翌日凌晨3点这段时间，皮肤细胞代谢快，"以旧换新"的速度是清醒状态下的8倍多，故享有"美容睡眠期"的雅号。换言之，要想皮肤永葆青春，尤其要注意这段时间的睡眠，切不可错过。

（4）做好皮肤清洁正确清洁皮肤。洗脸时，要注意由里向外，由上到下，双手用力适度，用手指边按摩或轻拍边缘洗脸，以流动的温水为佳。双手不要过于用力，否则长时间后会使皮肤松弛下垂。早晚各用2～3分钟仔细地洗洗脸，会使面部皮肤洁净收紧，增加弹性。

同时，最好使用专门的洗面奶或凝胶洗脸，可以对皮肤起到很好的清洁作用，因为普通香皂会破坏皮肤表层，刺激皮肤，故应定期进行深层清洁，祛除多余油脂、污物、促进血液循环，改善容颜。

（5）防晒防冻：女孩的皮肤要保护，男孩也一样，夏日出门不要忘了准备些防晒霜之类的防护品，以防皮肤晒伤。冬季出外时要涂些油脂或防冻膏，以防面部被冻伤或皲裂。晚上临睡前涂些滋润霜，如果嘴唇干裂，可涂点唇膏，使皮肤得到充分的营养而保持湿润光泽。

总之，护肤不再是女性的专属词汇，男性也需要，尤其是处于青春期的男孩们，更要及早关注自己的皮肤，让自己拥有健康的皮肤，才会神清气爽。

第十三节 应对遗忘，学会正确的记忆方法

青春期成长事件

这天，姚女士在看电视，儿子涛涛走过来说："妈妈，我是不是老了啊？"

"怎么这么说呢，儿子，看你好像心情不大好。"

"我发现自己好像记忆力很差，刚背的单词都会忘，不是只有老年人才会记性差吗？不然就是我太笨了。"涛涛很委屈地说。

"不是的，青少年需要学习记忆的内容太多，难免忘了一些，以妈妈的经验，你可能没有选择合适的记忆方法，另外，你还需要补脑……"

∷给青春期男孩的话∷

记忆，就是过去的经验在人脑中的反映。它包括识记、保持、再现、回忆几个基本过程。其形式有形象记忆、概念记忆、逻辑记忆、情绪记忆、运动记忆等。记忆的大敌是遗忘。

记忆力可以通过训练得到提高。古今中外，很多名人学者都很注意用各种方法来锻炼自己的记忆力。例如俄国大文学家托尔斯泰说过："我每天做两种操，一是早操，一是记忆力操，每天早上背书和外语单词，以检查和培养自己的记忆力。"托尔斯泰的"记忆力操"实际上就是反复"复现"。只要你有计划地"复现"，你的记忆力一定会不断增强。

提高记忆力，除了前面我们已经阐述的十种方法外，你也要注意：

（1）养成良好的饮食习惯。科学研究证实，饮食不仅是维持生命的必需品，在大脑正常运转中也发挥着十分重要的作用。有些食物有助于发展人的智力，使人的思维更加敏捷，精力更为集中，甚至能够激发人的创造力和想象力。

（2）注意补脑。一些健脑食品，其实是常见的物美价廉之物，如蛋黄、大豆、瘦肉、牛奶、鱼、动物内脏、胡萝卜、谷类等。这些食物不仅含有丰

富的卵磷脂，且容易消化，对儿童脑髓的发育也有积极的作用：

①牛奶。牛奶是一种近乎完美的营养品。它富含蛋白质、钙，及大脑所必需的氨基酸。牛奶中的钙最易被人吸收，是脑代谢不可缺少的重要物质。此外，它还含对神经细胞十分有益的维生素 B_1 等元素。如果用脑过度而失眠，睡前喝一杯热牛奶有助入睡。

②鸡蛋。大脑活动功能，记忆力强弱与大脑中乙酰胆碱含量密切相关。实验证明，吃鸡蛋的妙处在于：当蛋黄中所含丰富的卵磷脂被酶分解后，能产生出丰富的乙酰胆碱，进入血液又会很快到达脑组织中，可增强记忆力。国外研究证实，每天吃一两只鸡蛋就可以向机体供给足够的胆碱，对保护大脑、提高记忆力大有好处。

③鱼类。它们可以向大脑提供优质蛋白质和钙，淡水鱼所含的脂肪酸多为不饱和脂肪酸，不会引起血管硬化，对脑动脉血管无危害，还能保护脑血管，对大脑细胞活动有促进作用。

（3）不抽烟、喝酒。酒精会对神经产生麻痹作用，但可以少量地饮些葡萄酒，因为葡萄汁中的抗氧化物质含量高过其他任何水果和蔬菜，且可以提高神经系统的传输能力。此外，葡萄汁还可以在短期内提高记忆力。

第十四节　保持乐观心态

🎤青春期成长事件

在某学校的初中三年级，有个特殊的男孩，他叫刘远，他因为车祸，左胳膊手术无效而导致肌肉萎缩，很多事情都不方便，但是他每天脸上都带着微笑。

有同学问他："你为什么这么高兴？"

他说："那有什么不高兴的呢？"

"你的左胳膊不方便啊！"

"可是我右胳膊还是很好用啊。"

他总是这么积极乐观，同学们都喜欢跟他做朋友。

:: 给青春期男孩的话 ::

刘远确实是个值得敬佩的男孩，每个青春期男孩都应该学习他这种积极乐观的心态。

有人将青春期称为危险期，处于青春期的男孩们感受着许多心理冲突和压力，处于各种心理矛盾的包围中。这使得很多青春期男孩心情不好，生活和学习也会受到影响。甚至，如果这种不快的心情长期不能得到解决，就可能在情绪情感、性格特征及日常行为等方面出现种种问题，甚至出现较严重的心理及行为偏差，乃至精神疾病。因此，这是一个充满危机和挑战的时期。男孩要记住，心情好，一切都好。那么，心情不好的时候，该怎么办呢？

1. 自信是好心情的基础，是快乐的源泉

所谓快乐，越快越乐，越乐越快。形成一个良性循环，就不难拥有良好的心态，也就能控制自己不快的情绪。

任何人拥有自信，就拥有了快乐与开心的资本。俗话说：尺有所短，寸有所长。每个人各有所长，各有所短，每个人都有自己的优点与别人不能企及的地方。因此，青春期的男孩们，不要总是人盯着自己的缺点、短处和现在，而要学会欣赏自己，多看自己的优点、长处和未来。总之，要想办法让自己自信，自信就能快乐，快乐就能发掘潜能，就能高效。

2. 懂得正确地宣泄自己的不良情绪，以减轻心理压力

要敢于把自己不愉快的事向知心朋友或亲人诉说。当极其忧伤时，哭泣、读书、写日记、看电影、听音乐都是常见的宣泄方式。节奏欢快的音乐能振奋人的情绪。

3. 扩大交往范围，摆脱孤独

每个人都有一种归属的需要，都希望被人认同，找到一种社会归属感，并希望从团体中得到价值的认定。研究发现，人际交往有助于身心健康。当你真诚地关心别人、帮助别人，无私奉献自己的一片爱心时，你会欣喜地发现，你获得的比你给予的更多。千万不要因为怕别人不高兴而把自己同他人隔绝开来。孤独只会使抑郁状态更加严重。

青春期是每个男孩为人处世之道形成的重要时期。因此，亲爱的儿子，

你要注意修养自己的快乐之道，并把快乐传递给周围的人。从现在起，做一个快乐的人，并且把你的快乐传递给你的父母、老师和同学，形成一个良好的、快乐的学习氛围，这对于青春期的成长是很有利的。

第十五节　适应天气，增强免疫力

青春期成长事件

"妈妈，我又感冒了。感冒药呢？"小瑞一边打喷嚏，一边找妈妈。

"吃感冒药就可以吗？每次都要熬到打点滴才能解决问题。"妈妈问。

"没事，先试试吧，不过为什么我老感冒呢？尤其是到了换季的时候。"小瑞问。

"因为你免疫力差，我想该找找办法帮你提高免疫力了。"

::给青春期男孩的话::

进入青春期的男孩虽说已经慢慢长大，但青春期也是个过渡期，尤其在身体的发育上，其中就包括免疫系统的发育，尤其是在季节交换的时候，男孩要适应天气，避免得流感、热感等免疫系统疾病。

实际上，免疫力是可以通过生活习惯来提高的，不妨看以下几种方法：

1.多喝水、多运动、多休息

多喝水：成人每天必须摄入2000~2500毫升的水分，这样就可以保证体内新陈代谢的需要。

多运动：步行、游泳或骑自行车等都是很好的有氧运动，毕竟，只有健才有美，只有健康的体魄，才能维持理想的体重，才能有充沛的活力对抗病毒。

多休息：男孩们，该睡觉的时候要睡觉，该起床的时候就要起床，顺应人体的生理时钟，充分地睡眠和作息，才能保持身体的免疫力，对抗病毒。

2.营养均衡

养生已经成为现代人健康的一大追求，可这一点，在健康饮食观念淡薄的青少年身上，似乎并不明显。其实，只有饮食健康，才能增强身体的免疫力。为此，青春期的男孩们一定要做到营养均衡。

营养均衡的原则其实很简单，每天摄取主食大约三到六份、油脂二至三汤匙、蛋鱼肉豆类四到五份、牛奶两杯、蔬菜至少三份、水果两份。很多青春期的男孩，因为紧张、忙碌的学习，只吃某些主食；也有一些男孩，只为了图口腹之快，不在乎吃得健康与否，身体的各项健康指标都不达标，成为亚健康人群中的一员。总之，男孩要提醒自己每餐一定要吃蔬菜水果，并且饮食多样化，不要总是吃某些特定食物，这样容易造成营养的偏废。

3. 忌喝酒和少食辛辣、油腻食物

食物犹如一把刀，可以救人亦可以杀人。因此，有一些会降低免疫能力的食物，最好少吃，否则不但会干扰免疫细胞的活力，甚至会抑制淋巴球的形成，使免疫机能受损。

忌喝酒：酒精会严重减弱各种免疫细胞的正常功能，同时也会影响肝脏以及胰脏的机能。除了酒之外，烟、咖啡、毒品等，不但会降低人体免疫力，还对人体有害，因此拒绝与这些东西往来绝对是上上之策。

少油脂：吃东西太油，尤其摄取太多不良脂肪，会妨碍免疫力，使体内免疫细胞变得慵懒，而无法发挥功能。因此建议，减少烹调用油量及高脂肪、高盐的摄取，尤其油炸的东西和肥肉尽量少吃。

少辛辣：辛辣的食物会对人体的各个消化功能产生刺激，尤其是胃，大部分胃病患者，都与喜食辣味食品有关。

最后，要保持良好的心情。古谚说："一笑治百病"，用积极的人生观面对生活，适度地缓解压力，多接近大自然，多笑一点，更是各种增强免疫力方法的绝妙搭档。

第9章

努力克制自己的叛逆情绪，保持好心态

　　每个男孩进入青春期后，随着身体的发育，他们在心理上也发生剧烈变化，表现在成人感、独立感的增强，产生认识自己、塑造自己的需要等方面。他们开始意识到自己不再是孩子，而是大人，他们希望自己能像成年人一样受到尊重，自尊感明显增强，做事喜欢自作主张，不希望成年人干涉，渴望独立，他们对父母和老师之言不再"唯命是从"了，往往嫌父母和老师管得太严、太啰唆，对家长和老师的教育容易产生逆反心理。其实，要减少这种逆反心态和情绪，除了父母和老师需要努力外，男孩也应该从自身找原因。消除这种抵触情绪的方法主要靠理解，不仅要理解师长，也要告诉他们你自己的感受，让他们理解自己，进而消除矛盾，让自己平安、顺利地度过青春期。

第一节　男孩要开始学习管理自己的情绪

青春期成长事件

这天，班上又发生了吵架事件，其实只是一件鸡毛蒜皮的事。

"你不知道，他有多差劲，小心眼、成绩差、长相差，甚至唱歌也差，估计学校都没人喜欢他。"一群男孩子在讨论某个韩国明星，说话的是小鹏。

"你说谁差劲呢？你也好不到哪里去，一天除了研究那些无聊的游戏，你还会做什么？"这被刚刚路过的飞飞听到了，他和小鹏的关系一直不好，以为小鹏再说自己，于是，不分青红皂白，展开了言语攻击。

"游戏怎么无聊了？你不知道每天有多少人在玩我这个游戏，估计你爸爸也在玩，你品位低下，也别说别人。"小鹏自然不肯忍让。

"你为什么扯到我爸爸？你有没有道德？"飞飞生气了。

于是，就这样，你一句我一句的两人吵起来了，要不是同学们赶紧劝解，估计两人还要打架。

其实，这种事情在学校里经常发生，很多老师都感叹，怎么男孩们一点绅士风度都没有呢，都不知道礼让和尊重吗？

:: 给青春期男孩的话 ::

我们知道，一个人是否成熟的标志就是是否能做到控制自己的情绪。对于青春期的男孩来说，你已经不是小孩子了，不能高兴了就笑，伤心了就哭，生气了就闹。为此，你必须学会管理自己的情绪，以下是几个情绪管理的建议：

1. 积极的语言暗示

日常生活中，我们运用语言的情况多半是与人交谈，而其实，语言还有其他很多的功用，其中就包括心理暗示。语言暗示对人的心理乃至行为都有着奇妙的作用。

　　为此，当你心有不快，想要通过发火的方式来发泄时，你可以通过语言的暗示作用来调整自己，以使自己的不快得到缓解。例如，你的同学做了伤害你的事，你很想找他理论，并将他骂一顿，那么此时，为了不让事情发生严重的后果，你在冲动前可以告诉自己："千万别做蠢事，发怒是无能的表现。发怒既伤自己，又伤别人，还于事无补。"在这样的一番提醒下，相信你的心情会平复很多。

　　2. 放松、调整自己

　　当你遇到不快的事时，最好的方法就是到一个无人的地方大喊几声，或者去做一些体力劳动、去操场锻炼身体，当你的这些心理压力通过身体上的能量转换成汗水以后，你会发现，你的心情会好很多，气也就顺些了。当你生气的时候，你也可以拿出你的小镜子，看看生气时候的你是多么难看，那么，不如笑笑，看看自己的笑容，怨恨、愁苦、恼怒也就没有了。

　　3. 自我激励，原谅对方

　　激励是人们精神活动的动力之一，也是保持心理健康的一种方法。当周围的人让你生气时，你不妨自我激励，告诉自己，如果我原谅他了，我的品质又提升了一步，自然就压制住了要发火的倾向。

　　4. 创造欢乐法

　　心绪不佳、烦恼苦闷的人，看周围一切都是暗淡的，看到高兴的事，也笑不起来。这时候如果想办法让自己高兴起来，笑起来，一切烦恼就会丢到九霄云外了。笑不仅能去除烦恼，而且可以调解精神，促进身体健康。

　　亲爱的儿子，爸爸妈妈希望你能学会管理自己的情绪，并逐渐成熟起来！

第二节　认真听父母的意见，别和长辈对着干

青春期成长事件

　　这天，学校家长会上，几个男孩的母亲谈到儿子的教育问题。

　　"哎！孩子小学时很懂事乖巧，叫他做什么就做什么。自从上了初中后就跟变了一个人似的，老说我唠叨，多说一句就厌烦我，摔门而走。这段时

间老是把自己关在屋子里，把门插上，不知道弄些什么。星期天不吃早饭就被几个男男女女的同学叫走了，问去干什么，也不说。我为他做了这么多，还不领情。"这位妈妈叹了口气。

"儿子都长大了，听不进去话了，这也正常啊。再长大一点，就会明白的。"旁边一位母亲安慰道。

:: 给青春期男孩的话 ::

不得不说，每个青春期男孩的身体里都流淌着叛逆的血液，都觉得父母很唠叨，总是在耳边没完没了的。于是，他们喜欢跟父母唱反调，但你是否想过，父母虽然唠叨是烦了点，可是他们这都是出于对孩子的关心，作为子女的你也应该理解，为他们着想，然后采取一个正确的、适当的方式和父母进行沟通。你应当理解父母，即使不理解也应该学会去理解他们，因为这时候你已经需要一分责任感，如果你连父母对你的真心尚无法去公正地判断，而误解了他们的意图，这是缺乏孝心的表现。那么，你该怎样和父母相处呢？

1. 和父母做朋友

其实，你不妨和父母做朋友，不要总是羡慕别人有开明的父母，要和父母交朋友也并不是一件难事。

想和父母做朋友，首先要做的就是把自己的心态调整一下。或许在你内心当中，父母就是父母，就是你的领导，其实不然，只是你平时少跟家人沟通，彼此间其实并不了解，所以你会觉得有点陌生，而不敢和父母沟通。放开自己的心，不管如何，父母始终还是父母，再怎么样也不会伤害你。如果对自己没有信心的话，可以先找一些无聊的事情和父母说一下，比如说今天天气很好、心情也好等，观察一下父母的态度再决定是否要和父母说。但是你要先把自己的想法改变一下。

实践证明，父母儿女之间选择做朋友更能促进家庭关系的融洽，也更能达到青春期男孩健康成长的目的。

2. 多沟通

当你和父母产生意见分歧时，尽量控制好自己的情绪，不激化矛盾，试着换位思考。有些时候父母处理事情的方式的确不太正确，但从父母的角度考虑的话，你就会发现他们这些做法的一切出发点都是为了你好。父母对儿女的关心帮助是绝对不求任何回报的，想到这些，自然也就能理解了。

3. 用行动告诉父母你长大了

再者，你要在行动上证明，你已经能独立生活和思考，让父母发现你长大了，这样，他们也就能放开双手，让你独立行走，而只是以朋友的身份平等地和你交流想法。

所以，亲爱的儿子，你要明白，你今天的努力是为自己走近社会积累知识资本，你的努力与父母的期望是一致的。有话和父母交流，也可以劝父母停止唠叨，坐下来交交心，要尊重父母，互相理解，心平气和地平等交流。让父母可以为你少操心，父母就很知足了，和睦的家庭，是保证你提高学习质量的重要因素！

第三节　做懂事的男孩，告别虚荣和攀比

✎ 青春期成长事件

小易今年12岁，在音乐上很有天赋，从小父母就让他学小提琴。但是，他也是个十分"奢侈"的孩子，服装和用品从来都只用名牌。有些时候父母给他买来不是名牌的衣服，不管多好看，他都一概不穿，还为此哭闹了很多次。

父母对他这点也十分头疼，实在不明白为什么孩子这么小就如此热衷于名牌，而小易的理由就是："让我穿这些，我怎么出去见人啊？我的同学都穿名牌，我要是没有，人家会笑话我的。我不穿，要不我就不去上学。"

不仅如此，小易还逼着爸爸给他买笔记本和高档手机，原因也是"同学都有"。

:: 给青春期男孩的话 ::

其实，像小易这种现象，在青春期男孩中早已不是特例，尤其对于那些家庭经济优越的孩子，他们从小就穿名牌衣服、吃优质食品、玩高档玩具。于是，进入青春期后，便学会了互相攀比。

　　其实，很多时候，男孩的虚荣心和家庭以及父母的教育有很大的关系。现在许多父母溺爱孩子，大部分家庭只有一个孩子，又有经济承受能力，所以舍得买高档玩具、流行服装。有些父母不注意男孩的修养和教育，喜欢在吃穿打扮、玩具图书等方面与他人攀比，甚至给男孩大把零花钱以显示自己的富有和与众不同。他们总喜欢讲自己儿子的优点，甚至在亲朋之间也炫耀自己的儿子，亲朋为了礼貌也都讲孩子的优点。他在生活中一直听到的都是一片赞扬声，很少有人讲孩子的缺点。家长对男孩一味"吹高""捧高"，让男孩在一片赞扬声中长大，从不受任何挫折，这样也就慢慢形成男孩的虚荣心。

　　我们不能否定的是，攀比是很正常的心态，每个人都或多或少存在攀比心，包括成年人。有时候这种心态的存在可以促使人去努力、去奋斗，从一定意义上说，攀比心是促进人前进的动力，良性的攀比能使人奋发。但作为青春期男孩，如果不克服自己的虚荣心，很容易误入歧途。

　　生活在这个世界上是很不容易的，而生命是有限的，所以我们要把有限的生命投入到无限的快乐生活中去，才能真正获得幸福。

　　那么，青春期的男孩们，该怎样学会克服虚荣心呢？

　　1. 避免物质生活过于奢华

　　人们贪念的形成，多半是从物质上开始的，有了钱就更想有钱，住了房子想住别墅。同样，很多青少年身上也有这样的缺点，总是想吃高档食物，总是要买名牌衣服，而假若你从小就注重生活的节俭，还怎么会有这样的性格缺点呢？

　　2. 学会知足，享受简单的快乐

　　如果你能体会到和同学们一起做游戏、和父母一起享受天伦之乐的快乐，你还会把眼光放在物质生活的追求上吗？

　　因此，亲爱的儿子，在忙碌的学习之余，不妨让自己投身到人际交往中吧，从中获得乐趣，你就会变成一个心态阳光的男孩。

第四节　男孩别总是对他人怒目相向

这天一大早，张太太一到办公室，就跟自己的同事谈起了儿子的教育问题。

"东东最近不知道怎么了，好像总是爱发火，有时候我并没有说什么，但他也会生气，现在好像我都变成了他的出气筒了。"张太太抱怨道。

"其实，孩子自己也不想这样，这是因为他们处在叛逆的青春期，情绪多变，心中有无名怒火，我家儿子比你家东东大几岁，他前几年也是这样的……"

::给青春期男孩的话::

情绪多变是青春期孩子的典型特征。很多男孩常常说："内心总有股无名火"，他们常常会对他人怒目相向。而对于男孩自身，即便出现了一些令你气愤的事，也要把控好自己的情绪，这样，不仅会显示自己的气度，获得他人的尊重，也会收获到很多快乐。

马克·吐温说："世界上最奇怪的事情是，小小的烦恼，只要一开头，就会渐渐地变成比原来厉害无数倍的烦恼。"而对于智者来说，在烦恼面前，他们不会愤怒，因为他们深知，愤怒是十分愚蠢的行为，只会让自己陷入糟糕的情绪循环之中。

对于青春期来说，你也应把控制自己的情绪、抑制自己的愤怒作为修炼自己良好性格的重要方面。当你遇到了不快的事情，即将发火时，请告诉自己，如果我原谅他了，我的品质又提升了一步，自然就压制住了要发火的倾向。

那么，怎么做才能完美地处理生活中遇到的愤怒呢？

1.认识自己发怒的原因

当你的情绪稍微稳定下来以后，你可以试着认识自己发怒的原因。你是不是因为同学总是对你的体重或发型冷嘲热讽而气恼不已？是不是你的朋友在你背后说了你的坏话？要预先想好发生这种情况时消除怒气的方法。

2. 使用建设性的内心对话

赫尔明指出："许多怒火中烧的人不分青红皂白责备任何人和事，什么车子发动不了啦，孩子还嘴啦，别的司机抢道啦之类。使怒气徘徊不去的是你自己的消极思维方式。"既然想法是导致情绪的主因，那么，如果你是个容易愤怒的人，你就应该加强内心的想法，准备一些建设性的念头以备不时之需。例如：

"我在面对批评时，不会轻易地受伤。"

"不论如何，我都要平静地说，慢慢地说。"

当你能熟练使用这些"灭火步骤"时，你就会发现，自己花在生气上的时间越来越少，而花在完成工作的时间，也就相对越来越多了。这是必定有用的方法只要你肯去尝试。

3. 不要说粗话

不管你说的是"傻瓜"还是更粗野的词语，你一旦开口辱骂，就把对方列为自己的敌人。这会使你更难为对方着想，而互相休谅正是消弥怒气的最佳秘方。

的确，愤怒是一种大众化的情绪——无论男女老少，愤怒这种不良情绪都在毒害着他们的生活。因此，亲爱的儿子，爸妈知道你正处于叛逆期，但如果你常常动怒，那么，你最好学会以上几点调节情绪的方法，从而浇灭愤怒的火焰。

第五节　个性并不等于非主流

青春期成长事件

这天早上，琦琦以一身奇特的造型来到教室：一双军靴，一条破洞牛仔裤，一件马甲，再加上一顶鸭舌帽，两颗超闪耳钉。琦琦觉得自己穿上这些以后特酷了。

看到几个好朋友走过来，琦琦摆了个姿势，问："怎么样，我这身酷不酷？"

"太酷了，简直是酷死了，琦琦，我们班很多男生都以你为榜样呢，你引领我们班的时尚界，只可惜，我的衣服都是妈妈买的，哪敢这么穿？"

"怎么不敢，我们都是大人了，穿衣服就要个性。"

过了一会儿，老师来了，听到他们的对话，老师说："你们虽然慢慢长大了，但穿着打扮必须符合自己的年龄。另外，个性，也不一定非要一身非主流装扮啊，我知道，你们这个年纪都希望自己引人注目，但什么是真正的个性，你们知道吗？怎样穿才合适，恐怕你们也自己不知道。"

::给青春期男孩的话::

随着时代的发展、物质生活水平的提高和价值观的多元化，跟上"时尚"与"潮流"的步伐也已经不是成年人的专属，很多未成年的青春期男孩，也纷纷把追逐时尚作为重要的生活内容。

如今在街上，到处能看到一些"非主流"装扮的男孩，有些还只是初中生，刚刚进入青春期。那么，什么是非主流呢？

非主流指不属于主流的事物，如文化上的次文化、宗教上的异教、人群中的异类等。非主流是相对于主流而存在的概念。一个事物既可以从非主流变成主流，也可以从主流变为非主流。

青春期的男孩已渐渐发育，并开始注重自己的外貌和装扮。这些男孩的一大特点就是喜欢一些惹眼的装扮，让人一眼就能从人群中分辨出来。

青春期是人生发展中的一个重要时期，要追求个性可以通过更积极的方式，而不是通过服装。如果你把过多的精力放在穿衣打扮上，在学习方面就会放松，甚至会因此耽误学业。抱有这样一种浮躁的心态，又怎能搞好学习呢？

另外，青春期也是审美观、穿衣品味形成的阶段，奇装异服只能显露你的不成熟和审美偏差。

再者，青春期应该追求的是内心的充实，培根说："人一旦过于追求外在美，往往就放弃了内在美。"你知道吗？生活中，有些男孩为了得到想要的衣服，想方设法掏空父母的钱包，或者见别人穿得"漂亮"了就妒之、恨之。更有甚者，由于经济不支却盲目赶时髦，于是铤而走险，采取不正当的手段，骗取、偷窃家人或其他人的财物，铸成大错。

爸爸妈妈明白，青春期是追求自由的，但要选择符合自己的身份、年龄的装束，这样才会给形象加分。

第六节 面对父母的高期望，学会为自己解压

青春期成长事件

小林是个单亲家庭的孩子，父亲在一场车祸中失去了生命。他和妈妈相依为命，妈妈把所有的希望都放到他身上。为此，小林努力学习，希望能用好成绩回报妈妈的期望。

随着初三的到来，小林感觉到压力越来越大，如果中考考不好怎么办？妈妈会伤心的！一想到这点，他的心情就很烦躁。

这天，小林在客厅看电视，妈妈对他说："你该去看书了。"

听到这，小林很莫名其妙地回了一句："你能不能别逼我了。"妈妈听完后，站着那愣了半天，孩子这是怎么了？

::给青春期男孩的话::

现代社会，生活节奏不断加快，社会竞争不断加剧，使得人们精神压力越来越大。长期的心理压力不仅会致使人产生心理疾病，还可能会由此导致一些生理疾病的倾入。因此，生活中的那些"心理垃圾"，必须及时予以清理。

对于青春期男孩来说，面临着未来激烈竞争的压力，面临着学习的压力，面临着升学的压力，这些压力都给男孩的身心上了重重的枷锁。处于叛逆期的他们，面对来自各方面的压力，常常会觉得很疲惫。

男孩们，即便你觉得压力再大，也不应该对父母发泄，不该伤害他们，他们是你最爱的人。不少男孩可能会问，面对重压我该怎么办呢？以下是几

种心理调节方法：

1. 语言排放

当你遇到不开心或者不幸的事时，不要把它憋在心里。有了心事，就应该告知他人，可能别人会"一语惊醒梦中人"，这些人可以是你的朋友、老师或者亲人，其实自言自语也是种有效的方法。

2. 回归自然

当一个人心理不平衡、有苦恼时，可以让自己的身体回归大自然，尤其是那些山清水秀的地方，更是排放心理压力的好去处。在神奇的自然面前，你的一些烦恼事都会烟消云散。

3. 阅读

古人云："书中自有黄金屋，书中自有……"，这些话是有一定道理的，一旦我们对某本书产生兴趣，就会投入进去、爱不释手，那么，生活中的一切烦恼都会抛到脑后。

4. 通过音乐放松

音乐是人类最美好的语言。那些轻松愉快的音乐会使得你将那些不愉快的事情抛到九霄云外。

5. 运动

这里的运动包括很多种，可以是力量型的运动，如长跑、打球、健身等，也可以是智力型的运动，如下棋、绘画、钓鱼等。从事你喜欢的活动时，不平衡的心理自然逐渐得到平衡。

6. 与人为善

在别人需要帮助时，伸出你的手，施一份关心给人。仁慈是最好的品质，你不可能去爱每一个人，但你可以尽可能和每个人友好相处。从自己做起，与人为善，这样才会有更多朋友。

亲爱的儿子，青春期有压力，一定要学会发泄，但发泄的方法一定要适当，才会起到释放压力的原本作用。

第七节　学会向父母敞开心扉

青春期成长事件

　　在每年的社会三好家庭评选中，小智家总是当选，而当街坊邻居询问小智与父母相处的秘诀时，小智总是说："因为我和爸妈不仅是亲人，还是朋友，他们是我最贴心的朋友。无论在生活上还是学习上，他们总是给我最大的帮助，每次和爸妈的交谈都是一次享受，我总是受益匪浅，对于人生的很多问题我不再困惑。"听到这番话，很多人夸小智懂事。

:: 给青春期男孩的话 ::

　　和例子中的小智一样，和父母做朋友、向父母敞开心扉地说话，可能是很多青春期男孩羡慕的一种亲子关系。但是，现实生活中，有很多男孩和小智不是一样的想法，总有男孩抱怨："哎，跟父母谈不拢了，有代沟了。""我和父母没什么可说的。"所以有什么事情，最不想告诉的是父母，最晚知道的也是父母，更谈不上敞开心扉了。面对这样一种局面，实在让人感到既悲哀又无奈。静下心来认真想想，青春期男孩为什么就不能尝试着与父母交朋友、谈谈心呢？

　　首先，全天下最无私的就是父母了，正所谓"可怜天下父母心"，他们常常甘心为自己的子女奉献一切。其实，亲人才是最真挚的朋友啊！

　　其次，人与人之间，只有加强沟通、消除隔阂，才能建立和深化感情，你与父母之间存在沟通障碍，是因为你没有努力地尝试去沟通，大多数父母是明理的，虽然刚开始交流可能会困难点，但随着交流次数的增多，你们的情感、思想会自然而然地贴近，沟通会变得越来越容易。当父母看见自己的儿子愿意与自己坐下来谈心，并能交换意见的时候，就会认为你懂事了、长大了，久而久之，你与父母的关系更加亲近，家庭关系更加和谐，这对于你的学习和生活都是有利而无害的。

最后，父母总是过来人，他们毕竟是社会人，积累了大量丰富的经验。而他们的这些经验对于涉世未深的你而言是十分宝贵的，与父母交心，能学习到很多你没有接触过的知识，这些知识在学校是无法学习到的。

总而言之，试着和父母做朋友吧，你会受益无穷的。

第八节　男孩别曲解老师对你的爱

青春期成长事件

王晓从小调皮捣蛋，不怎么受老师喜欢，但他很聪明，因此成绩一直也不错。上初中以后，老师把王晓的座位和李小凡放在了一起，因为李小凡是个安静、听话的男孩。而王晓就不喜欢和这样的人玩，回家后他对妈妈抱怨："那李小凡也并不是什么学习尖子，老师怎么就那么喜欢他呢？"

"傻儿子，你要知道，在学校，取得老师的支持，让老师喜欢你，对你的学习是很有帮助的，老师是不是经常单独给李小凡补课？"

"您怎么知道？"

"我当然知道，这就是因为老师喜欢他。你也可以做到。"

"那我应该怎么做？"

"后天不是教师节了吗，你自己动手做个小礼物，写上你想对老师说的所有话，你们之间的关系肯定能拉近一步。"

"我知道，谢谢妈妈。"

教师节那天，王晓亲手给每位老师送上自己做的卡片，还附上了一封信。老师们都很开心。

:: 给青春期男孩的话 ::

青春期，很多男孩由于老师对自己的不理解、不信任而产生了心理上的对抗。其实，每个男孩都希望能成为老师眼中的优秀者，希望老师喜欢自己。在学校里，师生之间的人际关系和谐、友好、亲密，就能使师生团结合作，提高教育活动的效果，因此，那些对抗也只是表面的，老师仍然是孩子们的理想目标、公正代表，他们希望得到老师的关心、理解与爱。那么，青春期的男孩们，该怎样努力取得老师的支持呢？

1. 尊敬老师

尊敬师长，是每个学生必须做到的，老师辛勤地工作，希望每个学生都能成人成材，但教师也是人，难免有缺点、有错误，如果因为教师工作中有缺点、有错误就不尊敬，那是不对的。男孩们，你应该体谅老师的苦心，更要尊敬老师。有了尊敬，才能建立良好的师生感情。

2. 努力学习，用成绩回报老师

老师都希望每个学生都取得好成绩，因此，对那些学习用功、成绩优异的学生，老师总是格外关注，因为他们是老师教学成果的最好证明。因此，要想获得老师支持，成绩是最好的武器，学习成绩的上升，会让老师看到你的努力，自然会喜欢你。

3. 主动关心老师

例如在某个节日的时候，你可以精心制作一个礼物，并写上你想对老师说的话，例如在给班主任老师的贺卡上写道："亲爱的老师，这一年来给您添麻烦了，感谢您的辛勤培育。在新的一年里，我打算把各个成绩都提高一个层次，请您继续支持我、关心我"相信，任何一个老师看了这张贺卡，都会被你的上进心所打动的。

第九节　冷静自持，学会缓解冲动的情绪

青春期成长事件

有个叫刘杨的男生，因为和体育老师的一次冲撞而被迫退学。

那是某天下午的体育课，上课铃响之后只有 20 个左右的学生到操场集合。体育教师面对这种情况，就叫体育委员去班上把其他学生叫来。慢慢地，其他人都来了。但此时，刘杨还在远处的沙池边上跳远。体育老师用力吹了

几下哨子，刘杨才小跑过来。

在刘杨快要站回队伍时，体育老师喝道："站住！"并用眼神狠狠地盯着刘杨。

"你没听到老师吹哨子吗？为什么还慢慢地、大摇大摆地过来？"老师问，刘杨没回答。

看到刘杨没反应，体育老师一下子火就上来了，打了刘杨一巴掌，这下子刘杨也被激怒了，居然也要动手，旁边的学生见状，迅速上前把两人拉开。

:: 给青春期男孩的话 ::

可以说，刘杨和老师的冲突的确是两人都有错，教师向学生发火，有他不对的一面，但作为学生的刘杨，他的行为也是错误的。

其实，青春期的男孩相对于女孩来说更容易冲动，处于叛逆期的他们，一旦遇到什么事，就很容易血液上涌。但男孩们，请记住：冲动是魔鬼，冲动会让自己一败涂地。从现在起，一定要做到自制，理智思考并克服自己的情绪。

男孩们，人生漫漫，你不要让自己输在心态上，心态决定人生，也决定了人的生活方式；懂得自制，能控制自己的情绪，你就会控制由冲动带来的一系列恶性情绪反应循环。心情好，就什么都能做好。生活中有太多的人，他们把人生看得太累，认为人活着就累，其实，这是因为他们没有调整好心态的原因。

每个青春期男孩都必须学会控制自己的情绪，克服冲动，收获一种健康心态极为重要。对此，你可以做到：

1. 转移

转移的含义就是，你应该讲你的注意转移到那些能让你高兴的事情上去。

2. 分解

你可以将你的烦恼分解，然后将这些分解后的问题一个个解决，那么，那些看起来无法解决的烦恼也就自然迎刃而解了。

3. 弱化

其实，在你看来那些无法释怀的烦恼其实并不是什么原则性问题，你把问题看得太重，它又怎么轻得了？

4. 体谅

你在为别人的错误而生气吗？生气就是对自己的一种惩罚，原谅了别人也就饶过了自己。另外，应该将对方看作一个客观存在的事物。

5. 解脱

这就需要你跳出当前的令你烦恼的问题，站在更高的角度看，你会发现新的角度，也就能对问题做出新的理解。例如，塞翁失马，焉知非福，就是经典的解脱思维。

亲爱的儿子，爸爸妈妈能理解青春期的你，情绪容易冲动，但请记住，态度决定一切。也就是说，冲动的情绪往往会把一切事情都办糟糕。即使遇到了好事和良机，也会因为不良的情绪，使自己产生出无形的压力，使自己的能力无法充分发挥，错过这些机遇。

第十节　男孩要学会与父亲平等交流

🎤 青春期成长事件

小杰是个单亲家庭的孩子，他的母亲在他 3 岁的时候就离开了。他的父亲就身兼母职，独自抚养小杰，但父亲因为经常出差，出门前总会在冰箱上留一个便条："里面有一杯牛奶，三个西红柿，不要忘记吃水果。"在写字台上留张条："注意坐姿，别忘了做眼保健操等。"

多年以后，小杰考上了大学，父亲为他整理东西时，竟然发现他把这些纸条全部完整地夹在书本中。父亲的眼睛一下子湿润了——原来孩子的情感之门始终是向自己敞开的，对自己的关爱也始终珍藏在心底。

∷ 给青春期男孩的话 ∷

这是个感人的故事，可是现代社会多少青春期的男孩懂得和父亲相处呢？我们看到的现实状况是：父亲向儿子表明，"我是父亲，你就该听我的。"

而男孩的回答则是："你是老子，我是小子，可我就不想听你的。"于是，一场父子之间的"战争"就上演了。

在很多家庭，父子之间的沟通都比较困难，青春期的男孩是叛逆的，他们觉得谁都不了解自己，很多事宁愿找个陌生人说，也不想问询自己的父母，尤其是父亲，因为父亲常常摆着一副家长的架子。而如果你想在青春期和父母有一定沟通，交流的话，应该自己主动点，学会向父亲示弱。示弱是实现平等沟通的前提。

具体来说，你应该做到：

1. 你可以告诉父亲已经长大了，有一定的担当能力

你应告诉父亲，你已经是一个完整的、独立的个体，而不是小时候那个坐在他肩膀上的小孩子了，虽然你还处在成长的阶段，但已经具备了一定的解决问题的能力。向父亲表明你的想法，一般来说，他会接受的。

2. 像一个男人一样参与家庭事务

你已经不是个小孩子了，长大意味着责任，你可以主动向父亲要求参与家庭事务，如果你能给出合理的建议，父亲一定会看到你的能力。

3. 遇到难题时，问问父亲的意见

慢慢长大的你在青春期一定会遇到很多棘手的问题，向父亲咨询，不但能帮你解决问题，还能加深和父亲之间的感情。

4. 学会理解父亲的情绪

有时候，父亲难免会遇到一些工作和生活上的烦恼，可能会对你发泄不良情绪，作为儿子的你，要学会理解他，切忌火上浇油、自乱阵脚。当父亲受到委屈的时候，你也可以像个男人一样给他安慰，给他鼓励，在和谐的亲子交流中，他也会看到你的成长。

总之，亲爱的儿子，你总是渴望倾诉、渴望得到父亲的理解，但你也应该向父亲敞开心扉，作为父亲，我希望你把我也当兄弟、当朋友，真正实现平等的沟通。

第十一节　迷茫，我不知道未来的路该怎么走

青春期成长事件

梅女士的儿子叫小凡，今年上初三，小凡最近总是失眠，晚上熬到三点多才能勉强睡去，可是，一会儿又会自己醒来；上课的时候，也开始注意力不集中，老师讲的内容听不进去，大脑一片空白。一回到家，他又会心情非常烦躁，紧张不安，感觉无聊，脑子始终昏沉沉的。无奈之下，梅女士带着儿子来看心理医生。

经过心理医生了解，小凡这种焦躁不安的心理来源于他对未来的茫然：梅女士自己出生于一个书香世家，对儿子一直管教比较严格，而对于小凡来说，父母的苛求逐渐转化成他对自己的标准，他所接受的暗示是"只有自己表现得尽善尽美了，只要有一个光明的前程，父母才会满意，我才会拥有他们对自己的爱"，所以一直以来小凡都不敢放松，努力追求完美的目标。但在最近的几次阶段性考试中，小凡成绩并不好，这让小凡很担心，自己的成绩会不会一直这样下降下去？就这样，紧张与不安让小凡变得压抑、敏感，并开始失眠。

:: 给青春期男孩的话 ::

小凡的情况并不是个案，很多青春期的男孩会遇到。青春期是每个人孩提时代与未来生活的交接处，这个阶段的孩子常因为对未来的茫然而焦躁不安，常感到茫然不知所措。这一旅程充满了成为成年人必须完成的任务，其中重要的两项：

①人际交往方面变得成熟。

②找到未来事业的方向。青春期对于任何一个孩子来说，既是快乐的，又是艰难的，快乐在于他们终于长大了，而同时，他们又不得不面临很多问题。

那么，青春期男孩该如何缓解这种不安呢？

1．为自己找一个奋斗的目标

焦躁不安是因为对未来的不确定，为此，你可以咨询父母或者老师的意见，也可以根据自己的兴趣爱好，为自己找一个长远目标；有了目标，也就能专心致志学习了。

2．努力学习

无论你是想当司机、护士还是其他社会角色，你都需要足够的知识，例如，司机需要许多驾驶知识，需要地理知识，好司机需要会讲外语，而做好护士也相当不容易……事实上，未来社会，只有具备一定知识的人才是人才，才能实现自己的价值，同时，也才能为社会贡献力量。为此，你必须以顽强的毅力、高度的自觉性和责任感努力学习。

3．向父母倾诉

处在青春期的男孩，思想较为叛逆，什么事情都不爱跟家长沟通，总认为自己长大了，自己的事情可以自己处理，什么事都憋在心里，长久下去就出现情绪低落。其实，如果你向父母倾诉的话，也许他们能给你很好的建议，自己也就不会不安了。

总之，亲爱的儿子，你要明白，青春期是一个为你将要离开家开始独自生活做好准备的时期。但你必须坦然面对现在，才会真正静下心来学习，最终实现自己的目标。

第十二节　谎言与诚信，男孩你该选择哪个

🎤 青春期成长事件

周六一大早，辰辰就拿着篮球准备出门，刚好被妈妈看见了，妈妈便问："这么早就去打球啊？"

"是啊，刘洋周三的时候就跟我约好了，说要来场比赛。"辰辰说完就出门了。

上午，妈妈去买菜的时候，看见辰辰一个人在体育馆门口，便问："刘

洋没来吗？这都两个小时了，你还等啊？"

"我答应别人的，不能反悔。"

"好孩子，你是对的，但妈妈要告诉你，你的同学刘洋这会儿应该在跟其他同学打电玩，那会儿妈妈看见了。"

"你的意思是他骗我？为什么要这样做呢，我一直把他当朋友，我以后再也不相信他了……"辰辰很生气地说。

"这倒不至于，孩子，这件事是刘洋不对，但是你还应该选择诚信……"

:: 给青春期男孩的话 ::

故事中刘洋的做法明显不对，这是有失诚信的行为。守信是中华民族的优良品德，更是做人的前提，而失信是不道德的行为。失信于朋友，无异于失去了生活伙伴，是得不偿失的。于朋友，表面上是得到了"实惠"，但却失去了友谊。

守信，会使人对你产生敬意，也因之会使人愿意公平地与你合作。一个言而无信的人，是没有人愿意和他合作的。男孩们，要想学会与人合作，就要在现在的学习、生活中着手，把自己历练成为一个"言必信，行必果"的人，这样的男孩才能形成一种人格魅力。

青春期的男孩们，培养诚信的性格，要从小事做起，将守信用、讲信义培养成一个习惯。守不守信用，讲不讲信义，是一个男孩同时也是一个人具不具备良好人品的表现，而它的形成不是随随便便的，而是在生活实践中慢慢形成的。百尺之台，始于垒土。为此，一定要注意从小事做起，从一点一滴做起，你不妨从这些方面努力吧：

1. 凡事诚实，不要敷衍任何人

要做一个诚实的人，因为只有诚实才能看清自己的未来，触摸到幸福的温馨。生活中，无论是对待老师、同学还是家长，都要做到诚实面对，凡事做到问心无愧，你一定会成为一个正直的人。

2. 一诺千金，不要为了面子轻易允诺他人

真诚是力量的一种象征，它显示着一个人的高度自重和内心的安全感与尊严感。而作为一个小男子汉，守信更是一种具备荣誉感的表现，也就是说，不要轻易允诺别人，一旦允诺，就要尽力做到！的确是非人力之所能为的，

就一定放下面子，及时诚恳地向对方说明实际情况，请求谅解。

　　总之，儿子，爸爸妈妈希望你明白，一个杰出的、具备高素质和高能力的男子汉，必须信守诺言。人在少年时一定要赶快积累知识和财富，但同样也要注重德行的修养。诚信是人生最大的美德，它像一根小小的火柴，燃亮一片星空；像一片小小的绿叶，倾倒一个季节；像一朵小小的浪花，飞溅起整个海洋。

第十三节　坏孩子真的会比较自由和快乐吗

青春期成长事件

　　刘先生最近很头疼，因为儿子刘志几次的偷盗行为终于惊动了警察，这天，刘先生不得不和班主任老师一起来到公安局。

　　刘先生家境不错，儿子为什么还会偷盗呢？事情是这样的：

　　有一次，刘志到好朋友方伟家去玩，发现方伟家有一架很逼真的玩具望远镜。刘志想知道这架望远镜究竟能看多远，就向方伟请求借来玩玩，没想到方伟很小气，不答应。刘志很生气，就想故意偷走这架望远镜，好让方伟着急。果然，找不到望远镜的方伟像热锅上的蚂蚁，刘志这下子得意了。

　　从那次之后，刘志就产生了一种很奇怪的心理，他觉得做坏孩子，偷别人的东西，能获得一种快感，班上很多同学的文具都被他偷过。而这次，他在逛超市时，因控制不住自己，从货架上偷拿一些并不贵重的物品，他刚准备把它们放在不易被发现的地方带回家，就被超市保安抓住了。

:: 给青春期男孩的话 ::

　　其实，每个男孩都想成为同龄人中的佼佼者，成为爸妈、老师的骄傲，可事实上，不是每一个孩子都能做到，于是，他们感到自己被人忽视了，干脆沉沦堕落；也有一些男孩，成绩优秀，但每一次优秀成绩的取得，都是经历了心灵的煎熬，正因为他们备受瞩目，所以他们很累，于是，想放纵的想法就在心里蠢蠢欲动，他们更羡慕那些不用考试、不用面对老师和家长严肃面孔的男孩。很快，他们尝试着抛开一切，放松学习，放纵自己。

当然，青春期的男孩们，你想做"坏事"，或者做了一些"坏事"，并不代表你是真的"坏孩子"，不过你还是应该控制自己的情绪和行为：

1. 要有是非观念

虽然青春期的你已经有了是非观念，但极其容易受到影响甚至改变，为此，你必须经常告诫自己什么能做，什么不能做，什么是不被允许的，逐渐培养自己的是非观。

2. 寻找正确的宣泄渠道

任何人都有压力，作为学生你的也是如此，但这并不能成为你堕落和放纵自己的理由。累了的时候，就好好休息，委屈的时候，可以找父母、朋友倾诉；学习上遇到问题，可以向父母和老师请教……

总之，亲爱的儿子，爸爸妈妈知道你压力大，也经常有想做"坏孩子"的冲动，但我们希望你能做到自我控制，别因一时冲动做了错事。

第十四节　正视自己，男孩要能够接受批评

青春期成长事件

小林正在上初一，他和同学们的关系很不错，老师们也都很喜欢他，但不知道为什么，小林总认为英语老师针对他。其实，这是因为他和英语老师之间有个"过节"。

那次英语课上，老师叫他起来读句型，他努力地去读，可是有个单词发音不准，读出来像是在出怪声，引得全班同学哄堂大笑，结果老师批评了他，他感到很委屈，就当面和老师顶撞起来。从此，英语老师上课再也没叫他起来回答问题。小林也渐渐地不喜欢上英语课了。面对老师的不喜欢，小林难过极了，在小学，他一直是老师喜欢的学生，可现在，如果这样下去，初中三年可怎么过呀？

∷给青春期男孩的话∷

　　小林的情况恐怕很多青春期男孩都遇到过。青春期的到来，男孩们有了更多自己的想法，认为自己是个大人了，凡事要求独立，他们变得叛逆了。表面上，这些男孩是长大了，但实际上心灵是脆弱的，于是，在很多"赏识"教育的提倡下，很多男孩忘记了要想成才，同样需要批评。

　　的确，没有批评的教育是不完整的教育，没有批评的教育是一种虚弱的、脆弱的、不负责任的教育。教育不能没有批评。因此，青春期男孩要明白，当你犯了错误时，老师对你进行批评，这是老师对你的爱，是为了你能发现自己的错误，也只有如此，你才能更深刻地认识自己的错误并承担相应的责任，你才能形成对一件事情的真实、完整的体验，也才能形成完整完美的人格。所有这些对一个成长期的男孩来说都是大有裨益的。

　　教育学生，无疑是每个老师的天职。一般而言，每一位老师对其学生所进行的批评、教诲，无一不是出自善意的。仅仅就此而论，男孩就应当虚心接受。

　　那么，青春期男孩，如果被老师批评，应该怎样面对呢？

　　1. 找出老师批评你的原因

　　青春期是生理和心理发生较大变化的关键时期，有着情绪的多变性、情感的冲动性、行为的难控性、思想的波动性等特点。男孩有时是出于好奇，有时是一时糊涂，才做出不当举动的。因此，男孩要分析自己犯错误的根源，然后加以改正。

　　2. 正确对待老师的错误批评

　　所谓"批评错了"，可能是批评与事实有出入，或者是事情的性质、程度与老师所理解的有差别；也可能是方法错了，如使用了讽刺、挖苦的语言等。但不管是哪一种情况，男孩可能一时无法接受，遂感到委屈，产生不满情绪。如果老师对你"批评错了"，你也要始终保持尊师的态度，"有则改之，无则加勉"，不可与老师产生对立情绪。当然，你也可在适当的时候向老师讲清事实的真相，消除误会，使师生关系更融洽，因为即使老师的批评是错误的，但出发点都是好的。

3. 接受老师的批评

要勇于承认错误,并做到"从哪里跌倒,从哪里爬起",认真改正错误,更好地完善自己。

第 10 章

不孤僻自闭，阳光快乐地与人交往

青春期是渴望交朋结友的年纪，相信任何一个青春期男孩都有几个好朋友，但很多男孩却为如何与人交往感到烦恼。实际上，人际交往确实是一门学问，青春期正是培养交往能力的重要时期，这是积累生活阅历和社会实践能力的重要时期。拥有良好的交往品质都是交往的前提，青春期男孩应该把心打开，让自己融入集体，让自己人生的重要时期多姿多彩！

第一节　男孩讲"礼"，获得好感

青春期成长事件

陈先生的儿子小凯今年15岁，是个很懂事的男孩，每次别人提到儿子，陈先生都由衷地感到欣慰。

这天在小区里，他听到邻居和孩子之间的对话。

"刚才你看见刘伯伯为什么不打招呼呢？"妈妈问儿子。

"不是每天都见到吗？有什么可打招呼的？"儿子反驳道。

"这是礼节问题，要做一个绅士，就要凡事从礼出发，知道吗？"

"知道了……"

听到这里，陈先生笑了笑，看来自己的儿子确实是个绅士。

::给青春期男孩的话::

谦恭礼让，是中华民族的传统美德，也是中国几千年留下来的道德风尚。谦恭礼让，是一种和谐处世的礼仪，更是一门沟通的艺术，它的情感基础是真诚与信义，体现的是一个人的修养与素质，因此它不同于人们所说的"溜须拍马"，因为它建立的基础是真诚。

一个谦恭的男士会有一种别样的气质，因此，青春期男孩，要把谦恭礼让当成自己必修的道德礼仪课。修炼这一礼仪规范，不仅需要外在行为习惯的养成，更需要内在道德理念的修炼和积淀，提升道德境界。具体讲，应把握以下五个修炼重点：

（1）从"爱"出发。这个世界，因为有爱才更美好，一个人，如果不懂得爱身边的人，那么，他的人格是不健全的。"仁者，爱人"，作为青春期的你，要爱父母、爱老师、爱朋友、爱家庭、爱学校、爱国家，不存在爱，就不存在谦恭礼让。

（2）敬人，人恒敬之。只有先尊敬别人，才会赢得别人的尊重，尊重是相互的。青春期男孩，不仅要对同龄人尊敬，更要敬长辈、敬师长，"敬"是待人处世的基本态度。

男孩们可以做到：早上走进校门，对早到的老师点头致意，喊一声"老师早"；在校园里行走碰见不认识的老师，不忘笑着叫一声"老师好"；当你有问题请教老师或者同学的时候，不要忘记说"谢谢了"；当你和老师在狭窄的楼道中遇到，正是"狭路相逢"的时候，要记得让老师先走；老师生病了，课间也关切地问候一下……

（3）要有礼让的风貌。孔融让梨的故事，每个男孩都知道，可是，在现实生活中，真正做到这一点的，实在不多。谦让、礼让是美德之本、礼仪的精髓。对此，男孩要始终保持自己礼让的"风貌"：与人方便自己方便；退让一步海阔天空；荣誉、金钱乃身外之物，见利思义……

（4）以人际关系的和谐为最终目标。青春期的男孩们在生活交际中待人接物，要"礼之用，和为贵。"这样，人际关系自然也就"和谐"了。

（5）切实履行谦恭礼让，把一切落实在行动上。把握了"仁爱、恭敬、礼让、和谐"这几方面修炼要点是重要的，但更重要的是落实具体行动。

总之，亲爱的儿子，你应该自觉加强实践，主动修炼，使自己成为谦恭礼让、彬彬有礼的人，谦恭、遵守礼仪当是自己对自己的要求，也是父母对你的期望，更是整个社会赋予你们的责任。以谦恭礼让的风貌，才能传承中华文明，登上时代的舞台。

第二节　不可以小看"不起眼"的人

🎤 青春期成长事件

魏先生算得上是一个功成名就的人，但他没有忘本，家乡的人来找他，他再忙，也会抽时间接待；找他有事，他一定都义不容辞。

这天，又有一个远房亲戚来家里找他，正好儿子翔翔在家，翔翔看到对方衣着破旧，心里有点不乐意，就给爸爸打电话，魏先生告诉翔翔："乖孩子，爸爸在忙，帮爸爸接待下，我一会儿就回去。"按照爸爸的吩咐，翔翔给对方端茶倒水、切水果，十分热情。

晚上，翔翔问爸爸："他那么穷，为什么还要理他？"

"儿子，你要明白，他是爸爸家乡的人，也就是我的亲人，我们虽然现在生活好了，但从前和他们一样，人不能忘本。更重要的是，任何时候，都不要看不起任何人，也不要戴有色眼镜看人，因为谁也不知道以后会发生什么，那些成功者刚开始的时候不都是不起眼的吗？你能明白爸爸的意思吗？"

"我懂了，要尊重任何一个人……"翔翔边说边点头。

::给青春期男孩的话::

案例中，魏先生的话很有道理。对待任何人，都要一视同仁，不可看不起他人。同样，处于人格形成期的男孩们，也要学会抱着正确的心态与人相处。然而，我们也发现，在我们生活的周围，一些男孩从小被父母灌输"与有钱人打交道""人穷志短"的观点，结果导致他们学会了区别对待他人。你要明白的是，任何一个趋炎附势的人都是令人讨厌的。那些讨人喜欢的男人，无论何时，都懂得尊重他人，兼顾所有人的感受，能让所有人都乐意帮助他们。你想成为这样的人吗？

为此，青春期的男孩们，你需要做到：

1. 不要曲意逢迎那些位高权重的人

例如，如果爸爸妈妈的老板、领导或者其他位高权重的人到访，你应该尊敬他们，但不要献殷勤，即便以后你进入社会也是如此，因为这样做只会招来他人的反感。

2. 不要冷落那些"不起眼"的人

男孩们，在你的生活中，大概充斥的都是那些不起眼的人，例如，买早点时遇到的老板娘，倒垃圾时看到的环卫工人，出小区门口时看到的保安等，这些人都是值得尊重的，他们的工作看起来不起眼，他们"没权没势"，但没有他们，我们的生活就无法进行。

3. 凡事从"礼"出发，把握分寸

不管与什么样的人打交道，从"礼"出发，礼多人不怪，就能做到一碗水端平，不会有失偏颇。

　　亲爱的儿子，以上就是爸爸妈妈要告诉你的与那些不起眼的人打交道应该注意的问题，能做到这些，相信你就能处理好各方面的关系，不会有厚此薄彼之嫌。

第三节　男子汉要多参加有意义的聚会

青春期成长事件

　　林女士最近发现儿子小坤一回家就数零花钱，心想着儿子肯定想要买什么东西，便问："小坤，该买的东西妈妈都会给你买的。"

　　"不是这事，妈妈，最近我们班在组织个活动，需要每人交三十块钱。"

　　"什么活动？"

　　"其实，也不是什么重要的活动，我都不想去，是班长组织的，说我们马上要升初中三年级了，想办个聚会，可以多交流一下学习心得之类的。"

　　"这是好事啊，你应该去。"

　　"妈妈，你也知道，我就只有一两个好朋友，所谓的聚会，我估计就是在一起吃吃喝喝，哪里真是交流什么心得呀？而且，现在学习这么紧张，这不是浪费时间和金钱以及精力吗？但大家都已经交钱了，我一个人不去，我又怕人家说我。"

　　"你考虑得的确挺多，但是你想，既然学习很紧张，你可以把这次聚会当成放松的一次机会呀！妈妈觉得你们班的这次聚会还是有意义的，正是因为大家平时各安其事，往来较少，何不趁这次机会，大家重新认识一下彼此，你说呢？"

　　"妈妈说得对，说不定，我还能交到新朋友呢。"

::给青春期男孩的话::

　　很多青春期的男孩忙于紧张的学习和三点一线式的生活，每天的生活紧张又千篇一律，慢慢地，和同学疏远了，和朋友疏远了，生活也似枯燥无味，而一些有意义的聚会，就应该积极参加。

参加此类聚会最重要的益处就是能锻炼一个人的交际能力。另外，参加一些有意义的聚会，如同学聚会，还能联络同学之间的感情，拉近和同学之间的距离，让你更受同学的欢迎。

再者，参加聚会也是适当调节学习压力和吐露心事的一个重要方法，毕竟同龄人之间有着太多的相似点，面对每天同样紧张枯燥的学习生活，更容易引起共鸣，相互之间的交流能减轻生活和学习的压力，彼此之间的鼓励也会让你鼓起勇气和信心，继续努力学习。

因此，参加有意义的聚会是有益处的，当然，这个前提是聚会有意义，那么，通常情况下，哪些聚会是没有意义甚至是有害的呢？

1. 网友之间的聚会

随着网络的盛行，一些男孩喜欢交网友，但是与网友一起聚会是很危险的。对待网络上认识的朋友，一定要慎重，更不可单独地与网络朋友聚会。

2. 以奢侈消费为前提的聚会

现代校园中，攀比之风盛行，一些男孩，三天两头聚在一起，谈论一些不适宜未成年人的话题。实际上，这些聚会也是无意义甚至是有害身心健康的；另外，以这种方式交往的朋友充其量也只是酒肉朋友，不是真正的益友。

3. 与社会不良人士之间的聚会

事实上，社会上有一些不良青年，总是喜欢把魔爪伸进学校，因为学生相对单纯，更容易为其所用，而他们惯用的伎俩就是用物质诱惑学生，还打着所谓的交朋友的旗号。这样的聚会，你一定不要参加，一旦交友不慎，后果不堪设想。

男孩们要多参加一些有益于身心健康的聚会，避开那些无意义的活动，让自己远离危险禁区。

第四节　怎样做让同学喜欢自己

以下是一个初三男孩的日记："我的性格比较外向，长相虽然算不上出众，但是自我感觉还可以。学习也不错，班里前十名，可就是人缘不好。感觉周围其他男生好像都很反感我，看到他们和别的女生玩耍时，我也想去参加，却不知道怎样加入他们。听一个好朋友跟我说，他的同桌说比较反感我，也没有说原因，还说不许我那个好朋友告诉我。虽然我知道了，可是我很无奈，也许是因为我说话的缘故吧，因为我真的不知道该怎样和同学们交谈，怎样才能让其他同学喜欢和自己说话、有共同语言。我到底该怎么办？"

:: 给青春期男孩的话 ::

青春期是渴望交朋友的年纪，不受同学欢迎、人缘差，这的确是困扰青春期男孩的一个问题。对此，你应该从自身找原因，这样才能有针对性地改变自己。你可以先和好朋友聊聊，再自己回想下自己在哪方面做得不够，也可以让他们帮忙问问班里的其他同学为什么不喜欢你。也可以拿张纸出来，写出你认为班上受欢迎的男孩交际好的原因，为什么受欢迎，列出他的说话方式、内容，再与自己做对比，也就能找出原因了。

其实，与人交往并不是难事，只要拥有良好的交往品质，这包括：

1. 自信

自信是人际交往中重要的一个品质，因为只有自信，才会将自己成功地"推销"给别人认识。无数事实证明，自信的人更能赢得他人的欢迎。自信的人总是不卑不亢、落落大方、谈吐从容，而决非孤芳自赏、盲目清高。而是对自己的不足有所认识，并善于听从别人的劝告与帮助，勇于改正自己的错误。培养自信要善于"解剖自己"，发扬优点，改正缺点，在社会实践中磨炼、摔打自己，使自己尽快成熟起来。

2. 真诚

"浇树浇根，交友交心"，想要交到真正的知心朋友，就要学会真诚待人，真诚的心能使交往双方心心相印，彼此肝胆相照，真诚的人能使交往者的友谊地久天长。

3. 信任

在人际交往中，信任就是要相信他人的真诚，从积极的角度去理解他人的动机和言行，而不是胡乱猜疑，在心里设防护墙。因为信任是相互的，尝试信任别人，你也会获得信任。美国哲学家和诗人爱默生说过：你信任人，人才对你重视。以伟大的风度待人，人才表现出伟大的风度。

4. 自制

与人相处，因意见不同、误会等原因难免发生摩擦冲突。而面对摩擦，学会克制自己的情绪，就能有效地避免争论，并产生"化干戈为玉帛"的效果。青春期男孩，要想克制自己，就要学会以大局为重，即使是在自己的自尊与利益受到损害时也是如此。但克制并不是无条件的，应有理、有利、有节，如果是为一时苟安，忍气吞声地任凭他人的无端攻击、指责，则是怯懦的表现，而不是正确的交往态度。

5. 热情

在人际交往中，热情的人总是不缺朋友，因为别人能始终感受到他给的温暖。热情能促进人的相互理解，能融化冷漠的心灵。因此，待人热情是沟通人的情感，促进人际交往的重要心理品质。

人际交往确实是一门学问，亲爱的儿子，爸爸妈妈知道你在与人交往这方面做得一直不错，但我们希望你能做得更好！

第五节　男孩要学会合作，获得双赢

青春期成长事件

最近，在学校组织的团体计算机竞赛中，亮亮和小江一组获得了冠军。

在全校表彰大会上，亮亮说："今天我能站在这个领奖台上，除了要感谢老师和家长的帮助外，最应该感谢的是我的队友，我的兄弟，万小江，如果没有他对我的支持和彼此完美的合作，我想我们是无缘拿到冠军的。因此，最高兴的是，通过这次竞赛，我看到了合作的重要性。"

台下响起了热烈的掌声。

:: 给青春期男孩的话 ::

案例中，亮亮的一番话很有道理。现今社会中，单打独斗的个人英雄主义已经行不通，任何一项任务的完成，任何一个产品的制作，都要分为好几个步骤和工序，由多人来共同完成。

俗语说：单丝不成线，独木不成林。叔本华说：单个的人是软弱无力的，就像漂流的鲁宾逊一样，只有同别人在一起，他才能完成许多事业。从小我们就高喊：团结就是力量，合作就是力量。

当今社会，分工越来越细，任何人都不可能单打独斗取得胜利。男孩们，可能你也已感受到，无论是学习还是参加活动，都需要好几个人来共同完成一件任务，你再聪明、能力再强，也只有一双手、一个大脑，你不能单独取得胜利，只有得到他人的帮助，与他人合作，才能获得更大的成功。然而，怎样与人合作又是一门学问，与人为善、以诚待人，才能巩固你的人际关系；学会团结他人，你的力量才会更强大。任何一个男孩，只有现阶段学会与人合作，日后才会有所成就。

因此，青春期的男孩们，应该明白合作的重要性并在日常生活中着力培养自己与人合作的能力，只有这样，才能在未来社会真正实现与他人的共赢。

那么，如何培养自己与人合作的能力呢？

1. 多参加集体活动

这种活动可以是游戏，也可以是竞技类的比赛。多参加此类活动，一方面学会了欣赏别人，和同伴友好相处，共同合作；另一方面，在与同伴的交流中，学会如何克服困难、解决问题。

2. 分享合作成功带来的喜悦

无论你在集体活动中充当什么样的角色，你都要学会分享集体的成功，如果团队的每个成员都能做到这样，那么，整个团队的凝聚力也会在无形中加强。

3. 与其他成员加强沟通

这样，就能创造出和谐的工作环境，成员彼此之间会乐于互相帮助，反映出团结、忠诚。同样地，沟通可以让成员公开坦诚地解决内部的冲突，找出冲突的原因。

总之，亲爱的儿子，爸爸妈妈希望你在青春期就认识到与人合作的重要性，并学会与人相处的技巧，培养与人合作的能力。

第六节　诤友益友，平衡自我心态

青春期成长事件

最近，王太太的发现自己的儿子小凯很高兴，问他什么事，原来是小凯交了一些朋友，小凯告诉妈妈，他认识的这帮哥们儿人都很好，经常请自己吃饭，还带自己去玩，王太太心里便有点担忧，怕儿子交了不良朋友。

果然，不到半个月，小凯就告诉妈妈："原来他们并不是什么好人，那天，他们说要带我去玩，我们去了台球室，我亲眼看见他们勒索别人，我现在该怎么办，他们肯定还会再来找我。"

王太太对儿子说："别担心，以后回家的路上就和其他男同学一起，人多，他们不敢怎么样。另外，妈妈要告诉你，你这种交朋友的原则是不对的，这些社会不良青年就是要对你们这些单纯的青少年下手，他们往往用的就是同一种伎俩，朋友贵在交心，而不是物质上的，你明白吗？真正的朋友是帮助你成长成材的。"

听完妈妈的话，小凯似乎不太明白，于是，针对择友标准，王太太又对儿子好好上了一课。

:: 给青春期男孩的话 ::

青春期是每个男孩的人格发展和形成期，这时候，交什么朋友、与什么样的人交往，会对男孩的一生形成影响，不但影响着自己的言行、处世方式、兴趣趣味，还影响着男孩自身的价值观、对自我的认识。

交友是应该有所选择的，而且要从善而择，和好人交朋友，自己才能提高、完善。所谓"与善人居，如入芝兰之室，久而不闻其香"，长期与一个人在一起，自然会受到潜移默化的影响。那么，青春期的男孩们，应该选择什么样的人做朋友呢？

1. 拓宽自己的交友面

青春期的男孩要学会广交朋友来完善自己，扩大自己的交友圈子，接纳不同类型的朋友，多层次、全方位的朋友无疑对自己的发展是有益的。当然，应该把那种见利忘义、损人利己的"小人"排除在外。另外，要有宽阔的胸怀，对于你的朋友的过错，也要尽量包容，毕竟"人非圣贤，孰能无过"。同时，如果有一两个敢于直陈己过、当面批评自己过失的诤友，那你应该庆幸，这是真正的朋友。

2. 善于观察，交益友

古语云：近朱者赤，近墨者黑。是否能交到益友，关系到自己的一生。交友时，你要注意，朋友要广，但不能滥交，要恪守"日久见人心"的古训，通过与对方多次交往与活动，通过观察对方的言谈与举止，就可以洞悉对方的个性、爱好、品质，觉察他的情绪变化，从而判断他是否值得深交。

3. 与不良朋友划清界限

青春期是个缺乏社会经验和明辨是非能力的年龄，在交友上一定要慎重，要交有道德、有思想、有抱负的人做朋友，要交遵纪守法、正直、善良的人做朋友，要交学习认真、兴趣广泛的人做朋友，而对于那些不良朋友，一定要划清界限。

希望男孩们在日后的生活中，在与人交往的过程中，多交益友，懂得学习朋友身上的长处，避其短处，这样，你们的人格、性格、能力等很多方面都会有所完善。

第七节　感谢对手，对手让自己强大

青春期成长事件

郑太太是一名全职太太，对于儿子的生活和学习情况，他一直很关心。这天傍晚。老师打电话给她，她的儿子天天这次考了第二名，还不错，与第一名成绩相差很少。郑太太心想，没拿到第一名，天天回来肯定不高兴。

过了一会儿，天天就回家了，告诉郑太太："妈，我这次考得不是很好，还是没超过王丹丹。"

"没事，下次继续努力就是，不过话说回来，儿子，你恨她吗？"郑太太顺便问。

"为什么要恨她呢？"

"因为她是你的对手啊。"

"可是，如果不是她，我怎么知道要努力学习，又怎么能进步呢？"

郑太太不知道再怎么把话接下去，但是儿子能这么想，她感到十分欣慰。

:: 给青春期男孩的话 ::

这里，天天的回答说出了对手对一个人成长的作用。

人类社会，本身就是一个竞争性的社会，知识经济的到来，人们的竞争意识更为强烈。可以说，我们生活的周围，无时无刻不存在着竞争。其实，也就是因为这些竞争对手的存在，我们才更具奋斗力和活力，才会有危机感，才会有竞争力。所谓"狭路相逢勇者胜"，正是由于它们，才使你认识到自己的不足，才使你认识到要发展自我，才使你认识到社会，乃至整个世界都无时无刻地在进步、在前行。对手就犹如一面铜镜，能照出你自己的特征，也能激励你去不断学习、不断发展。

可见，对手的存在，并不仅仅是个威胁，在很多时候，它还是激励你进步的"伙伴"。青春期的男孩们，如果你也能以这样的心态对待对手，那么，对手就不是你的敌人，而是你的朋友。

那么，男孩们，你该如何与对手相处呢？

1. 承认对手的能力，为对手叫好

当我们看到自己取得成功的时候总是兴奋不已，希望有人为自己鼓掌。可是当身边人，包括你的对手取得成功的时候，你该怎样去面对呢？是嫉妒还是欣赏？是大声叫好还是不屑一顾？尤其是你平日与他相处得很紧张、很不快的人成功了，这时候，你为他鼓掌，会化解对方对你的不满和成见，改变他对你的态度，他会觉得你慷慨地付出自己的真诚，从此，他也会给予你支持。人都是这样，死结越拧越紧，活结虽复杂，却容易打开。

2. 为对手付出

为自己付出容易，为他人付出难，为自己的对手付出更是难上加难，需要我们有宽宏大量的精神。而且，这种付出，不仅仅是物质上的，还有精神上的。

因此，当别人处于困境中时，你的一句简单的鼓励，都可能让对方重新站起来。当别人取得成就时，你的一句简单的恭喜也都是最好的礼物。很多人在面对竞争对手的时候，采取的是打击的态度，其实，这样做还不如化敌为友、化干戈为玉帛。想把对手变成朋友，就要舍得为他"付出"，对方陷入困境的时候，你要保持冷静，不能见机"踹他一脚"；当你成功的时候，不要在对方面前趾高气扬，克制自己不流露出得意。做到这些就是"付出"，勇敢的"付出"。

亲爱的儿子，妈妈很欣慰，你能以这样宽容、大度的心去对待你的对手，相信在未来人生路上，你会更加出色。

第八节　和老师做"忘年交"，交流想法

青春期成长事件

某学校高三三班的物理老师是位有三十多年教龄的老教师，教了一辈子物理课，她很擅长处理和学生的关系。

这天放学后，有个男孩来找她，对她说："张老师，我有个烦恼，想跟您谈谈，我知道现在应该是为高考奋战的阶段，但是莫名其妙地我喜欢上了一个女孩，每天我的脑袋里都是她，根本无法学习，我想向她表白可以吗？她会答应我吗？"

其实张老师何尝不知道男孩喜欢的女孩是谁，她对这个男孩说："在老师看来，她考一个重点大学不是问题，如果你现在跟她告白，会不会影响她学习呢？这是真的喜欢吗？"

"这……那我应该怎么办？"

"这样吧，老师帮你探探她的口风，看看她想进哪所大学，你也努力好吗？争取跟她考同一所大学，等你们都上了大学，再对她说出来，不是更好吗？"

"张老师，你说得对，谢谢您，我知道该怎么做了……"

:: 给青春期男孩的话 ::

青春期的男孩们，在遇到难题时，你会像故事中的男孩那样向老师倾诉吗？事实上，一些男孩与老师的相处方法是对抗，其实，不管老师做什么，他的出发点都是为了你，希望你能成人成材，老师是你的第二个家长。对于老师，你要理解和沟通，只有这样才能与老师建立良好的关系。那么，青春期男孩，该怎样与老师交往，怎么和老师搞好关系呢？

1. 尊重老师，尊重老师的劳动

青春期男孩，不管老师怎样严格要求你，你都要理解老师、尊敬老师，见到老师礼貌地打招呼。另外，用实际行动尊重老师的劳动：上课认真听讲，不破坏纪律，把老师布置的作业保质保量地完成。尊敬老师，尊重老师的劳动，是师生和谐相处的基本前提。

2. 勤学好问，虚心求教

要向老师虚心求教，好问不仅直接使学习受益，还会增多、加深和老师的交流，无形中就拉近了与老师的距离，每个老师都喜欢肯动脑筋的学生。其实，向老师请教问题往往是师生间交往的第一步。除班主任外，任课老师并没有多少时间和学生直接交流，常向老师请教学习上的问题会加深师生彼此的了解和感情。

3.犯了错误要勇于承认，及时改正

人无完人，青春期的男孩都会犯错，作为老师，都能理解，错了就是错了，主动向老师承认，改正就是好学生。老师不会因为谁有一次没有完成作业，有一次违反了纪律就认为他是坏学生，就对他有成见。相信所有老师都是会全面、客观地评价学生的。

4.正确对待老师的过失，委婉地向老师提出意见

老师也不是完美的，如果老师犯了错、冤枉了你，不要当面和老师顶撞，这样不但无助于问题的解决，还会使师生的关系恶化。暂且忍一忍，等大家都心平气和的时候再说。不管怎么说，老师是长者，做学生的应该把他们置于长者的位置，照顾老师的自尊心。

亲爱的儿子，爸爸妈妈希望你能像对待父母一样对待你的老师，要把老师当成你的第二个家长，要尊敬、爱戴你的老师，和老师搞好关系，因为与老师关系融洽既可以促进学习，又可以学到很多做人的道理，会使你一生受益无穷。

第九节　换位思考，跨越和家长的"代沟"

🎤青春期成长事件

有一天，姚女士在帮儿子打扫房间的时候，看到儿子在初一时写的一篇作文，题目为"我唠叨的妈妈"，内容是这样的：

"以前妈妈在我眼里好烦。我不是挑她的毛病，就是责怪她的唠叨，可妈妈却从不骂我。记得还在小学五年级的期末考试的前一个星期，妈妈耐心地帮我复习课文内容，可我厌倦妈妈的多管闲事……她经常在晚上教育我，还说一定得听她的，我不听也得听，她给我灌输学习、做人方面的知识。比如告诉我不要偷窃，上课积极回答问题……给我精神上带来了很大的压力，这下子，我感觉妈妈更烦了。

妈妈却天天晚上像个老师一样不是叮嘱我晚上不要踢被子，就是让我在学习上多努力，或者关注我在学习上怎么样，有进步了没有……妈妈简直

烦死了！

但现在我长大了，懂事了。时时会想起妈妈以前对我说的话，我知道妈妈的唠叨是一种爱，这使我改正了以前的缺点，得到了同学们的赞赏，得到了老师的表扬，为我的前途打开了一条理想的道路……我为有这样一个妈妈而感到自豪。妈妈，我爱你！"

看完这些，姚女士的眼睛湿润了，儿子真的懂事了。

:: 给青春期男孩的话 ::

每个青春期的男孩身体里都流淌着叛逆的血，都觉得和父母之间有代沟，因为父母总是在耳边说个没完没了的，一会对自己的穿着指指点点，一会不让自己看电视，一会让自己不要和什么人交朋友，甚至细化到吃什么对身体好。虽然父母都是在关心孩子，但是在孩子看来，有的时候会觉得这样很烦，也有的孩子会顶撞父母甚至会跟父母争吵起来，他们总是打着"需要理解"的大旗为自己争取更多的自由空间，希望父母可以少说一点，给自己片刻的安静。

但作为子女的你是否从父母的角度想过：他们无论对你说了什么，做了什么，都是出于对孩子的关心，都希望你在学习和生活中多做正确的决定，少走一些弯路，希望你健康成长，毕竟他们是你的父母，对于他们的"管教"，你应该理解，而不是反感，和父母争吵、顶撞父母更是不成熟的做法。一个成熟的人，至少懂得尊重、理解他人。

因此，不妨细心想想父母的话，如果他们的话是正确的，你就应该听取，毕竟父母是过来人，很多事情比你有经验，看问题的眼光也比你长远。而如果他们的话是不正确或者是片面的，你可以采取一个正确的、适当的方式和父母进行沟通。总之，你应当理解你的父母，即使不理解也应该学会去以他们的角度思考，因为这时候你已经需要一分责任感，如果你连父母对你的真心尚无法去正确判断，而误解了他们的意图，这是缺乏孝心的表现。

所以，青春期的男孩应该记住：父母做什么，都是为了子女好，可怜天下父母心；你要理解，并努力证明自己，让父母放心，你的努力与父母的期望是一致的，你今天的努力是为自己将来走进社会积累知识资本。

如果和父母意见不一致，也可以劝父母停止管教，坐下来谈谈心，要尊重父母，互相理解，心平气和地平等交流。要知道，和睦的家庭，是保证你提高学习质量的重要因素！

第十节　轻松上阵，与陌生人交流不紧张

青春期成长事件

这天，妈妈不在家，15岁的大宝一个人在客厅看电视。突然，门铃响了，大宝通过猫眼看了看，是个不认识的人，便马上给妈妈打电话，原来是妈妈以前的一个大学同学。

"大宝，帮妈妈接待下阿姨，妈妈一会才能回去。"

接到妈妈的命令，大宝一点都不含糊，在给阿姨泡茶、切了水果后，大宝便和阿姨聊了起来。过了一会儿，妈妈回来了，阿姨对她说："你家大宝真是个懂礼数的孩子，而且，谈吐大方，我们第一次见面，他一点也不怯生，你真是教导有方……"

:: 给青春期男孩的话 ::

男孩们，你有独自与陌生人说话的经历吗？会不会紧张？案例中的大宝是个善于与人打交道的男孩。事实上，每个人都希望能大方地与人交往，获得良好的人际关系，但阻碍你的，也正是你自己，不敢主动出击，怕对方不理自己。人与人交往，都有个从陌生到熟悉的过程，俗话说"一回生，二回熟"，你只要走出第一步，别人就会跟上来。那么，对于青春期男孩来说，该怎样消除与陌生人交谈的紧张心理呢？

1.摆脱陌生人情结

你不必刻意伪装自己的紧张，同时也要表现出你的诚意。其实每个人跟陌生人交谈时内心都会不安，一定要自己先放下陌生人情结。这样，与之交谈的时候，才会显得随意轻松，在谈话时要关注对方的表现，如果对方不感兴趣，就得停住你谈的话题了。

2. 做到思想放松，没有顾虑

心理学家詹姆士说过："与人交谈时，若能做到思想放松、随随便便、没有顾虑、想到什么就说什么，那么谈话就能进行得相当热烈，气氛就会显得相当活跃。"抱着"说得不好也不要紧"的态度，按自己的实际水平去说，就有可能说出有趣、机智的话语来。

3. 冷静交谈

一个冷静的人，总能控制自己的感情。过于激动地说话，会影响表达或听取的效果。

4. 生活中加强练习

例如，你可以经常和邻居打招呼，和他们交谈，让整个单元的人亲如一家。现代社会，忙于工作的人们邻里观念淡薄，主动与邻居交流，不但能加深彼此间的关系，还能帮助你提高交往技巧。

5. 不必介意对方谈话时的语言和动作特点

有些人谈话时常常带口头语或有一些习惯动作。对此，你不必太在意，更不要分散自己的注意力，应将注意力放在对方谈话的内容上。

6. 遇到尴尬时大方面对

当遇上一些尴尬的事情时，要大度一些，不要一本正经。此时，一句不伤大雅的玩笑，就能活跃气氛，消除他人的防卫心理，否则会让别人感到压抑。

总之，亲爱的儿子，你要知道，与陌生人交谈时，氛围是很重要的。良好的氛围容易让人放松，交谈起来也就更加坦诚。如果谈话氛围紧张，人人都很严肃，那么交谈效果也会大打折扣。

第十一节　倾听是对别人最好的尊重

青春期成长事件

小建是个很懂事、明理的男孩，他的人际关系一直很好，他的好朋友和同学们谁有烦心事，都会找他倾诉。

这天，表哥又和姑妈吵架了，来找他诉苦："我已经是个大人了，她却把我当个孩子一样管着我，连吃什么、穿什么都管，不许这个，不许那个，我交朋友也管，我真的窒息了……"小建也一直听着。

等表哥说完后，小建问："当姑妈说这些话的时候，你有没有耐心地听呢？我想姑妈只是更年期到了，需要倾诉，而你什么都不听，倾听是与人交往最起码的尊重吧……"

:: 给青春期男孩的话 ::

这里，小建说得很对，倾听是获得良好的人际关系的前提。

青春期是一个渴望被理解和被倾听的年纪，尤其是"血气方刚"的男孩，更是如此。但事实上，理解是互相的，男孩要想得到别人的尊重和理解，就必须学会倾听，做一个好的倾听者，用耳听内容，更用心"听"情感。为此，男孩们，你需要掌握倾听的技巧：

1. 要有耐心

认真倾听别人的倾诉需要耐心，或许对方阐述的并不是什么紧要的事情，但因为对方把你当成可以倾诉的对象才为之，此时的倾听体现的是你谦逊的教养，能展现你的素质。任意打断别人的谈吐，既表现出你对别人不尊重，也暴露出你的素养不高。即便在倾听那些狂妄之徒的恶语废言时，你也得有耐心，因为那是你认识妄自尊大者的难得机会。

2. 要表示出诚意

真正的倾听不仅仅是带着一双耳朵，而是需要用心的，也就是说，如果你真的没有时间和精力，你可以客气地向对方提出来，这比你勉强去听或假装去听，而必然表现出来开小差而给人的感觉要好得多。听就要真心真意地听，对我们自己和对他人都是很有好处的，安排好自己的时间而去听他人谈话是一件很值得做的事情。

3. 要避免不良习惯

开小差，随意打断别人的谈话，或借机把谈话主题引到自己的事情上，一心二用，任意地加入自己的观点做出评论和表态等，都是不尊重对方的表现，比不听别人谈话产生的效果更加恶劣，一定要避免。

4.适时进行鼓励和表示理解

谈话者往往都希望自己的经历受到理解和支持，因此在谈话中加入一些简短的语言，如"对的"、"是这样"、"你说得对"等，或点头微笑表示理解，都能鼓励谈话者继续说下去，并引起共鸣。当然，仍然要以安全聆听为主，要面向说话者，用眼睛与谈话人的眼睛进行沟通，或者用手势来理解谈话者的身体辅助语言。

5.适时做出反馈

一个阶段后准确地反馈会激励谈话人继续进行，对他有极大的鼓励，包括希望其重复刚才的意见，因为没有听懂或重点表达，如"你刚才的意思或理解是……"。但是不准确的反馈会不利于谈话，因此要把握好。

总之，亲爱的儿子，学会倾听是你人生的必修课；学会倾听，你才能去伪存真；学会倾听，你能给人留下虚怀若谷的印象；学会倾听，有益的知识将盛满你的智慧储藏室。"听君一席话，胜读十年书"，是对智慧的谈吐者与虚心倾听者的高度赞誉。

第十二节　换位思考，多为他人着想

青春期成长事件

今天，在初二三班，发生了一件事：

王晓和李逵是同桌，两人平时关系不错，但也不知道为什么，这天两人心情都不好。

上课的时候，李逵的胳膊不小心碰到了王晓，王晓轻轻地对李逵说："你道歉。"

"你真小气。"李逵回了一句。

"你说谁小气？"

"说的就是你。"

……就这样，两人吵起来了，最后声音大得全班同学都听得到，还差点大打出手。

:: 给青春期男孩的话 ::

青春期的孩子情绪不稳定，很容易因为一些小事而动怒，案例中的王晓和李逵就是如此，而假如他们能从对方的角度考虑，这场"战争"完全可以避免。

青春期是一个过渡期，青春期的男孩们开始和成人一样，除了和老师、家长打交道外，需要有自己的人际关系圈。但在交往的时候，很容易与对方产生矛盾，成为青春期男孩心中挥之不去的心事，其实，无论和谁，发生了什么样的事情，只要你学会换位思考，也可论述为多为彼此着想，互相理解，矛盾很容易解决。这是人与人和谐相处的基础，只有学会换位思考，才能站在他人的立场上，客观地看待整体事件，而非主观地陈述个人的一面之词。多为他人考虑，理解他人，你心中的不快很快就能消除。

从青春期男孩的生活范围看，男孩一般会被这三种关系困扰：

1. 师生之间需要换位思考

师生之间，换位思考尤为重要。作为学生的你，不妨从老师的角度想想看，每个老师都希望自己的学生取得良好的成绩，能有一个美好的未来。老师所做的一切的出发点，都是为了学生好，可能在实现这一意愿的时候，方法上有所失误，但老师也是人，也有情绪，如果你只一味坚持自己的观点，认为师生关系恶化的责任多在于对方，这样的比赛是不可能分出胜负的。你只要想对方所想，思对方所思，才能相处得更为融洽，真正成为朋友。

2. 理解你的父母

青春期的男孩，总是希望父母理解自己，但在你们要求"理解万岁"的时候，有没有想到，父母也是需要理解的，理解永远都是双向的，别一味让父母理解你，别一味地怪罪父母忽略你了的情绪和感情，这是不公平的。你希望别人能认同、理解自己，但父母也需要理解，工作的辛苦、生活的压力已经不允许他们和你一样激情高昂，他们也曾年轻过，他们身上有更多的责任，你理解过他们吗？

事实上，父母不管做什么，都是为了下一代好，生活、社会经验丰富的父母往往看得比你远，多听听父母的劝告，对你的成长很有帮助。但有的时候，父母也有不对的地方，这时候，你不妨先放低姿态，然后和父母好好交谈，表示你理解他们的一片苦心，在他们认同后，再心平气和地把自己的想法说出来。

3. 朋友、同学也需要理解

青春期的男孩们，谁没有几个铁哥们儿？谁没有几个成天腻在一起的好朋友？矛盾的产生也就在所难免，但青春期的那股倔劲儿，会让男孩被友谊所伤，事实上，你的朋友也需要理解，你需要尊重他人的意见，多从他的角度想想，他为什么会这么做？如果换了你呢？你们之间是不是有什么误会？你不妨给他一个机会解释，也不妨主动示好，别把心事放在心里，也没什么大不了的事。

第十三节　不做"好好先生"，要懂得拒绝

青春期成长事件

"妈妈，我们班王琪又让我给他带早餐，真烦人。"儿子跟妈妈抱怨道。

"帮助同学不是应该的吗？"

"可他每天都这样。本来那天早上，他说自己要迟到了，给我打电话让我带早饭直接去教室吃，但后来，他每天都说自己要迟到，我也不知道怎么拒绝他。"

"乖儿子，你是个善良的孩子，但帮助别人也要有度的，别人能做到的事，却让你去帮忙，你就不该答应，你要知道，'好好先生'总是会被别人欺负的……"

::给青春期男孩的话::

案例中，妈妈的话是有道理的，毫无原则地帮助别人就会成为一个吃力不讨好的"好好先生"。诚然，人生在世，谁都会有求于人，正是深知这个

道理，我们对于别人的困难也常常伸出援助之手。但对别人的请求，总不能事事都答应，对有些自己力不能及的、违反原则的、出力不讨好的、付出精力太多的请求，不得不加以拒绝。不善于拒绝别人的人是一个没有原则的人。

可能不少青春期男孩会误认为，"我只有顺从和帮助别人，才能变得可爱"，这样，你只会成为别人口中的"好好先生"，对于任何人的任何请求都来者不拒，而最后你会发现，自己已经筋疲力尽，却"吃力不讨好"。甚至使自己已经成为一个"取悦别人"的人。如果你是这样的人，那么这种情况将会恶性循环，使得你身边的人都希望你随时随地在他们身边，为他们服务。不会拒绝，让你疲惫，感到压迫和烦躁。不要等到你的能量耗尽时，才采取行动。

当然，拒绝别人是一件令对方不快的事。那么，有哪些方法，可以令对方在被拒绝后感到理所当然，从而对你的拒绝有信服力呢？我们主要要以下六个要素：

（1）要有笑容地拒绝。拒绝的时候，要面带微笑，态度要庄重，让别人感受到你对他的尊重、礼貌，就算被你拒绝了，对方也能欣然接受。

（2）要有理由地拒绝。这样，即使你拒绝了对方，也会让对方觉得你已经尽力，还是会感动于你的诚恳。

（3）要有代替地拒绝。和对方说，你跟我要求的这一点我帮不上忙，我用另外一个方法来帮助你。这样一来，他还是会很感谢你的。

（4）要有帮助地拒绝。也就是说，你虽然拒绝了，但在其他方面给他一些帮助，这是一种慈悲而有智慧的拒绝。

（5）要有出路地拒绝。拒绝的同时，如果能提供其他的方法，帮他想出另外一条出路，实际上还是帮了他的忙。

（6）是要留退路地拒绝。不要把话说死，把路堵绝，例如说："这事难度太大，办成的可能性极小，但是为了朋友的感情，我愿意尽最大努力。"这样即使事情办不成，朋友也会领你的情。

总之，亲爱的儿子，拒绝别人讲究一定的技巧，只有这样，才会让让对方心服口服地接受你的拒绝。

第十四节　和好朋友发生冲突，怎么解决

飞飞、阿力和凡凡是最好的朋友，但偶尔也会闹一些小矛盾，尤其是凡凡和阿力之间。凡凡是一个内向的男孩子，而阿力大大咧咧，口无遮拦，有时候，因为一件小事，两人就会展开"战争"。

一天早晨飞飞还在睡觉，阿力气呼呼地跑来，对飞飞说："凡凡怎么能这样，我怎么交了这样的朋友！"

"怎么了，发生什么事情，让你发这么大的脾气？"

"昨天原本准备让你陪我去买唱片的，你不是有事吗，后来就打电话给他，他在卫生间，电话是他妈妈接的，他说好一会儿就出门的，结果我在他家楼下等了半天，也没看见他出来，于是，我就去他家找他，他却在家看电视，我问他为什么要我，他说他根本不知道我找他的事，我一生气，就骂了他，结果他就打电话给我妈妈。你说，这个人怎么这样？"

:: 给青春期男孩的话 ::

很明显，这两个男孩之间的冲突来自于一个小误会，只要找机会沟通，就能解释清楚。男孩到了青春期，会渴望交朋友，但如果和朋友发生冲突，又该如何解决呢？你可以这样做：

1. 要反省自己

如果你的朋友中，个别人对你有意见，可能是对方的问题，但如果你在集体中被孤立或者被众人排挤的话，那么有可能就是你的问题了。此时，你应该先反省自己，看看自己哪里不对，你试想一下，你是不是太"以自我为中心"了——凡事很少为别人着想，自己想怎样就怎样，或对朋友不怎么关心，等等。

2. 控制自己的情绪

"血气方刚"是年轻人的专利，情绪失控时会造成很多悲剧。当你被激

怒时，或者当你觉得自己血往上涌，只想拍桌子的时候，千万要转移注意力，或者离开那个环境。当你学会控制情绪时，你就长大了。

3. 要学会大度、宽容

朋友之间，难免个性不同、生活习惯不同，要学会彼此尊重和包容。人都是重情谊的，你帮他，他也会帮你，互相帮助中，友谊更加深厚。在深厚友谊的基础上，彼此给对方提一些意见是很容易接受的。不是什么原则上的大问题，就不要斤斤计较，多包容。

4. 要正确看待每个人的长处和不足

金无足赤，人无完人。如果你发现你的朋友在外面彬彬有礼而跟你在一起有点粗鲁，可能正说明他真的把你当成朋友，不能因为谁有某种不足就讨厌他，如果这个缺点不是品质上的，也不是道德问题的话，就不必为此计较。大家能够走到一起，本身就是一种缘分。

5. 帮助别人和关心别人

经常帮助别人的人，自己也会得到别人的帮助。例如同学身体不适，可以陪他去医务室或医院；同学心情不好，陪他散心，拍拍他的肩膀，不用说话就能把关心传递过去。这都会让你和朋友们的感情升温。

亲爱的儿子，与他人相处是一种能力，需要不断纠正自己才能得到提高。现在不会和朋友相处不要紧，但要去学，观察周围的同学，从中吸取精华，或者多看一些有关修养方面的书籍。亲爱的儿子，记住爸爸妈妈给你的秘诀，满怀信心走进未来的集体生活中，我们相信你能行！

第十五节　拒绝自私，分享才有快乐

青春期成长事件

初一的时候，小兴就喜欢上了电脑，平时一有时间，他就开始"钻研"电脑，但他的父母则明文规定，不许玩电脑，放学后必须按时做完作业和练习，这让小兴很不高兴。于是，放学后，他就尽量不回家，去同学家或去网吧。不过说也奇怪，小兴在这方面确实很有天赋，在当年市青少年科技创新大赛上，小兴居然获奖了，这让他的父母吃了一惊，并重新认识了孩子"玩电脑"这一情况。但小兴却不领情了，他用自己的奖金买了电脑，从此一放学就把自己关在房间里。有时候，父亲为了"讨好"他，主动向他请教电脑方面的知识，他也不理睬。

有一次，父亲听老师说小兴自己建了一个网站，便想看看儿子的成果，这天，他看见自己儿子的房门没关，电脑也开着，就打开看看，结果他却听到儿子在身后吼了一声："谁让你动我的东西？"因为自己理亏，父亲也没说什么。不过，从那以后，小兴的房门上就多了一把锁。

::给青春期男孩的话::

这里，暂且不讨论小兴为什么不愿意与父母分享。从青春期男孩自身角度考虑，无论与谁打交道，要想活得快乐，就要懂得分享。

分享，是指将自己喜爱的物品、美好的情感体验及劳动成果与他人共享的过程。"分享"意味着宽容的心；意味着协同能力、交往技巧与合作精神，这些都是任何一个人都应具备的重要素质。人生在世，我们每个人都需要和别人分享。分享快乐，分享痛苦，这样对自己有好处的同时，对别人也有好处，这就是所谓的"双赢"。

实际上，由于家庭教育的缺失，尤其是父母的溺爱，让很多青少年阶段的男孩们就变得自私自利，不愿意与人分享，这对男孩成为一个合格的社会人是极为不利的。在现实生活中，自私、不愿意与人分享的孩子并不少见。这虽然不是什么大毛病，但如果一个人什么都不愿与他人分享，独占意识很强，就很难与他人形成良好的人际关系。所以，从男子自身角度讲，从小克服自私的性格缺点，培养与他人分享的意识是很重要的。

男孩们，培养自己的分享意识，你需要努力做到：

1. 找到自己不愿与人分享的原因

一般来说，青春期的孩子，不愿意与人分享，原因有三：一是现在的孩子大部分是独生子女，在家庭生活时，没有需要他们伸手帮助别人的这种氛围；二是他们缺少替别人着想的意识；三是他们受教育的程度还不够，使得他们还不能够真正从思想上认识到自己身边还有他人，应该多替他人着想。

找到原因，才能在日常生活中对症下药，加以解决。

2. 从分享物质开始

尝试分享糖果、糕点、图书等物品，还可以在自己生日时，邀请朋友们一起来分享生日蛋糕，从而从中学会分享，体验分享的快乐。

3. 分享快乐

即便是别人很高兴的事，你也可以一起高兴，从而产生一种因分享而带来的快乐和满足感。

第 11 章

提升自控力，男孩管好自己才能飞得更高

　　青春期的男孩身上似乎总是流着叛逆的血液，但叛逆绝不能放任自流。相反，如果你想快乐、充实地度过青春期，就必须要提高自己的自控力。所谓自控，即自我控制与管理，指一个人对自身的冲动、感情、欲望施加控制的能力。自控力是一个人成熟度的体现，没有自控力，就没有好的习惯。自控力属于意志力的范畴，一个人的自控力如何，直接关系他的健康、人际关系乃至事业成败。男孩要想形成良好的自控力，就要从现在起，把自我控制与管理运用到生活和学习中。

第一节　男孩，想想你不可逃避的责任

青春期成长事件

小伟是个老师喜欢、同学欢迎的男孩，他无论做什么事都很认真。这天放学后，他要留下来打扫卫生。

半个小时后，其他同学都走了，但小伟还在擦桌子。

"差不多了，走吧。"其中一个同学说。

"这桌子上明明都是灰，怎么能说差不多呢？你们先走吧，我要都打扫干净。"

:: 给青春期男孩的话 ::

案例中的小伟是个有责任心的男孩，值得所有的青春期男孩学习。有位名人说过："有责任心的人，到哪里都受欢迎。"有责任感的人，才能担当大任，才会获得别人的信任，才会迎难而上，才懂得即使有困难也要克服；而那些责任感弱、不思进取的人，面对简单的问题也难以解决。而对于一个男人来说，更需要具备强烈的责任感，因为会承担家的责任、社会的责任等，强烈的责任感是他们成功的保证。

对于青春期的男孩们，责任感的形成是一个成熟的标志。那么，什么是一个男人的责任感呢？青春期的男孩又应该怎样培养自己的责任心呢？

1. 对自己负责

每一个人做任何事，都要懂得对自己负责，因为任何人的人生都是自己活出来的。处于青春期的男孩也一样，为自己负责，就是要珍惜生命、尊重理想、抵抗诱惑、克服缺点等。当然，青春期的你们还无法担当太多，但你在任何时候都要明白，命运掌握在自己手里。没有人能控制，要有活出自我、活出风采的态度。

2.对社会负责

任何人都是社会人，脱离社会，任何人都失去了价值，也没有任何意义可言。因此，社会责任感是一个人必须具备的素质。

在当今的多种社会形态下，男人大部分占据了社会的主动地位，这种情况下男人自然肩负着更多的责任，有思想的人就会有责任感。

那么，具体在现实生活中，男孩应该怎么做呢？

1.提高修养，学会自律

男孩们，你要表现自己的风范和气质，首要就要改正自己的陋习，慢慢养成良好的学习习惯，学会约束自己，即使在没有父母和师长的"监控"时，也能非常自觉、发自内心地去读书、去学习、去交际。这需要男孩养成专心听讲的习惯、勤思好问的习惯、认真完成作业的习惯、搜集资料的习惯、合作探究的习惯、周期学习的习惯。

2.以一个家庭成员的身份为父母排忧解难

虽然你还未成年，但作为父母的儿子，你也有责任为父母分担一些家庭中的事务，哪怕是一些小事。因为家庭是培养责任心的最重要的地方，因为家庭的建立是以爱为基础的，男孩只有先懂得爱父母，才能懂得爱其他人。而对父母的孝心，并不是一句空话，需要男孩在生活中一点一滴地体现。例如，多帮父母做家务，学会自理，多和父母商量家里的一些大事等，这会让他们感觉到儿子已经长大了，自然会很欣慰。

3.多帮助周围的人，把自己当成集体和社会的一分子

一个人的责任心体现在社会中的时候，就是造福于社会。青春期的男孩们，能力还有限，但可以从小事做起，例如保护环境、积极参加各种公益活动等，这都不失为一种责任心的表现。

第二节　管控自己，从管住嘴巴开始

青春期成长事件

小胖今年 14 岁，和其他青春期的孩子一样，他也非常爱吃零食，尤其是对于巧克力的诱惑，似乎他无法抵挡。但就因为这样，刚青春期的他已经一百四十多斤了，他告诉自己，必须学会控制自己的嘴巴。

其实，小胖是个很有毅力的人，在小学五年级的时候，他的成绩还是全班末尾，但现在，他已经是学习上的尖子生了。对于美食，他相信自己一定也有毅力。

曾经一段时间内，巧克力的诱惑一直沉甸甸地挂在他心头。但他问自己，如果自己偷偷吃了一块，那么，我会找借口继续吞下另一块吗？这种压力如此之大，以至于小胖决定把所有的巧克力都分给朋友们吃了。而现在，他对巧克力已经没任何欲望了。

::给青春期男孩的话::

案例中的小胖是个自控力很强的男孩，在意识到巧克力对自己身体的危害之后，他能果断"戒掉"。这对于很多无法抵抗住美食诱惑的青春期男孩来说是一个最好的激励。

每个青春期男孩都要明白一点，抵御美味的诱惑是自控的第一步，一个人连自己的嘴巴都控制不住，又怎么能控制自己的行为，最终掌控自己的人生呢？

专家警告说，一旦染上"吃瘾"，要想改变这种危害身心的饮食习惯，其实比那些有毒瘾和赌瘾的人戒掉恶习更艰难，因为，我们每天都需要"吃"，以此来满足身体的需要，我们不可能彻底戒掉"吃"。

对于那些偏胖的青春期男孩来说，可能你在饮食上会有这样一个感受：你有一些被禁止的食物，但你偶尔会心痒，会主动去尝试一下这些食物，你认为只吃一口没什么事，但你没有料到的是，你根本没有毅力控制自己不去吃第二口，吃了一种就会想吃第二种。等意识到这个问题的时候，你发现自己已经吃掉了很多食物。

而导致无节制饮食的关键是没有始终把自己的行为和最终目标联系在一起。你要问自己，你吃的目的是什么？吃完是否达到目的了？如果你能得出正确的答案，你也就能做出明智之举。

下面是几条帮助你管控嘴巴的方法：

（1）某些食物坚决不要尝试，也就是说，没有开始就不会存在停止。

（2）最好不要独自进食。在与他人同时进食时，暴饮暴食会让你感到尴尬，你也就能收敛自己的食欲。

（3）尽量避免与那些与你有同样饮食问题的人一起进食，因为他们的饮食习惯也会给你错误的暗示。

（4）不要在家中存储那些会诱惑你的食物。

（5）用餐之后，请立即把所有的餐具刷洗干净，然后刷牙、洗脸，这样，有事可做的你便不会因为无聊而再去进食。

以上建议可能会对你有所帮助，另外，如果你实在无法控制自己的欲望，请打电话给你的朋友吧，告诉他们你的想法，让他们尝试劝导你。总之，你要对你自己负责，要把无节制饮食的习惯彻底根除，而不是向它投降。

第三节　独立自主，自己的事情自己做

🎤 青春期成长事件

这天，在课堂上，老师给大家讲了一个故事：

"从前，有一对夫妇，到了晚年才得子，高兴异常，所以对这一'老来子'十分疼爱，几乎不让孩子做任何事，这个孩子除了吃喝以外也什么都不会。就这样，很快，这个孩子长大了。

一天，老两口要出远门，担心儿子在家没法照顾自己，就想了一个办法：

临行前烙了一张中间带眼儿的大饼，套在儿子的脖子上，告诉他想吃的时候就咬一口。

可是，这个孩子居然只知道吃颈前面的饼，不知道把后面的饼转过来吃。等老两口回来后，大饼只吃了不到一半，而儿子竟活活饿死了。"

:: 给青春期男孩的话 ::

这个故事告诉所有的男孩们，只有克服依赖心理，才具备生存的能力。"自己动手，丰衣足食"就是这个道理。

任何人的成长过程都应该是一个逐渐独立与成熟的过程。但现代社会，对有些青春期的男孩们来说，对别人尤其是父母的依赖常常困惑着自己。一旦失去了可以依赖的人，他们会常常不知所措。如果你具有依赖心理而得不到及时纠正，发展下去有可能形成依赖型人格障碍。

我们不难发现，社会上还有一些富家子弟，他们受到了教育的"温室效应"的毒害。教育的"温室效应"主要是指受教育者受到家庭、社会、学校尤其是家庭方面的过分溺爱，造成他们任性固执、追求享受、独立性差、意志薄弱、责任感淡漠等弱点的社会现象。对于他们来说，破除对他人的依赖极为重要。

男孩们，从现在起，你必须学会自己面对很多问题。为此，你需要做到：

1. 要充分认识到依赖心理的危害

你需要纠正平时养成的习惯，提高自己的动手能力，不要什么事情都指望别人，遇到问题要做出属于自己的选择和判断，加强自主性和创造性。学会独立地思考问题，独立的人格要求独立的思维能力。

2. 坚持自理

进入青春期的你，已经不是儿童了，因此你应该开始自理了。这时，即使家长要为你包办，你也应该拒绝，大胆动手尝试，坚持自己动手，才能在潜移默化中培养自理能力。另外，你需要做到坚持到底，不要凭一时的新鲜感做事，不能保持持久，因为自理能力不是一朝一夕能培养成的，需要对自己进行反复的强化和持之以恒的锻炼。

3. 学会独立应变生活中的一些问题

不管做什么事，总会有一个从不会到会的过程。你可以独立去面对一些生活中的小问题：例如，妈妈不在家，你自己做饭吃；家里来了客人，你主动学会招呼，等等。

亲爱的儿子，你要明白，现在的你已经是大人了，你应该在生活中照顾自己，遇到困难时也不要总是想着求助于父母；当然，有些问题你也可以向父母寻求指导和建议。

第四节　提高财商，男孩该学些理财知识

青春期成长事件

王建有个同学，家里经济条件比较好，别人也都习惯叫他"大款"，和他交往时间长了，王建也变得花钱大手大脚。在不到一个星期的时间，王建花了好几百元，王先生夫妇发现了儿子的变化，就找来了儿子，准备和王建好好谈谈。

"最近给你的那些钱都花到哪儿了？"

"什么都没买啊。"

"那钱呢？好几百呢！"

"那才几百块钱而已，请几个同学吃了一顿饭，就花光了。"王建轻描淡写地说着。

"和同学搞好关系没错，可不能这样大手大脚地花钱啊，这样交的朋友也充其量是酒肉朋友，不是知己，知道吗？而且，你现在这个年纪，应该学学怎么理财了。况且，你现在还没有挣钱的能力，更不能乱花钱，知道吗？"王建爸爸说。

"理财？就是要管理自己的钱财吗？"

"是啊，知道怎么理财吗？"

"不知道。"王建很疑惑。

:: 给青春期男孩的话 ::

那么，青春期的男孩们应该怎样理财呢？

理财的目的在于合理规划自己的钱财，使得自己和家庭的钱财处于一种最佳的分配状态，这是一种长远打算的需要。现代社会，人们对理财的意识越来越强烈，从此种意义上说，理财也应该伴随人的一生。青春期的男孩们，从你开始有零花钱的那一刻开始，就应该懂得合理分配自己的财产了，这对于你以后的收支分配的均衡是有好处的。另外，青春期也是理财的起步阶段，也是学习理财的黄金时期。在此阶段，如果男孩能够养成一些较好的理财习惯，掌握一些必需的理财常识，往往可以受益终生。

但大多数男孩理财能力薄弱，平常在家要么是大手大脚惯了，要么从不和钱打交道。因为理财教育的欠缺，很多人直到工作后很长一段时间仍然缺乏独立的理财能力。

对于青春期的男孩们，要想做好理财规划，最重要的是养成良好的理财习惯：

（1）懂得积累。其实，生活中有很多"小钱"，是可以积少成多的。这里几元，那里几元，看似不起眼，但积少成多后就是一个大数目。

（2）不铺张浪费，懂得节约。

尤其是处于学生时代的青春期男孩，对于吃穿不要太过讲究，吃要营养均衡，穿要耐穿耐看，住要简单实用，行要省钱方便。节约用钱，也是培养自己吃苦耐劳的重要方法。

（3）学会记账和编制预算。这是控制消费的有效方法之一。其实记账并不难，只要你保留所有的收支单据，抽空整理一下，就可以掌握自己的收支情况，从而对症下药。

（4）要保证良好的资产流动性，富余的支付能力，不要将资金链绷紧。没有必要的现金支付能力，常常会使自己陷入一种走投无路的境地，特别是遇到意外事件时，手持必要现金的重要性就更加体现出来。

第五节　三省吾身，学会反省自己

青春期成长事件

这天，老师在谈到如何总结学习经验和教训这个问题前，先给同学们讲了一个故事：

爱因斯坦小时候十分贪玩，他的母亲最担心的就是这点，很多时候，母亲对他的告诫，他也当成耳边风，过后就忘。后来，等到他 16 岁的时候，父亲对他的一番话让他真正长大了，并且影响了他的一生。

父亲说："昨天，我和你杰克大叔一起去清扫了南边的一个很久没人打扫的烟囱，去的时候，我走在你杰克大叔后面，他们踩着钢筋做的梯子上去。下来的时候，我依然走在你杰克大叔后面。但我们出来的时候，我发现，你杰克大叔身上、背上、脸上都是黑乎乎的，而我身上竟然一点也没有。"

爱因斯坦听得很认真，父亲继续微笑着说："当我看见你杰克大叔浑身黑乎乎的样子，心想，我肯定也脏死了，于是，去河边洗了又洗。而你杰克大师恰恰相反，他看到我干干净净的，以为自己也是干净的，只是随便洗了洗手，就去街上了。结果，街上的人都笑破了肚子，还以为你杰克大叔是个疯子呢。"

爱因斯坦听罢，也忍不住笑了半天。等他平静下来后，父亲郑重地对他说："其实别人谁也不能做你的镜子，只有自己才是自己的镜子。拿别人做镜子，白痴或许也会把自己照成天才的。"

∷给青春期男孩的话∷

正如爱因斯坦的父亲所说，我们只能做自己的镜子，照出真实的自我。对于青春期的男孩来说，你若能及时发现自己的问题，扬长避短，并加以改进，那么便能更好地成长。很多成就卓著的人的成功，首先得益于他们充分了解自己的长处，知道自己的短处，然后根据自己的特长来进行定位。

那么，男孩们，你该如何做到经常反省呢？

1. 了解什么是反省

当我们遇到问题时，应该尝试反省，反省自己的行为，反省自己的思想，我们要会承担自己的责任，学会反省自己的言行。任何时候，学会反省自己，始终是最明智、最正确的生活态度。

那么，什么是反省呢？反省即检查自己的思想行为，检查其中的错误。学会反省，就是人在做出一件事后进行自我检查。古人云："知人者昏，自知者明。"的确，人贵在有自知之明，试想，如果一个人自己不能了解自己，目空一切，心胸狭窄，心比天高，又怎么会虚心进取？就更不用说成功了。

2. 及时总结

无论是学习，还是其他方面，只有做到及时总结，才会及时反省，尤其是对于错误和失败。因为只要能从失败中学得经验，便永不会重蹈覆辙。失败不会令你一蹶不振，这就像身体受伤一样，它总是会愈合的。大剧作家兼哲学家萧伯纳曾经写道："成功是经过许多次的大错之后得到的。"

总之，亲爱的儿子，你要做一个善于自我反省的人，只有这样，才能够发现自己的缺点或者做得不够好的地方，然后加以改正，使自己不断进步，并能够扬长避短，发挥自己的最大潜能。

第六节　善于做时间的管理者，不拖沓

青春期成长事件

"小鑫，去做作业吧，你都看了半天电视了。"妈妈一边刷碗，一边叫正在看电视的小鑫回房间做作业。

"等会儿，再看完这集，我就去。"

"你刚才就这么说，再不去，你今天的作业估计都做不完了。"

"哎呀，妈妈，你真啰唆。"

"小鑫你过来，妈妈觉得有必要告诉你管理时间的重要性了。"

∷ 给青春期男孩的话 ∷

对于任何一个人来说，时间都是尤为珍贵的。一寸光阴一寸金，寸金难买寸光阴，任何知识的获得，都要花费时间。考场上，差一分钟，你的成绩就可能差一个名次；时间流逝，你告别了童年，多了一点烦恼……

因此，青春期的男孩，要正确地认识时间的作用，不要荒废了大好的青春期，要把时间观念，当成追求成功成才路上必须培养的品质之一。良好的时间观念有助于男孩的健康成长。守时、惜时的男孩，往往懂得学习时间的珍贵，学习效率会更高，会有竞争意识，因此，他们的心智成熟程度较高，对外交往能力也强。那么，男孩应该怎么做呢？

1. 珍惜时间，要有目标性地学习

对"时间"懵懂不明的男孩，很少要求自己何时何地完成什么，换言之，很少有主动的"目标"，学习成绩也就必然较差。对此，男孩最应该知晓的就是时间的重要性；古诗云："少年易老学难成，一寸光阴不可轻。未觉池塘春草梦，阶前梧叶已秋声。"你如果想在有生之年学有所成，就应该珍惜并科学地使用每一天。

在学习上，你要学会为自己制订计划，在规定的时间一定要达到目标。长此以往，就必有收获。

2. 懂得休息

青春期的确应该努力学习知识，充实自己，但这就需要男孩懂得安排自己的作息。例如，你需要在疲劳之前休息片刻，既避免了因过度疲劳导致的超时休息，又可使自己始终保持较好的学习状态，从而大大提高学习效率。另外，青春期是长身体的阶段，充足的睡眠尤为重要，打疲劳战往往会适得其反。

3. 学会充分利用课余时间

很多青春期男孩喜欢把自己的课余时间放在听流行歌曲、玩游戏上。其实，这都是在浪费时间，同样是听歌，如果能听英文经典歌曲，不仅能培养自己的审美情趣，还能在无形中练就自己良好的听力。另外，一些经典的电影也是值得一看的。在训练智力方面，你可以学一学围棋，而不是打游戏，围棋是最能体现一个人智商的才艺。

4.遵守约定时间，做可信任的朋友

在与人交往的过程中，时间观念不明的男孩也面临"信用缺失"——久而久之，同学和朋友对动辄迟到、缺席的他有批评、有疏远，认为他讲话不算数，不守信用，这将严重阻碍男孩"外交活动"的正常进行。

对此，时间观念差的男孩，可以给自己列一个备忘录，这样，就能有效地提醒自己。

第七节　男孩如何拥有超强的自控力

青春期成长事件

梁先生的儿子星星明年就要高考了，但星星太懒了，一拿起书本，就想玩，根本无心学习。这天，梁先生给儿子讲了韩愈的故事：

韩愈自幼父母双亡，靠哥哥嫂嫂把他抚养成人，因此，他比一般的孩子更成熟、更努力。从七岁开始，他便出口成章。后来，哥哥因为官场受牵连，被贬岭南。他只好和哥哥嫂嫂一起迁入岭南，又过了几年，哥哥去世，他跟着嫂子、带着哥哥的灵柩从岭南回到中原。那时，兵荒马乱，只得半路停在宣州……可以说韩愈命途坎坷，历尽艰苦。那段时间，他白天需要苦读，即使到了夜里，还是会点煤油灯继续用功，努力不懈。正是靠着这样的努力，韩愈学问精湛，尤其是散文写得气势磅礴，文采斐然，成为"唐宋八大家"之首的大文豪。

::给青春期男孩的话::

从韩愈的故事中，你是否有所启示？自制力对尚未成熟的男孩们也显得尤为重要。因为，无论是在你的学习还是生活中，自制力都起着重要的作用：它能督促你完成学习任务；能让你自觉抵制很多不良的习惯，如懒惰、拖延等；能缓解不良情绪，如冲动、愤怒、消极；能抵御外界形形色色的诱惑，等等。相反，如果你无法自我控制，那么，那些不良的行为和情绪就会占据主导地位，从而控制你。你很快就会失去奋斗的激情、学习的动力，甚至会偏离人生的正确的方向，误入歧途。

那么，男孩们，你该如何增强自己的自制力呢？

1. 充分预测困难，做好准备

无论做什么事情，都需要专注、勇敢、拼搏等。在朝着这个目标去做的过程中，会有很多困难接踵而至。如果你在做事之初没有准备好，那么这样的突袭会很容易使你的意志溃不成军。所以在做每件事情之前，你要充分预测可能遇到的阻碍和诱惑，并为之做好准备，想到应对的办法。

2. 别给自己找借口

通常当我们想去做一些不必要的事情寻求快乐的时候，为了让自己心安理得，我们会给自己找一些借口，例如郁闷、没心情学习等，这些借口大部分都是过分强调即时性，实际上我们是有意识地过分夸大了这些看似紧急但毫无意义的事情。这时我们可以微笑着问自己："这是不是借口？"然后我们从全局来考虑：我们是不是追求远大的目标，长久的快乐？我们的人生目标难道是看更多的精彩节目？这些即时的东西对我们有什么实质帮助？相比学习，如果去贪图眼前的小快乐，自己将损失那个远处的大快乐，值不值？权衡之下，你会做出明智的决定。

3. 自我暗示

当自己学了一会儿就感到静不下心时，闭上眼睛，调整呼吸，然后有意识地把自己学习一段时间后产生的厌倦情绪忘掉，暗示自己其实是刚刚马上要学习，然后做出奋斗的情绪开始继续学习。

亲爱的儿子，爸爸妈妈知道，现在的你每天都要努力学习，被条条框框的纪律束缚着，但如果你换种状态去面对学习和生活，从意志上排除纪律带来的苦楚，意识到"努力奋斗能排除心中怨恨"，做到自我克制，那么，你的学习效率和人际关系会有另一番景象。

第八节　男孩做事要果断，不要武断

青春期成长事件

小威作为班上的学习尖子生，被老师推荐参加奥数比赛，可比赛结果不尽如人意，数学老师给小威分析了一下，小威的弱点在于思考问题时不够深入，尤其是判断题，似乎没多思考就填了答案。

这天，老师找来小威，对他说："你是一个优秀的学生，从不让老师操心，但作为一个男子汉，你缺少了一些成功者的品质，你知道是什么吗？"

听完老师的话，小威很疑惑，摇了摇头。

"你思考问题有点武断，要知道，现代社会，速度就是效率，但一定要思维缜密，不能武断。"

:: 给青春期男孩的话 ::

可能每个青春期男孩都会被师长们教育做事要果断。所谓果断，就是做事不拖泥带水。但果断和武断绝不是同一含义，武断者做事凭自己想象。事实上，武断是青少年的通病，但任何一件事，从计划到实现的阶段，总有一段所谓时机的存在，也就是需要一些时间让它自然成熟的意思。假如过于急躁而不甘等待的话，经常会遭到破坏性的阻碍。因此，无论如何，我们都要有耐心，压抑那股焦急不安的情绪，才不愧是真正的智者。

男孩们，要做到做事果断不武断，有以下一些建议，可供参考：

1. 做事情要先思考，后行动

要想把事情做到最好，你心中必须有一个很高的标准，不能是一般的标准。在决定事情之前，要进行周密的调查论证，广泛征求意见，尽量把可能发生的情况考虑进去，以尽可能避免出现漏洞，直至达到预期效果。

例如出门旅行，要先决定目的地与路线；上台演讲，应先准备讲话内容。在做事之前，你可以经常问自己这样一些问题："为什么做？做这个吗？希望得到什么结果？最好怎样做？"并要具体回答，写在纸上，使目的明确，言行、手段具体化。

2. 做事情要有始有终

不焦躁，不虚浮，踏踏实实做每一件事，一次做不成的事情就一点一点分开做，积少成多，积沙成塔，累积到最后即可达到目标。

3. 稳定情绪

用合理发泄、注意力转移、迁移环境等方法，把将要引发冲动的情绪宣泄和释放出来，保持情绪稳定，避免冲动。

4. 要强化自我意识

遇事要沉着冷静，自己开动脑筋，排除外界干扰或暗示，学会自主决断。要彻底摆脱那种依赖别人的心理，克服自卑，培养自信心和独立性。

5. 有针对性地"磨练"

你可以采取一些措施，有针对性地"磨练"自己的浮躁心理。例如练习书法、练习绘画、弹琴、解乱绳结、下棋等，有助于培养自己的耐心和韧性。

第九节　提升专注力，提高学习效率

🎤 青春期成长事件

这天思想政治课上，老师看到大家心不在焉、无心听课，便给大家讲了一个故事：

大哲学家苏格拉底有着非同常人的智慧，为此，很多人来向他求教。

一天，一名学生问他："老师，我也想成为和您一样的大哲学家，但我怎么样才能做到呢？"

苏格拉底说："很简单，只要每天甩手300下就可以了。"

有的学生说："老师，这太简单了，别说是甩手300下了，就是3000下、30000下也可以啊！"苏格拉底笑了笑没有说话。

一个月过去了，苏格拉底问："那么，有多少同学每天坚持甩手300下啊？"很多学生骄傲地举起了手，大概有90%的人。

又一个月过去了，苏格拉底又问："还有多少同学在坚持啊？"这次比上个月少了10%的人。

时间一天天地过去了，一年以后，苏格拉底还重复着当年的问题："还有同学在坚持每天甩手300下吗？"此时，大家都低下了头，因为他们都没有做到，这时，一个同学举起了手，他的名字叫柏拉图，他后来也成为像苏格拉底一样的大哲学家。有人问他成功的秘诀是什么，柏拉图微笑着说："甩手，而且甩得足够久……"

∷给青春期男孩的话∷

这个哲理故事同样告诉每一个男孩，无论做什么事，如果你想成功，你就一定要做到专注，学习也是如此。

处于青春期的男孩，心灵深处总有一种茫然不安，让年轻的男孩们无法宁静、无法安心学习。实际上，专注力是自控力的一个重要方面，要提高自己的专注力，你需要从以下几个方面努力：

1. 学习时不做其他事

如果你决定了学习，就不要再去做其他事，如听歌、看电视等，一心二用无法让你提高学习效率。

2. 排除干扰

学习前，请收拾好你的书桌，关闭手机和电脑，避免那些容易使你分心的事。

3. 动机

明确你学习的动机会有助于加强你的专注力，并且能让你完成任务。你要知道你为什么要专注于学习，而且要清楚如果你不专注于学习会有什么样的后果。

此外，你可以想象一下假如你朝着一个方向前进的话，你的生活将会是什么样子；想象一下你理想中的生活。让它清晰可见并让它时刻浮现在你的脑海中。

4. 深呼吸

当你开始新的一天时，问自己一个问题，"我在呼吸吗？"然后做几次深呼吸。问你自己"我现在感觉放松吗？"如果你的回答是"不太放松"，那么先什么也不要做，然后深呼吸。

总之，亲爱的儿子，爸爸妈妈希望你能明白，在对有价值目标的追求过程中，坚忍不拔的决心是一切真正伟大品格的基础。充沛的精力会让人有能力克服艰难险阻，完成单调乏味的工作，忍受其中琐碎而又枯燥的细节，从而使你顺利通过人生的每一驿站。

第十节　自控力助你养成良好的习惯

青春期成长事件

这天，吴先生在看报纸时看到一篇报道，内容说的是人的某些行为只要坚持 21 天，就能形成习惯。也就是说，一个人想要养成良好的行为习惯的话，可以给自己 21 天的时间。吴先生把这件事告诉儿子辰辰，辰辰不相信，非要和父亲打赌，没想到 21 天以后，辰辰真的"脱胎换骨"了：他不再起床拖延，不再只喝饮料不喝水、爱上了运动，每天晚上睡觉前会看一篇文章，等等。

在后来的一次班会中，辰辰把自己的经验分享给了其他同学。

:: 给青春期男孩的话 ::

可能每个青春期男孩都希望养成某些好习惯，形成自控力，这里，你也可以借鉴辰辰的方法。

根据西方人文科学家的研究，一个习惯的培养平均需要 21 天左右，只要我们认真去做，就等于我们吃了 21 天的苦，却得到了一辈子的甜，这是一个很值得和很高效的事情。

此外，任何一个习惯一旦养成，它就是自动化的，如果你不去做反而会感觉很难受，只有做了才会感觉很舒服。因此，关于好习惯的培养，你不妨给自己制订一个计划，然后记录下自己执行计划的过程。那么，21 天后，你将养成好习惯，坚持21天，你就会成功。坚持21天，就能改变你的意识，影响你的行为，为你带来超乎想象的成功。你又何乐而不为呢？

那么，我们该养成哪些好习惯呢？

1. 变懒惰为勤奋

如果你是个懒惰的人，你不妨做出以下改变：

不要天天让爸爸妈妈给你拿碗筷；闲暇时帮爸妈做点家务；每天整理干净再出门，不要给人邋里邋遢的感觉；学习时，变被动为主动，积极起来……

2. 养成读书的习惯

除了你学习的书本知识外，你还应多阅读课外书籍，多读书的最大好处是可以增长知识、陶冶性情、修养身心。

3. 充满活力，动起来

身体是革命的本钱，运动也要养成一种习惯。当然，这需要你的坚持。在这21天的前段时间里，你可能会产生懈怠的情绪，但这期间，如果你能鼓励自己、坚持21天，你就会发现，运动让你充满了活力。

4. 积极乐观

乐观是一种后天技巧，学习乐观有很多种方法。你注意过自己的走路姿态吗？你抬头走路，还是低头走路呢？很多人都是迈着缓慢的小碎步低头走路的。这样的人大部分很悲观。要改变自己，从走路姿势开始，昂首挺胸地走路吧。

5. 学会倾诉

青春期快乐和不快乐的事太多了，无论是你的父母还是朋友，都可以成为你的倾诉对象。

6. 微笑

微笑吧，微笑会让你更快乐。无论遭遇到什么事情，当时如果笑一下，感觉会好得多。微笑，让机会出现在你的身边。

7. 多喝水

喝水的重要性毋庸置疑，不要渴了再喝，也不要用饮料代替水。

当然，任何习惯的改变和形成，都是艰难的，但只要经历一段时间，一旦习惯形成后，它就会成为一种自动化的、下意识的行为反应。总之，没有改变不了的习惯，只有你不想改变的习惯。没有改变不了的性格，只有你不想改变的性格。

第12章

保护好自己，远离成长的危险禁区

我们都知道，每个青春期的男孩都开始形成自我意识，但这个阶段的男孩缺乏社会经验，不成熟，很容易被社会上一些不良组织诱惑，甚至会参与赌博、吸毒等活动。青春期是人生最美好的时光，本身健康、阳光的，一旦染上这些恶习，青春就会失色，人生也会暗淡，因此，青春期男孩，在面临一些不良诱惑时候，一定要把持住自己；不涉足那些禁区，爱惜自己。这样，青春期乃至整个人生才会健康向上！

第一节　吸烟喝酒不属于青春期

青春期成长事件

杨先生有个儿子亮亮，今年刚15岁，但是学会了抽烟。

"我第一次发现他抽烟，是半年前的事了，那天，我买了一包烟，放在客厅的茶几上，还没抽几根，就没有了。后来，我在亮亮的房间发现了烟头，才知道这小子居然偷偷开始抽烟了。再后来，我给他的零花钱，他总说不够花。那天，我下班很早，就顺便去他学校接他放学，结果看到他跟自己同学在操场墙角处抽烟，我当时真是气不打一处来，当场把他带回家，准备好好教训一番。可是，我还没说几句，他就反过来教训我：'你要是能把烟戒了，我也戒！'"

:: 给青春期男孩的话 ::

在中国，烟酒的文化总是长盛不衰，而且，随着物质文化生活的提高，烟酒的消费也越来越低龄化，一些青春期的男孩女孩们，也把抽烟喝酒看成一种赶得上时代步伐的表现，酗酒、抽烟的现象也在校园内蔓延。烟酒似乎在男孩群体中更为明显。一些男孩到了青春期，就认为自己长大了，也应该有一些男人们应有的权利，如抽烟、喝酒等。其实，青春期正是长身体的阶段，并未发育成熟，烟酒对发育期的身体有很大的危害。

1.吸烟的危害

香烟燃烧时所产生的烟雾中，可分离出很多有害的成分，主要有尼古丁、烟焦油、一氧化碳、氢氰酸等。吸烟对人的危害极大，尤其是对正在长身体的男孩们危害更大。

（1）香烟中含有大量的氢氰酸，这是一种致癌物质，长期抽烟会使肺癌的发病率提高。

（2）香烟中的一氧化碳更是一种无色无味的有毒气体。这会使得抽烟者降低血液的携氧能力，造成组织缺氧。青少年身体发育未完全，吸烟会影响大脑的活动能力。

（3）尼古丁的危害更大，它会使小血管产生收缩，从而可引起心血管病变。此外，还可以直接削弱心脏的收缩力和损害脑细胞，导致记忆减退、头痛、失眠等。

吸烟对男孩身体的危害更为明显，这是因为他们正处于迅速生长发育阶段，身体各器官系统尚未成熟，比较娇嫩，自身抵抗力不强，对各种有毒物质的抵抗能力比成人更差，所受危害当然也就更深。吸烟的男孩患咳嗽、肺部感染的比例明显高于不吸烟者。青春期吸烟还可导致早衰和早亡及影响下一代的发育。

2.酗酒的危害

酒有解除疲劳、增进食欲、帮助消化的作用，但是过量饮酒，则对身体有害。青春期，尤其不宜饮酒。

（1）首先是对肠胃功能以及所有消化系统的损害：酒精刺激胃肠黏膜，可产生胃酸过多、胃出血、腹泻、便秘等病症。

（2）酒精对肝脏的危害也极大，酒精中毒可造成急性脂肪肝、酒精性肝炎、肝硬化等。

（3）酒精刺激甚至会伤害神经系统。而对于青春期的男孩来说，他们正处于生长发育时期，酗酒的危害更大，除了以上危害外，还会使肌肉无力，性发育受到影响。有些男孩为了表现自己的"潇洒"，喜欢边饮酒边吸烟，这样对身体的危害更大。

第二节　　"黄毒"让花季失去色彩

青春期成长事件

这天放学后，班主任刘老师准备下班回家，看见班上的男生刘明在操场拐角处神神秘秘地打电话。刘老师上前询问，刚开始，刘明称跟他通话的女生是他的表姐；后来，老师故意问出一连串的问题，刘明开始语无伦次；最后不得不承认，跟他通电话的那个女孩不是自己的表姐，而是自己在网上交的女朋友，那女孩给他打电话声称要给他一张光盘，老师顿时明白了。后来，老师证实，那个女孩给刘明的，的确是一张黄色光盘。

在老师的劝导下，刘明才逐渐明白自己差点成为黄毒的牺牲品，后悔不已，清醒认识到网络的危险后，刘明开始注意了，不再浏览一些黄色黄页，也不随便和网络上的人聊天。他的父母发现儿子开始懂得区分是非黑白，心里宽慰多了。

::给青春期男孩的话::

处于性启蒙阶段的青春期男孩，开始对性知识有了很多的好奇，但很多青春期男孩并不是通过书本、父母等正常渠道得到的这些性教育，而是网络，他们比女孩子更容易受到诱惑，因此很容易陷入一些黄毒的泥潭不可自拔。

大千世界五光十色，无奇不有，在我们的周围存在着很多诱惑。有很多美好的诱惑，激励我们去追寻，但是，在我们的生活中，也有许多干扰我们成功、影响我们幸福生活，甚至严重危害我们身心健康的诱惑。有些诱惑成年人都无法拒绝，更何况青春期的男孩们。那些不良诱惑有时就像"吸血蝙蝠"，让人舒舒服服地上当，在不知不觉中成为它的俘虏。这其中就包括黄毒。因此，青春期的男孩们，必须学会分辨并自觉抵制社会生活中的黄毒，才会有健康幸福的生活、学习和未来。否则，将会为之付出惨痛而沉重的代价。

青春期，是人生的迷茫期，的确很容易被黄毒诱惑，但只有做到自我抵制，才能将黄毒拒之于千里之外，社会、家庭、学校承担着应有的责任。但从源头上抵制，还要青春期的男孩们做到有良好的自制力，好好把握自己，这是最不可忽视的一个环节。

那么，青春期的男孩们，应该怎样抵制黄毒呢？

（1）遇到色情的东西，比如淫秽影碟、裸体书画、印有裸体图像的扑克，一律交师长处理并及时告诉老师或家长，让自己平静下来，不受其影响。

（2）与周围的同学和朋友交谈时要避开黄色话题。

（3）不要到经营录像的游艺厅去看录像，也不要随意看家长借来的影碟。

（4）如果有人向你兜售影碟和光盘，要坚决不理睬他，更不要听信他们的花言巧语。

（5）经常参加有益身心的活动，如登山、游泳等，这些健康活动是驱除黄毒的灵丹妙药。

（6）要加强体育锻炼，和女同学健康交往，多参加集体活动。

对黄毒的舆论谴责和依法整治，是断不可少的。不过，最要紧的是从治本着手，即青春期男孩的自我抵制，要认识到识黄毒的危害，识美丑，辨是非，从而不接触，不欣赏，不沾染，不模仿，自觉抵制黄毒的侵袭。增强了自身的免疫力，什么黄毒、白毒乃至各种社会病毒，也就无从逞其威、肆其虐了！

第三节　不要因为好奇而尝试赌博

青春期成长事件

这天，学校组织了一次拒绝赌博的教育活动，活动以一个男生作为反面教材，那个男孩叫马磊，初一时还是一个品学兼优的三好学生。升初二前的暑假，他交上了坏朋友，并染上了赌博恶习。通过电子游戏、麻将、扑克等赌博，马磊很快输光自己所有的压岁钱、零花钱，他就回家偷父母的钱，进而发展到抢劫、勒索小学生钱财，入屋盗窃他人财物。初二下学期，他被送进了少年犯管教所。

:: 给青春期男孩的话 ::

受不良社会风气影响，赌博这种陋习已经开始蔓延到单纯的青春期的孩子身上。赌博是生长在社会机体上的毒瘤，它腐蚀人的灵魂，使人道德沦丧，诱发犯罪行为，有百害而无一利，它使许多妄想不劳而获的人倾家荡产、妻离子散。

但实际上，很多青春期男孩染上赌博的恶习，并不是自己主动接触赌博的，而是被这种活动引诱，然后慢慢形成习惯。赌博最大的危害就是赌博心理的形成，一旦形成习惯，又会形成赌博生活方式。选择这种生活方式的人，他们鄙视并拒绝承担任何社会责任，这是一种堕落的生活，这种生活方式是贪婪式的，贪得无厌，利欲熏心。

青春期的男孩们，要想远离赌博，首先就要远离赌博场所，你要做到以下6条戒律：

（1）谨慎交友。很多青少年年幼无知，一不小心交上了那些坏朋友，他们以"赌一下无关紧要"、"玩玩而已"，引诱青少年上赌场。有些赌博分子常常以"朋友"面孔，往往把赌博吹得天花乱坠，说赌博可以快速发财致富，以一片好心带你去赌博，诱导青少年钻入圈套，成为受害者。因此，青少年首先在择友上就要慎重。

（2）不去赌场、舞厅等社交的场所。因为这些地方鱼龙混杂，社会上三教九流的人都有，其中不乏那些赌博分子，这些地方是他们聚赌的主要场所，他们常以不经意的方式，把一些赌博思想传授给青少年，使他们上钩。因此，男孩切莫轻易进入这些地方。

（3）不要学习那些奢侈、糜烂的生活方式。这些堕落的生活方式常常出现在电视和电影的镜头里，如果男孩不去分析，只追求他们的生活，也会跌入赌潭不可自拔。那种不健康的生活方式千万不可学。

（4）懂得控制自己的情绪，不要因为一时激动，被那些赌博分子所怂恿，所以要遇事冷静，心境坦然，切不可被人激将而赌博。

（5）江湖义气不可学，仗义里面有乾坤。江湖义气是不良组织和赌博集团笼络人心的口号，他们在这外衣下行恶。青少年若不去明辨是非，逞强做江湖英雄很可能走上邪路。

（6）正确对待挫折。人生路上，每个人都会发生不尽如人意的事情，遇到一些挫折，不要产生悲观、焦虑心情，更不要逃避现实，用赌博等不良方式来解脱。要学会平静，心情开朗，正确处理身边发生的事情，不要为寻求刺激而参与赌博。

总之，亲爱的儿子，爸爸妈妈希望你确立正确的人生观和坚定的意志，从生活小事上做起，防微杜渐，拒绝赌博。

第四节　毒品除了危害就是危险

这天，在学校的禁毒讲座上，老师讲了一个案例："某中学，有个叫黄进的 14 岁男生，先后把家中价值 10 万元的财物拿去变卖，为了索要财物，他经常在家大吵大闹，殴打八旬的祖母。一天，他扬言：如果不在规定的时间给 3000 元钱，他就会叫'道友'将全家杀绝。母亲一怒之下一把揪住黄进，喝令其他家人一起动手，勒死了她唯一的儿子黄进，一个个好端端的家庭就这样被毁了。"老师在台上情绪激动地讲着。

:: 给青春期男孩的话 ::

许多血淋淋的故事警示青春期的男孩们："一人吸毒，全家遭殃。"毒品让人丧失一切人性，为了吸毒，有人可以弑父杀母，有人可以自残，可以抢劫。

青春期的男孩们，你们未来是要作为社会栋梁的，强健的身体、阳光的心态是这一切的保证，而毒品像白色恶魔一样，离这些阳光灿烂的男孩并不远，它随时都会侵害你们。

那么，青春期的男孩们，该怎样做才能远离毒品呢？

（1）慎重交友。"近朱者赤，近墨者黑"，这个道理每个男孩都懂，交友不慎，往往会让自己陷入麻烦中。调查显示，大多数吸毒人员是在"朋友"的怂恿下坠入毒品深渊的。为此，男孩要想远离毒品，就要慎重交友，交益友，并且时时警惕，拒绝毒品。

（2）远离不正当的娱乐场所。当前社会上黄赌毒主要都集中在一些治安混乱的不正当娱乐场所中，涉世未深的男孩，一旦走进去就有可能身不由己，陷入深渊。因此，要想洁身自好，当你想去娱乐场所放松身心的时候，就一定要有所选择。

（3）学习禁毒知识，认识到毒品的危害，才能有意识地拒绝毒品。因此，男孩要做到"四个牢记"：一要牢记什么是毒品；二要牢记吸毒极易成瘾，并极难戒断；三要牢记毒品害己、害人、害家、害国；四要牢记吸毒违法，贩毒犯罪。

（4）保持健康向上的生活方式。很多吸毒的男孩，开始是因为自己感到空虚、无聊，因此，他们为了寻求刺激、追求时髦而走上吸毒的道路。为此，我们应该树立正确的人生观，热爱生命，热爱学习，热爱工作，热爱生活，在健康、充实的生活中体味人生的乐趣。

（5）正确面对困难和挫折，用信心和勇气战胜它们。

困难和挫折只是人生路上的小插曲而已，你是男子汉，遇到问题，不要逃避，勇敢地面对才是正确的解决之道。你也可以向父母和朋友倾诉，不要闷在心里、独自扛着。记住，千万不要"借毒解痛"、"借毒消愁"。

（6）坚决不尝第一口。要远离毒品，必须培养良好的心理素质。好奇心和冒险心往往成为毒品侵蚀的温床。要提高自己的自控能力，千万不要去尝试吸毒的滋味。为了终生远离毒品，不论出于什么动机，不论出现什么情况，我们都要坚定地把握住自己，永远不要去尝试第一口。

亲爱的儿子，你一定要学会热爱生命，要从自身做起，并采取有效措施，主动远离毒品。

第五节　面对校园暴力，勇敢拿起法律武器

青春期成长事件

"快给钱，不然别想走！"几个社会青年在上学路上对一个低年级男孩说。恰巧，这一幕被正赶回家的初三学生小悠看见了，他心想，自己一个人的力量有限，肯定斗不过这些人，于是他赶紧拨打110，因为派出所就在附近，然后他对着这几个大喊"警察来了"，果不其然，这几个青年吓得魂飞魄散，已经来不及看真实情况是什么，就逃窜了。

∷ 给青春期男孩的话 ∷

案例中的小悠是个勇敢又机智的男孩，面对校园暴力，他没有退缩，也没有逞一时意气，而是先报警，再把不良青年吓走。

勇敢是男性品质的最好定位，但随着现代社会法律的逐步健全，人们处处依法行事，法律面前人人平等，所以，作为未来社会的重要责任者，青春期男孩，面对校园暴力，也要学会运用法律的武器，毕竟，青春期的你们还是脆弱的，自我保护能力弱。

《未成年人保护法》第四十六条规定："未成年人的合法权益受到侵害的，被侵害人或者监护人有权要求有关部门处理，或者依法向人民法院提出诉讼。"作为学生的男孩们要明确，依靠法律是预防侵害的首要原则，是自我保护的必备武器。

依靠法律，必须学法、知法。男孩们要了解相关法律，掌握必要的法律知识。要弄清什么是合法，什么是违法；什么是无罪，什么是犯罪；什么是自己的义务、权利和合法权益，什么是受到侵害。还要弄清家庭、学校、社会、司法对未成年人保护的内容和法律责任。

依靠法律，必须用法。要依法履行自己的义务和行使权利，并在违法犯罪行为对自己形成侵害时，能够依靠法律手段进行自我保护。要做到：一是克服"害怕对方报复，干脆自认倒霉"的错误思想；二是克服"不管它三七二十一，我私下找人报复"的错误做法。总之，就是要在法律允许的范围内自我保护，而不能感情用事，采用私下报复打击的手段。

例如：当在公共场所，有人抢劫你的财物时，你应该考虑事情的轻重缓急，不要太过在意财产，应该先保证自己的生命安全，然后确保自己安全的情况下，再报警，寻回自己的财物，不到万不得已，不要硬拼，避免造成更大的损失。关键时应大声呼救，及时报警。

报警时，应确认对方是 110 报警台后再述说。尽量明确地告知出事地点、肇事者的人数、是否有武器和交通工具的种类等细节，还要留下联系方式。如果你在和坏人周旋的危险情境中拨打 110，应注意隐蔽和轻声。

第六节　男孩绝不能参与拉帮结派

这天放学后，教导主任王老师正准备收拾东西下班回家，一个男生气喘吁吁地跑过来对他说："不得了，王老师，我看到我们班十几个男生在打群架，你快去看看吧。"

王老师不明就里，于是一边询问这名男生具体情况，一边往出事地点——操场赶去。原来，这十几个男生跟社会上的不良青年有接触，分别跟着不同的"老大"，这两名"老大"一直关系差，所以这些男生也就在学校内形成了不同的帮派。这天，他们因为一些鸡毛蒜皮的事吵起来，最终大打出手。

辛亏教导主任赶到后及时制止，不然后果不堪设想。

:: 给青春期男孩的话 ::

青春期是一个反抗时期，女孩天生乖巧，男孩比女孩更容易受到外界的影响。

德国儿童心理学家夏洛特曾把青春期称之为"消极反抗期"。这个时期的男孩一般会对生活采取消极反抗的态度，他们开始逐渐否定以前的良好品质和行为，对一些不良行为习惯吸收得更快，甚至会引起一些不利于他们的社会适应的心理卫生问题。

很多青春期的男孩，正是由于这种叛逆的个性而陷入帮派的陷阱。其实，这些男孩并非天生偏爱暴力与犯罪。经过引导和随着人生阅历的增加，大部分成员都会重新融入社会；当然，也有很多人最终将犯罪当成职业。

现在青少年违法犯罪呈上升趋势，而"小团伙""小帮派"更是突出的一个方面，颇受社会的关注。

青春期男孩，从心理方面讲，他们的心理还都尚未成熟，处于一种起伏不定的状况，很容易受到外界的影响和引导，正确的引导当然对他们的身心发展有好处；但错误的引导，就会可能导致他们误入歧途。

这些男孩一旦被社会上的那些帮派吸收，成为帮派一员，很容易走上社会的反面，甚至违法犯罪，他们扰乱社会秩序，破坏社会稳定，成为社会的一大公害。

因此，青春期的男孩，必须远离帮派组织，其中自我教育是让青春期男孩远离帮派的主观因素。学校教育、家庭教育、社会教育只有转化为自我教育才能真正起作用。

在男孩心理品质的教育中，意志的培养尤为重要，男孩必须有自我约束力和控制力，懂得明辨是非黑白；同时，应该有自己的交友原则，交益友，多参加一些有益于身心的活动，从而建立起正常的同学友谊。

第七节　知道吗，男孩也要防性骚扰

青春期成长事件

这天，王先生一家在讨论儿子学校的一件新闻：有个叫张奇的男孩，被送进了少年管教所。

王先生对儿子说："他在初二那年迷上了网络。他曾获得过许多计算机竞赛的奖项，家长和老师都为他骄傲。暑假里，他整天泡在网上。有一天，他在网上看到了一个意想不到的情景。一开始他感到很慌乱，连忙关掉电脑，但直观的视觉刺激使这个十五六岁的男孩子焦躁不安。于是，他又坐在电脑前，进入该网站，继续看起来。从此以后，他想入非非，静不下心来做暑假作业，整天沉迷于色情网站。后来，他的邻桌女同学到他家学电脑、上网，他在教了这位女同学基本操作方法后，就重新打开了上次自己看的网页，那种不堪入目的画面又出现了。以后，他就以'学电脑'为名，多次引诱该女同学到家里看黄色录像，其实，他自己也知道这样做不对，可是他控制不住自己。终于有一天，他们发生了不该发生的事。一个星期天上午，他又将罪恶之手伸向一名年仅 13 岁的幼女，这个女孩哭着离开了她最崇拜的'电脑高手'。两天之后，他就因强奸幼女被'请'进了少管所。"

:: **给青春期男孩的话** ::

对于"性骚扰"，人们往往会想到穷凶极恶的色狼，并认为那些弱不禁风的女青年是受害者。殊不知，那些正值青春期的男孩也可能成为受害者。

然而，男孩与女孩遇到的性骚扰是不同的，女孩遇到的更多的是异性赤裸裸的骚扰，而男孩遇到的性骚扰则是间接的。当今男性青少年受到的"性骚扰"主要有：电视剧、歌曲、网络、广告画、人体图像。

（1）电视剧。电视剧为了吸引人们的眼球，不惜出卖女演员的色相，里面有调情、亲吻、性爱、强奸等看点，让很多青春期男孩看后想入非非。

（2）歌曲：这些歌曲大多是口水歌，青春期男孩很容易受歌词中的情爱内容影响。

（3）网络。如今已经进入了网络时代，这是一个虚拟的天空，里面行行色色，五花八门，应有尽有。最吸引青春期男孩的，莫过于那些赤裸裸的照片、视频等，自制力差的男孩很容易受其影响，想入非非。

（4）广告画。这些广告画打着爱惜女性的皮肤、乳房的招牌，实际是借女性的性器官吸引人们的注意力，这些画半遮半隐，十分具体。

此外还有一些黄色光碟、黄色网站等。这些间接的"性骚扰"，最终的受害者自然是那些男性青少年。由于有了这些"性骚扰"，很容易导致青春期男孩走上性犯罪。

因此，对于青春期男孩，一定要自觉抵制，远离它们，多接触正面的人和事，才能让自己的身心健康发展。

第八节　男孩不要动不动就离家出走

青春期成长事件

校长办公室里，有位家长正在诉苦："我的儿子今年 14 岁，是三年级的学生了，过去他是一个十分听话的孩子，学习成绩也一直不错，也一直是父母的骄傲。可现在越来越不听话了，自己想干什么就干什么，根本就不听家长的劝。最近又迷上了网络游戏，学习完全放在一边。我们试图强力制止，把他关在家里，把网线也拔了，可没想到，他竟然离家出走。给他打手机也不接，给他发短信，他回答说：如果能够答应今后不要管他，他才同意回家。为了能让他回来，我们答应了他的要求。可他回来第一件事就是上网。对这样的孩子我真不知道应该怎么办！"

:: 给青春期男孩的话 ::

这样叛逆的男孩其实并不少见，多大的孩子最难养？很多父母认为，2 岁宝宝让人伤神，而英国近日出炉的一项调查结果显示，14 岁女孩与 15 岁男孩才是最难"伺候"的一个群体。青春期男孩就是其中一部分。青少年叛逆，甚至离家出走已成为世界性的问题。

青春期是花季，也是雨季。处在人生花季中的男孩，同样也会出现各种各样的问题，例如，最容易和父母发生冲突，这时候的男孩，觉得自己已经长大，可以独立了，并未成熟的他们很容易生出反抗情绪。青春期的他们对世界的确已经形成了自己最初的体验和认识，但同时也有了很多无法排解的心事，如课业压力，对性的懵懂，渴求独立，同龄人带来的压力，希望迅速长大，激素分泌旺盛，感到无聊，处于青春发育期，无法与家长顺利交流，出现青春痘等皮肤问题等，并因此开始对父母的管教感到反感。当然，父母也有苦衷：孩子正在人生的十字路口，不多监督行吗？

另一方面，青春期的男孩处于鞭养期向放养期的转变。在鞭养期，男孩的很多行为处于强制执行之中，父母强制的程度越大，男孩渴望放养的要求也就越高，他们本身对大人的依赖越来越弱，因此，更容易叛逆。

社会因素上，现代社会，人们把更多的商机投在青春期的孩子身上，这些都激发了男孩追求独立和个性，而社会和家庭的传统教育的一些弊端，阻碍了他们自身发展的需求，成了叛逆心理产生的源头。于是，这些就成了叛逆心理产生的"沃土"。

青春期男孩叛逆，有很大一部分原因是父母和老师带来的，但不可忽视的是，男孩自身才是叛逆的"最终执行者"，他们面对自身的变化常常感到不知所措，从而产生了浮躁心态和对抗情绪；但男孩们，你是否想过，对于家庭来说，每一个出走孩子的父母，哪一个又不是经历着山崩地裂般的灾难？有举着孩子的照片一个城市一个城市寻找的，有因找不到孩子而精神失常的，有为了孩子的出走相互责怪而导致家庭离异的，还有为了找孩子而债台高筑的……作为儿子的你，是否想到过这些？是否考虑过父母的感受？

因此，男孩们，不要动不动就离家出走，青春期的一些烦恼，可以学着合理地梳理，将不良的心绪整理好，用平和的心态去面临每一天新的生活，才会健康、快乐地度过青春期！

第九节　生命脆弱，时刻注意出行安全

青春期成长事件

这天，周先生一家在家看电视，突然看到一则交通事故的报道：一家三口在一辆车上出了车祸。全部丧生。看着看着，儿子小强哭了，他说："真可怜，生命真的太脆弱了。"

"是啊，当灾难来临的时候，真是猝不及防。"周太太也应和道。

"爸爸，你平时开车的时候一定要注意安全，喝酒了不要开车，要开慢点，知道吗？"

"我知道的，儿子，不过你也是一样啊，现在不像小学时需要我们接送了，但这样我们就更不放心了。尤其是过马路时，你一定要看路，遵守交通规则，也要提醒别的同学注意出行安全，知道吗？"

"嗯，我知道了。"

:: 给青春期男孩的话 ::

正如小强说的，生命太脆弱。灾难一旦发生在一个人身上的时候，是不分年龄、身份、地位的。无论是谁，都要有安全意识。不懂起码的安全常识，那么，危险一旦降临，本可能逃离的厄运，却都会在意料之外、客观之中发生了。

随着经济的日益发展，交通工具也越来越发达，马路上车辆川流不息的景象随处可见。但同时，也为很多交通安全意识单薄的人埋下了危险的伏笔。

处于青春期的男孩暴躁多动，喜欢在马路上和同学、朋友打打闹闹，这都是十分不安全的行为。另外，过马路时东张西望或者红灯时横闯马路都是十分危险的。总的来说，男孩们一定要注意出行安全，不要在车水马龙的马路上上演那些不可挽回的悲剧。

道路交通安全事故依然是各种事故领域的"头号杀手"。而导致悲剧发生的一个重要原因，就是我们欠缺安全防卫知识，自我保护能力差，因此，青春期的男孩们，一定要加强安全防卫意识。

为了更好地宣传交通安全知识，更好地珍视生命，男孩们要记住以下几点：

（1）学习交通安全的法律法规，树立安全交通的意识，遵守交通规则，树立交通安全文明公德。

（2）12 周岁以前步行回家，不骑自行车，放学回家一定要排好队。

（3）在车辆密集的马路上，时刻保持清醒的头脑，不在马路上嬉戏打闹。

（4）过马路时，多一分谦让与耐心，不闯红灯，走人行横道，绝不能为贪一时之快横穿马路。

生命珍贵，更是稍纵即逝，青春期才是人生的开始阶段，一定要珍惜生命，出行时千万要注意安全！

第十节　小心患上"电视依赖症"

青春期成长事件

　　"星星，快去睡觉吧，都十点了。明天还要起来上学呢。"妈妈又催了一遍。周日一整天，星星都没出门。爸爸想带他去图书馆走走，他说不想去。妈妈说带他去逛街，他也说不想去。他就窝在沙发上看电视，这个频道看完，看另外一个频道，实在没节目了，他宁愿看广告，也不愿意将视线离开电视。

　　星星的这种情况已经有一段时间了，已经影响到了星星的正常学习和生活，星星的眼睛也近视了，妈妈很担心，便带他去医院看，结果医生说，星星患上了"电视依赖症"。听完医生的话，星星和妈妈相互看了一眼，"什么是电视依赖症？"

:: 给青春期男孩的话 ::

　　我们都知道，电视是现代文明的一个重要体现，通过电视，人们可以了解世界、娱乐、消遣，但电视也是有利有害的，过度依赖电视只会让人们浪费时间、浪费生命。

　　在美国，据说有650万人不看电视，他们多数认为电视节目太浅薄。他们喜欢传统的阅读方式，夏天坐在小院的葡萄架下，冬天坐在壁炉边，一把躺椅，一个茶几，一杯咖啡，一本书，那是非常逍遥的日子。人，保留电视前时代的传统生活方式好不好呢？这也无法断定，然而远离电视，与流行话语保持距离却是有效的方法。

　　在青春期的孩子身上，"电视依赖症"现象十分普遍。众所周知，一到孩子假期，一些家长担心孩子单独出去玩会出什么安全问题，或者与社会不良人士接触，便把孩子放在家里，安全倒是有保证了，可是不少家长们发现，每次回家时，孩子都是守在电视机旁看电视，很少看见孩子学习做作业。

　　诚然，对于青春期的男孩自身来说，适当地看电视，不但可以开阔视野、增长见识，还可以从里面学到很多课本上学不到的知识。但受年龄的限制，现阶段的孩子在看电视方面还缺乏自我约束能力，尤其是在假期，有更多的机会和时间接触电视，如果不能很好地自我约束，那么，你就有可能患上"电视依赖症"。

对此，你需要做到：

（1）给自己制订一个看电视的规则。

例如，你可以给自己一个规定：晚上九点到十点之间看电视，作业不做完不能看电视，只看新闻等有益的电视节目等，这是一种行之有效的方法，能帮助你做到自我管理和约束。

（2）让父母对你进行监督。

现在的你可能自我约束力差，会不自觉地看电视，为了避免这一点，你可以请父母对你进行管制，提醒你不多看电视。

总之，亲爱的儿子，我们希望你能养成良好的生活习惯，不要把精力都浪费到看电视上，这样，你才能充分利用时间学习，从事健康的活动，才会有个精彩的青春期！

第十一节　健康上网，别让网络害了你

青春期成长事件

程先生的儿子程强最近在网上发现了一个很好玩的游戏，孩子毕竟是孩子，对什么产生兴趣之后，就一门心思扑在上面，吃饭的时候，叫了几次都没反应。

晚上吃完饭，程先生把儿子叫到身边。

"儿子啊，你这个年纪，的确爱玩，这当然没错，但是你发现没有，你最近玩游戏已经有点影响学习了。"

"是吗？"

"是啊，你看，你以前十点之前就能上床睡觉，可是现在要熬到十二点才能完成作业，上次测验成绩也是大幅下滑了？"

"是啊，这倒是。可是，这个游戏是新出来的，很多人都在玩，我也想玩啊。"

"要不，你看这样好吗，以后每天晚上你回来，饭前的时间电脑归你玩，你可以玩游戏，饭后，我就把电脑搬到我的卧室，我们父子俩分开玩，以后我们还可以交流游戏心得，这就不耽误你的学习了，你说好吗？另外，我觉得以后上网呢，还是尽量多以学习为主，你说对不对？"

"爸爸，你真是太厉害了，好，我答应你，另外，这次期中考试你就看好吧，我一定拿个好成绩回来！"

:: 给青春期男孩的话 ::

青春期的男孩，你不但该佩服程先生的教育方法，更应该向程强学习，要学会正确地上网。

现代社会，随着人们对信息的重视程度越来越高，对互联网信息的掌握越深，似乎就越时尚，这种观点在青春期的少男少女中更为明显，"上网"似乎是一种时尚的生活方式。

网络的作用在现代社会中，已经无可代替，但同时，它也毒害了这些成长期的孩子们。对于青春期的男孩来说，更热衷于网络游戏，甚至有些男孩上网成瘾，以至"衣带渐宽终不悔，为网消得人憔悴"，网吧成了他们的第二课堂。

网络的作用自不必说，主要是传播信息，作为学生还可以交流心得，获得知识。但青春期的男孩们，你们要明白，你们不能沉迷网络，沉迷网络对你们的身体、智力、心理方面都将产生消极的影响。

（1）身体素质方面。那些经常沉迷于网络的男孩们，球场上没有他们的身影，公园里没有他们的身影，他们由于长期待在网吧，造成情绪低落、疲乏无力、食欲不振、焦躁不安、血压升高、植物性神经功能紊乱、睡眠障碍等，缺少锻炼更是让他们身体素质差。

（2）心理素质方面。长期上网会导致男孩不愿与人交往，逐渐导致性格孤僻，也就是人们常说的"网络孤独症"；也有一些男孩，把所有的精神娱乐都放在网络上，并开始"网恋"，认识一些社会不良人士，并陷入这些情感纠葛中，严重的甚至出现精神障碍、自杀等情况。

（3）智力素质方面。网络是多功能的，很多青春期男孩上网并不是为了学习，而是玩网络游戏和聊天。于是，逐渐他们会失去学习的兴趣，开始迷恋网络，他们正常的学习、生活秩序被破坏，学习时间无精打采，学习成绩下降，有的甚至厌学、逃学、辍学。

因此，青春期的男孩们，一定要学会有规律、有目地上网，学习才是青春期的主要任务，网络只是一个获得信息的渠道，不能沉迷于此。

第十二节　网络游戏，让我沉迷让我忧

青春期成长事件

曾经有一篇报道，讲述一个 15 岁的少年涛涛沉迷网路游戏的经历。

涛涛和很多男孩一样追求个性、时尚前卫。其实，涛涛生长在一个很幸福的家庭，家里的长辈，尤其是爷爷奶奶很疼爱他。所有同龄人拥有的玩具，长辈都给他买了。

涛涛也一直是个很听话的孩子，但不知道为什么，到了初二的时候，小瑞突然爱上了网络游戏，平时一放学就钻到网吧，要不就去同学家通宵打游戏，家长知道这样不是办法，便劝涛涛几句，谁知道，孩子不但不听，反而变本加厉，甚至偷钱去网吧上网。一气之下的涛涛爸爸打了他一巴掌，从没被父母如此训斥过的涛涛负气地离家出走了。

无奈之下的涛涛父母只好报警，幸好最后，警察在邻市的一家网吧找到了涛涛。

:: 给青春期男孩的话 ::

现实生活中，有不少和涛涛一样的男孩沉迷网络游戏。不得不说，现代社会，互联网的盛行，在给人们的生活带来便捷的同时，也毒害了不少不懂得上网节制的孩子们。

对于青春期的男孩来说,你们最重要的任务就是学习,就是充实自己,享受快乐的少年生活,一旦沉迷于网络游戏,就会对身心造成伤害。

曾经有一个网上调查,很多青少年自己对泡网吧的利弊也看得相当透彻。然而,在近半数的人认为网吧影响了自己生活和学习的同时,还是有少部分的青少年觉得自己已经对网吧产生了明显的依赖心理:如果几天不去网吧,心里就有惶惶然的感觉。或许对于他们来说,网吧在他们生活中的位置恰如一首歌里唱得那样:你是一张无边无际的网,轻易就把我困在网中央。我越陷越深越迷茫,我越走越远越凄凉。那么,为什么网络游戏对于青少年来说有这样大的吸引力呢?

对于青少年朋友来说,他们身心发展不成熟,好奇心强、缺乏自控力、认知能力不足、自我意识却又很强烈,他们还渴望独立自主、与人平等交往和合作,渴望获得尊重,而网络游戏恰恰迎合了他们的这一心理需求。网络游戏具有极强的现实性和互动性,在这样一个虚拟的世界里,青少年同样可以感受到与他人的合作和尊敬,角色升级更让他们找到成就感。

但亲爱的儿子,面对网络游戏,我们希望你有自制力,在行为上约束自己,遇到问题也要和我们父母多沟通,要防患于未然,不可沉迷网络游戏。

第十三节　提高警惕,谨慎结交网友

青春期成长事件

李太太的儿子李飞,平时很少说话,但是有很多朋友,而这些朋友都是虚拟的,也就是一些网络朋友,除了"哥哥""姐姐"外,还有"女朋友"。和其他男生不一样,他上网不是玩游戏,一般只聊天,认识各种各样的人。别看他仅仅是个初二的学生,却是个地地道道的"网虫"。

有段时间,李飞特别开心,因为他马上就可以见到他那些朋友了,这事被老师知道后,老师很快就联系了家长,果然,经过他们调查,李飞这些所谓的朋友都是在娱乐场所从事不正当职业的人。李太太当时吓出一身冷汗,儿子差点被骗了。

后来，李飞痛苦地说："我原来是班里的前三名，自从迷上了网络交友后，现在成了班里的倒数第三名，期中考试数学仅考了27分，另外还有4门功课不及格。网吧真是害死人！"老师听完他的讲述后，给他分析了网络的利弊，希望他以后多加注意，对待网络朋友一定要慎重。

:: 给青春期男孩的话 ::

随着计算机技术的发展，网络正以前所未有的强大力量冲击并影响着人们的生活，它在发展青少年智力的同时，也有其弊端。网络像吸海洛因一样使人成瘾中毒，它对网迷特别是青少年网迷的身心健康发展带来极大危害。

作为青春期的男孩，你必须解释认识网络聊天的危害，并慎重对待网络朋友。为此，你要做到：

（1）对待网络朋友，一定要慎重，你可以问自己是否知道以下信息：

①谈吐是否显示有素质？谈话可以显示一个人的修养。那些说话流里流气的人、毫无口德或者满嘴脏话的人要远离。

②对方的资料是否了解完全？如果对方对自己的真实信息遮遮掩掩的话，你要小心了，因为一个坦荡交友的人是不怕把自己的真实信息告知对方的。

③是否有共同语言？这里的共同语言指的是人生观、价值观等方面是否相同，而不是一些负面的思想。

④交往持续多长时间了？时间是可以验证情感质量的。

（2）关键是自己一直要清醒地对待网络朋友：

①保持警惕心。不要轻易告诉对方自己真实住址、姓名、电话。除非交往时间很长，确认对方可以信任了。

②最好能将网络与现实区分开，不要让网络影响现实。

③尽量少跟已婚异性交往，对方是否已婚，一般可从谈吐中看出。

④尽量不要单独会见异性网友，尤其是在晚间，防止被骗。

⑤对方要求视频时，尽量回绝。

总之，我们能理解你们正处于青春期，需要朋友，但交友渠道一定要正当，对待网络那些朋友，一定要慎重，要学会保护自己，不要上当受骗！

第十四节　不要把游戏中的暴力带入生活

青春期成长事件

　　有位母亲谈到自己的儿子："我儿子今年15岁，正在读寄宿初中，今年刚上初三。记得小学的时候，他的学习成绩一直是班上前几名呢，在初一上学期之前，他性格也很活泼，但初二下学期突然回家不爱说话了，因为他迷上了网络游戏，后来一放学就自己待在屋里，不管什么时候都要关上门，作业也不做。他现在整天不上课，不是上网吧就是在宿舍里睡觉，父母、老师的话都听不进去，更可怕的是，后来他居然把自己想象成网络游戏中的人，会拿把玩具枪对着我们扫射，有次他还把邻居家弟弟吓哭了，有几次学校老师打电话来说儿子居然在学校打其他同学，我觉得孩子好像魔怔了……"

:: 给青春期男孩的话 ::

　　我们发现，一些青春期的男孩，不但沉迷于网路游戏，还会把自己当成游戏中的人物，把游戏中的暴力行为带到生活中，就像故事中的这个男孩一样，会产生暴力倾向。可见，青春期男孩并不是不能玩网络游戏，但要有度，否则长此以往，不但会失去学习兴趣，影响到正常的生活，甚至连行为倾向都会发生扭曲。

　　不得不说，对于网络游戏，未成年人的自制并不高，一旦迷上了上网，便会长时间"寄居"在网上，将大量的时间和精力都投入到网络世界。对此，男孩们，你必须要认识到沉迷网络游戏的危害，并坚决控制自己上网的时间，万不可把网络游戏中的暴力带入到生活中。具体来说，为了防止这一点，你需要做到：

　　1. 不要一回家就玩网络游戏，与父母多沟通

　　这是家庭疗法，与父母沟通，把父母当朋友，能让父母了解你，帮你解决很多困扰，也能加深亲子间的关系。

2.转移注意力

调查发现，喜欢网络游戏的孩子都聪明，而且动手能力强，但是长期下去却有可能导致他们的智力水平降低，行为粗暴。这时，你必须学会转移注意力，可以多参加一些科技活动，充分发挥自己的特长，循序渐进地把求知欲和好奇心引向健康轨道。

3.约束自己的行为

如果你发现自己已经有攻击性行为，那么，你最好寻求父母的帮助，让他们帮助你约束自己的行为，尽量少上网，少接触网络游戏中的暴力画面，想必会得到改善。

总之，亲爱的儿子，爸爸妈妈希望你明白，我们不是阻止你上网和玩游戏，但凡事有度，网络游戏中有很多暴力元素，你一定要懂得分辨，什么能做，什么不能做，不可将这些暴力行为带入到现实生活中，这样只会害人害己。

第十五节　充实自己，从网络陷阱中走出来

青春期成长事件

有个高中男生，有这样一张作息时间表：13:00，起床，吃中饭；14:00，去网吧玩网络游戏、聊天；17:00，晚饭在网吧叫外卖；通宵上网，第二天早上9:00回宿舍休息……

这个男孩几乎把所有的空余时间都拿来上网，并开始拒绝参加同学聚会和活动。大约两个月之后，他发现自己思维跟不上同学的节奏，脑子里想的都是上网的事情，遇到事情会首先想到的是找网络中的朋友解决，他开始感到不适应现实生活，陷入了深深的焦虑之中。

:: 给青春期男孩的话 ::

其实，这样的现象在生活中并不少见，为什么这些孩子对网络如此着迷，原因只有一个，就是精神世界的空虚.

沉迷网络的男孩，大多处于青春期。沉迷网络，其实只是一个表现，网络仅是一个载体，问题的本质在于家庭是否在孩子的成长中注入了正确的成长因子。如果家长的教育出了问题，网络也好，游戏机也好，甚至体育运动、唱歌都有可能让男孩沉迷进去。

为此，为了避免沉溺网络，男孩们，你需要充实自己，精神世界的充足，才会让你找到方向。为此，你需要这样做：

1. 多读书

读书使人充实，这是毋庸置疑的道理。你可以多阅读一些课外书籍，也可以和父母一起阅读，对于不懂的问题可以向父母请教，这不但可以增进亲子感情，还会让你学到知识、领悟人生真谛。

2. 多出去走走

有人说，读万卷书，不如行万里路。其实，哪一样都很重要。多看看大自然、民俗风情、他人的生活状态，都会让你的眼界开阔起来。

3. 努力学习知识

学习始终是青春期的主要任务，你如果想要进步，想要紧跟时代的步伐，要想出类拔萃，就必须要努力学习。

4. 丰富课余生活

青春期的孩子，最大的任务是学习，但这个时期的孩子是渴望交友、渴望倾诉的，多交朋友，多参加课外生活，让劳逸结合，当你得到身心的放松后，也就不会觉得精神空虚了。

5. 了解现代网络的利与弊

硬性拒绝网络，是一种不明智的做法。正确的做法是从源头上认识沉溺网络的危害，才能克制自己不沉溺网络。

亲爱的儿子，青春期，正是你人生观和价值观的形成期，好奇心强、自制力弱，极易受到异化思想的冲击。网络既是一个信息的宝库，也是一个信息的垃圾场，各种信息混杂，包罗万象：新奇、叛逆而又有趣味性，对你的成长极其有害，你要意识到这个问题，要不断丰富你的精神世界，以此来远离网络带来的弊端，健康向上地成长！